法考一本通（2018年版）
国际公法·国际私法·国际经济法

编著 李毅

编 写 说 明

实行统一的国家法律职业资格考试，不仅是我国司法改革的一项重大举措，也是我国法学教育改革的突破口。从司考转变为法考后，使得更多适合条件的考生热衷于此，法律职业资格考试也逐渐形成了市场，辅导用书层出不穷。然而在众多的法考辅导用书当中，如何作出选择，便成了备考考生一个头痛的问题。

法考该用何种辅导书？我们认为，要用"看一本就能通"的书。为了达成此目的，我们努力使本书具备了如下特色：

特色一　名师编著、套书完整

本书由来胜全方位法律人培训力邀各科法考名师亲自执笔，集结了老师们多年的法考辅导经验和智慧。本书共分八小册，涵盖了最新考纲的重要考点。

特色二　内容精练、针对性强

本书强调内容的精练和实战性。针对重要的考点，我们结合历年考试的规律，对其进行精讲，并针对实际考查情况和精讲内容，提供例题以提高实战能力。

特色三　体例安排科学合理

根据考纲的要求及体系，我们选出了各科的重要考点并对其从以下三个方面为考生提供帮助。

一、精讲。对当前考点进行精当、有效的讲解，以帮助读者掌握当前考点的精要，具备解决问题的基本能力。

二、例题。针对当前考点，并结合精讲内容，使考生得到及时、有效的练习，提高应试能力，并在修正自己错误的过程中得到提高。

三、提示与预测。主要是针对一些应当特别注意的问题的提示，以及对2018年法考动向的预测。

业精于勤，荒于嬉；行成于思，毁于随。当您拥有了本书，您便得到了一片肥沃的黑土，若能加以勤耕，今日播下的种子，定能在那金秋结出胜利的果实！

编者

2018年5月

前　　言

2017年的司法考试卷一试题中，三国法部分考了29分，2015—2017年三国法每年均为21道题，共计29分。总体来看，三国法的考题基本上延续了以前的特点，即注重考查传统重点和热点、新增考点，并涉及少量生僻考点。预计2018年考题风格不会有太大变化。

1. 国际公法

从近几年的真题来看，国际公法部分近三年均为7分。近年真题涉及的大多都是中国在外交实践中可能经常碰到的问题或知识点，比如引渡和庇护、领海、专属经济区、大陆架、管辖权的冲突、战争犯罪、外交特权与豁免的范围、条约的效力、解释和适用等。相应的，考生复习也应注意能够结合所学知识，提高实际分析问题的能力。就重点问题的考查而言，国际公法的考题涉及的联合国、国际法院的管辖权、外交特权与豁免、使馆的特权与豁免、国际法律责任、条约的终止等均属于传统重点。国际公法的考题通常也涉及热点问题。

从考试大纲来看，国际公法包括国际法的一般理论、国际法的主体、国际法律责任、国际法上的空间划分、国际法上的个人、外交关系法与领事关系法、条约法、国际争端的和平解决以及战争与武装冲突法九个章节的内容。在这些章节中，没有特别突出的重点章节，几乎每章都可能出现考题，其内容较多，知识点琐碎，各章节之间的内在有机联系往往并不密切，体系比较庞杂，对有些考生而言也较为陌生，需要考生在复习过程中通过多做练习的方式巩固有关知识点，否则容易在看完教材后很快就记忆模糊，从而导致在考试中失分。国际公法部分通常以考查各章节的基本理论方面的内容为主，但在近年的考试中一再出现直接考查《中华人民共和国国籍法》《中华人民共和国引渡法》《中华人民共和国入境出境管理法》等法律、法规的题目，考生应予以注意。从近几年的考试来看，国际公法的个别考题也涉及生僻一些的考点，非重点的部分也可能成为考查的内容。

因此，对于国际公法的内容应全面掌握，重点记忆。

2. 国际私法

国际私法部分在近年的考试中平均分值为11分。国际私法包括国际私法的基本理论、国际私法的主体、法律冲突、冲突规范和准据法、适用冲突规范的制度、国际民商事法律适用、国际民商事争议的解决以及区际法律冲突几个部分。与国际公法和国际经济法相比，考点十分突出，即以考查涉外民事法律关系的法律适用和涉外争议解决程序为主，直接考查法条的题目居多，考点重复率较高。《涉外民事关系法律适用法》、最高人民法院《关于适用〈中华人民共和国涉外民事关系法律适用法〉若干问题的解释（一）》《民法通则》及其意见、《海商法》《民用航空法》《票据法》《继承法》《民事诉讼法》及其司法解释中关于涉外民事法律关系法律适用及涉外民事诉讼的规则都会涉及，应全面掌握。考生在复习国际私法部分时，对于国际私法的基本理论和冲突规范的基本制度部分应以理解为主，对于法律适用部分则必须记忆《民法通则》第八编以及相关法律条文的内容。

除注重传统重点的复习之外，还应特别注意当年的新增考点和近年的次新考点。某些题目考查大家对于具体冲突规范连接点或者涉外仲裁、涉外诉讼程序中的具体规定,例如管辖权、涉外诉讼代理、涉外送达、取证、法院判决的承认与执行等知识点记忆的准确性。

国际私法内容尽管较多,但条理分明,知识框架体系简洁明确,主要的考点如法律适用的法条、基本制度(识别、反致、外国法的查明、公共秩序保留、法律规避)及国际民事诉讼程序等方面的考点在真题中重复率很高,建议在重视真题的基础上多做一些练习题目,通过做题来检验和巩固自己对相关知识点的掌握。

3. 国际经济法

国际经济法部分在近年的司法考试中分值平均为 11 分左右。国际经济法分为相对独立的几个部分,包括国际货物买卖、国际货物运输与保险、国际贸易支付、对外贸易管理制度、世界贸易组织的法律制度以及国际经济法领域的其他法律制度。其中,国际货物买卖、国际货物运输、国际货运保险以及支付的内容常以案例题的形式出现,其中又以涉及买卖、运输、保险三方面的综合案例题为主。通常一个案例同时涉及买卖、运输、保险等几方面的内容,考查考生对相关规则的熟悉程度和综合分析运用能力,因此需要考生能够将国际货物买卖、运输、保险方面的知识点融会贯通,并通过多做一些相关例题加以巩固。而国际贸易支付、对外贸易管制、世界贸易组织的制度以及其他领域的制度如知识产权保护、国际投资法、国际税法等则往往主要表现为相对简单的表述判断题,通常只要考生在理解的基础上准确记忆即可。

编者
2018 年 5 月

目 录

国际公法

- 第一章　导论 …………………………………………………………… (3)
- 第二章　国际法的主体 ………………………………………………… (7)
- 第三章　国际法律责任 ………………………………………………… (16)
- 第四章　国际法上的空间划分 ………………………………………… (19)
- 第五章　国际法上的个人 ……………………………………………… (34)
- 第六章　外交关系法与领事关系法 …………………………………… (48)
- 第七章　条约法 ………………………………………………………… (56)
- 第八章　国际争端的和平解决 ………………………………………… (68)
- 第九章　战争与武装冲突法 …………………………………………… (72)

国际私法

- 第一章　导论 …………………………………………………………… (81)
- 第二章　国际私法的主体 ……………………………………………… (83)
- 第三章　法律冲突、冲突规范和准据法 ……………………………… (86)
- 第四章　适用冲突规范的制度 ………………………………………… (90)
- 第五章　国际民商事法律适用 ………………………………………… (98)
- 第六章　国际民商事争议的解决 ……………………………………… (122)
- 第七章　区际法律问题 ………………………………………………… (147)

国际经济法

- 第一章　导论(略) ……………………………………………………… (163)
- 第二章　国际货物买卖 ………………………………………………… (164)
- 第三章　国际货物运输与保险 ………………………………………… (178)
- 第四章　国际贸易支付 ………………………………………………… (187)
- 第五章　我国对外贸易管理制度 ……………………………………… (196)
- 第六章　世界贸易组织的法律制度 …………………………………… (208)
- 第七章　国际经济法领域的其他法律制度 …………………………… (218)

国际公法

大숲의國

第一章 导 论

本章知识体系：

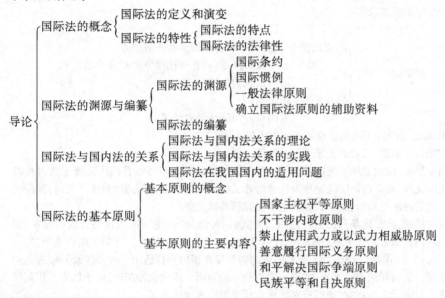

考点 1 国际法的特征、渊源、国际法与国内法的关系

一、精讲

国际法的基本理论主要涉及国际法的特征、国际法的渊源、国际法与国内法的关系、国际法的基本原则等几个方面。

1. 国际法的特征

国际法是法律，因而具有规范性、强制性等一切法律所具有的共性。作为一个特殊的法律体系，国际法又有别于国内法，表现出如下特征：

（1）主体与调整对象：其主体主要是国家，主要调整国家之间的关系。在某种范围和条件下，政府间国际组织和某些特定的政治实体也作为国际法的主体而存在。

（2）立法方式：各国协议共同制定。

（3）强制力的依据：国家协议意志（效力根据）。

（4）无超越国家的强制机构，通过国家单独或集体行动实施。

2. 国际法的渊源

国际法的渊源是国际法的原则、规则和规章、制度第一次出现的地方或最初的表现形式，它的意义在于指明去哪里寻找国际法规则，以及识别一项规则是否有效的国际法规则。

国际法的渊源为国际条约、国际习惯和一般法律原则；而其他各项是确立法律原则时的辅助资料。国际条约是现代国际法最主要的法律渊源,是国际法规则最主要的表现形式。国际习惯是指在国际交往中由各国前后一致地不断重复所形成并被广泛接受为有法律拘束力的行为规则或制度。国际习惯的构成要素有两个:即物质要素或客观要素和心理要素或主观要素。较为广泛接受的观点认为,一般法律原则是指各国法律体系中所共有的一些原则,如善意、禁止反言等。此外,确立国际法原则的辅助方法本身不是国际法的渊源,包括司法判例、国际法学说和国际组织的决议等。

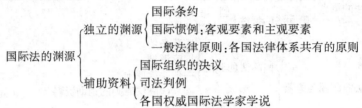

3. 国际法与国内法的关系及条约在中国的适用

从实践角度来看,二者的关系可以分为两个层面:

在国际层面,国内立法不能改变国际法的原则、规则;国家不得以其国内法规定来对抗其承担的国际义务,或以国内法规定作为违背国际义务的理由来逃避其国际责任。同时,国际法不干预一国国内法的制定,除非该国承担了相关的特殊义务。

在国内层面,典型的条约在国内适用的方式,一种称为"转化",采取这种方式的国家,要求所有条约内容都必须逐个经过相应的国内立法程序转化成为国内法,才能在国内适用;另一种称为"并入"或"采纳",即原则上所有的条约都可以在国内直接适用。许多国家一般都是两种方式兼用。从国际法的角度看,如果一国在国际法与国内法发生冲突时,由于优先适用其国内法造成其对国际法的违背,该国应对此承担相应的国家责任。

条约在我国国内的适用规则可以总结如下:

(1) 我国坚持和遵守和平共处五项原则为核心的国际法基本原则,并将其写入宪法。

(2) 对于条约在国内的适用和地位,我国宪法没有作出统一明确的规定。从一些涉及条约适用的国内立法看,条约的直接适用、条约与相关国内法并行适用、条约须经国内立法转化才能适用几种情况都存在,同时也有相当一部分法律对于条约事项未作出任何规定。

(3) 一般认为,在民商事范围内,中国缔结的条约与国内法有不同规定的部分,在国内可以直接适用,但是我国参加的知识产权领域的条约,已经或需要转化的除外。

(4) 民商事以外的条约,能否在中国国内直接适用,需要根据与该条约相关的法律规定,结合条约本身的情况进行具体考查才能作出恰当的结论。

(5) 关于条约与国内法的冲突解决,在民商事范围内,条约与国内法冲突时,条约可以优先适用,但我国参加的知识产权领域的条约,已经或需要转化的除外。与条约的适用问题相似,在整个法律范围内,条约与国内法冲突时的优先适用问题,也还没有统一全面的明确规定。

(6) 关于国际习惯在国内法中的地位,我国宪法也没有规定。从有关的民商事法律的规定来看,民事范围的国际习惯和惯例在国内适用时没有作出区分,它们的适用次序排在国内法和条约之后,是作为对国内法和条约的一种补充。

二、例题

1. 根据国际法有关规则和我国有关法律,当发生我国缔结且未作保留的条约条款与我国

相关国内法规定不一致的情况时,下列哪一选项是正确的?(2007年真题,单选)

　　A. 如条约属于民事范围,则由全国人民代表大会常务委员会确定何者优先适用
　　B. 如条约属于民事范围,则优先适用条约的规定
　　C. 如条约属于民事范围,则由法院根据具体案情,自由裁量,以公平原则确定优先适用
　　D. 我国缔结的任何未作保留的条约的条款与中国相关国内法的规定不一致时,优先适用条约的规定

　　[释疑]　关于条约在我国国内的适用规则,考点中已经作了总结。根据该规则,当发生我国缔结且未作保留的条约条款与我国相关国内法规定不一致的情况时,如条约属于民事范围,则优先适用条约的规定,故B选项正确。但对于民事以外的条约,究竟如何适用,则是需要具体问题具体分析,有时直接适用,有时需经转化才能适用。(答案:B)

　　提示:我国虽然是WTO规则的缔约国,但不能视其为一般的民商事条约,在我国应属于转化适用之列。

　　2. 甲公司是瑞士一集团公司在中国的子公司。该公司将SNS柔性防护技术引入中国,在做了大量的宣传后,开始被广大用户接受并取得了较大的经济效益。原甲公司员工古某利用工作之便,违反甲公司的保密规定,与乙公司合作,将甲公司的14幅摄影作品制成宣传资料向外散发,乙公司还在其宣传资料中抄袭甲公司的工程设计和产品设计图、原理、特点、说明,由此获得一定的经济利益。甲公司起诉后,法院根据《中华人民共和国著作权法》《伯尔尼保护文学艺术作品公约》的有关规定,判决乙公司立即停止侵权、公开赔礼道歉、赔偿损失5万元。针对本案和法院的判决,下列何种说法是错误的?(2006年真题,不定选)

　　A. 一切国际条约均不得直接作为国内法适用
　　B. 《伯尔尼保护文学艺术作品公约》可以视为中国的法律渊源
　　C. 《伯尔尼保护文学艺术作品公约》不是我国法律体系的组成部分,法院的判决违反了"以法律为准绳"的司法原则
　　D. 《中华人民共和国著作权法》和《伯尔尼保护文学艺术作品公约》分属不同的法律体系,法院在判决时不应同时适用

　　[释疑]　本题涉及国际法和国内法的关系、条约在中国的适用等方面的问题。国际法和国内法的关系是国际法的基本理论问题,其要点主要涉及条约和国际惯例在国内的适用方式。就我国而言,条约在国内的适用已经在前述考点分析中说明。就本题而言,《伯尔尼保护文学艺术作品公约》是我国已经参加的民商事类的条约,显然可以在国内直接适用,即法院在判决书中是可以直接援引作为判决依据的。A选项声称一切国际条约均不得直接作为国内法适用显然是错误的。《伯尔尼保护文学艺术作品公约》作为我国参加的民商事条约,可以视为我国法律的渊源,故C选项错误。关于D选项,既然我国参加的民商事条约可以作为国内法的渊源,且我国并无禁止法院在判决时同时援引条约和国内法的规定,故D选项的表述亦属错误。(答案:ACD)

　　提示:对于WTO的有关规则,在我国原则上不能直接适用,而应由有关部门在制定相应国内法的情况下予以适用。本题采用了用实际案例的方式考查考生对条约在我国国内适用方式的把握,并涉及国际法和国内法的关系理论。如果考生掌握我国适用条约的几个特点,并能够认识到《伯尔尼保护文学艺术作品公约》是我国参加的民商事条约,则不难正确解答。

三、提示与预测

　　处理条约和国内法关系的理论和实践以及中国适用条约的特点,一直是考查的重点,值得

考生注意。

考点 2 国际法的基本原则

一、精讲

国际法的基本原则是指被各国公认的、具有普遍意义的、适用于国际法一切效力范围内的、构成国际法基础和核心并具有强行法性质的国际法原则。

强行法,或国际法强行规则,"是指国家之国际社会全体接受,并公认为不许损抑,且仅有以后具有同等性质之一般国际法规律始得更改之规律"。应注意国际法基本原则都是强行法原则,但并不是所有的强行法规则都是国际法基本原则。

国际法的基本原则包括:
(1) 国家主权平等原则;
(2) 不干涉内政原则;
(3) 禁止使用武力或以武力相威胁原则;
(4) 和平解决国际争端原则;
(5) 民族平等和自决原则;
(6) 善意地履行国际义务原则。

前述原则中,应注意主权平等原则是国际法的基石,主权的含义包括对内最高权、对外独立权和自保权。关于不干涉内政原则,应掌握内政是指国家基于其管辖的领土而行使主权的表现,包括建立国家政权体制和建立社会、经济、教育、文化等制度,内政虽然以领土为基础,但内政不是一个地理概念,即发生在一国领土内的事项并不一定属于内政的范畴,反之,也有在领土外从事的活动属于一国的内政。判断某一事项是否属于内政,关键在于其本质上是否属于国内管辖的事项及该事项中的行为是否违背已确立的国际法原则和规则。禁止使用武力或以武力相威胁原则存在某些例外,例如(单独或集体)自卫、根据安理会的决议采取武力行动等。

二、例题

1. 关于国际法基本原则,下列哪些选项是正确的?(2013年真题,多选)

A. 国际法基本原则具有强行法性质

B. 不得使用威胁或武力原则是指禁止除国家对侵略行为进行的自卫行动以外的一切武力的使用

C. 对于一国国内的民族分离主义活动,民族自决原则没有为其提供任何国际法根据

D. 和平解决国际争端原则是指国家间在发生争端时,各国都必须采取和平方式予以解决

[释疑] 所有的国际法基本原则均为国际强行法,故 A 选项正确。除自卫外,根据安理会的决议采取武力行动也是符合国际法的,因此 B 选项错误。民族自决原则并不支持一国国内的民族分离主义活动,故 C 选项正确。和平解决国际争端原则要求各国必须用和平方式解决争端,故 D 选项正确。(答案:ACD)

2. 2001年,甲国新政府上台后,推行新的经济政策和外交政策,在国内外引起强烈反应。乙国议会通过议案,谴责甲国的政策,并要求乙国政府采取措施,支持甲国的和平反政府运动;同时乙国记者兰萨也撰写了措辞严厉的批评甲国政策的文章在丙国报纸上发表;甲国的邻国丁国暗自支持甲国的反政府武装活动。根据上述情况和国际法的相关原则,下列哪一选项是正确的?(2008年缓考真题,单选)

A. 乙国记者的行为,涉嫌违反国际法
B. 乙国议会的法案一旦被执行,则涉嫌违反国际法
C. 丙国的行为涉嫌违反国际法
D. 丁国的行为不涉嫌违反国际法

[释疑] 乙国记者兰摩也撰写了措辞严厉的批评甲国政策的文章在丙国报纸上发表,该记者的行为和丙国报社发表文章的行为都不可归因于国家,属于正常的评论行为,不违反国际法,故 A、C 选项错误。乙国议会的行为属于可以归因于国家的行为,乙国就此应承担干涉内政的国际责任,B 选项正确。丁国暗自支持甲国的反政府武装活动,属于干涉内政的行为,违反国际法,D 选项错误。(答案:B)

三、提示与预测

在国际法的基本原则之中,主权平等原则、禁止使用武力或以武力相威胁原则、不干涉内政原则相对重要一些,在以后的考题中仍有可能出现。

第二章　国际法的主体

本章知识体系:

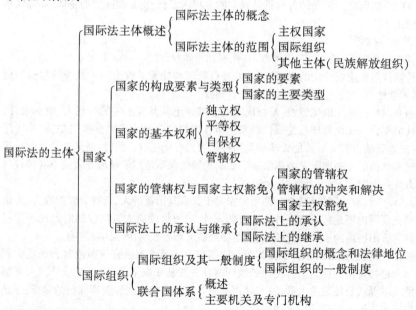

考点 1　国际法主体的范围

国际法主体是指能够独立享有国际法上的权利和独立承担国际法上的义务的国际法律关系参加者,或称为国际法律人格者。根据我国的通说,国际法主体的范围:

（1）作为国际法最主要的主体的主权国家。

（2）作为派生性的国际法主体的政府间国际组织。

（3）其他主体：某些特定的民族解放组织或民族解放运动，在殖民地民族争取民族独立的过程中，被国际社会接受为国际法的主体，但是其作为国际法主体是有条件的和不完全的。此外应注意，根据我国的通说，个人尚不是国际法的主体。

考点 2 国家的类型和基本权利

1. 国家的类型

现代国家的主要类型包括单一国和复合国。单一国是由若干行政区域组成的统一的主权国家。它拥有单一的宪法，其人民拥有单一的国籍。单一国是一个国际法主体，由中央政府代表国家参与国际关系，各地方区域都没有国际法主体地位。复合国是两个或两个以上成员组成的国家或国家联合体，目前有联邦和邦联两种形式。联邦国家是指由两个或两个以上的成员单位根据联邦宪法组成的国家，是复合国中最主要、最典型的形式。联邦国家有统一的联邦宪法，并设立联邦立法、司法和行政机构。联邦政府与各组成成员之间的职权范围由宪法划定。联邦国家的人民拥有统一的联邦国籍。联邦国家的对外权力主要由联邦政府行使，其本身是国际法主体，其各成员单位（州或成员国）不是国际法主体。邦联是两个或两个以上的主权国家由于特殊的目的根据条约组成的国家联合体，其本身没有统一的立法、行政、司法机关，其人民也没有统一的国籍。邦联的各成员是独立的主权国家，分别是国际法的主体，而邦联本身不是国际法主体。

2. 国家的基本权利

国家的基本权利包括：独立权、平等权、自保权和管辖权。

国家的管辖权是国家对特定的人、物和事件进行管理和处置的权力。一般管辖权分为属地管辖权、属人管辖权、保护性管辖权和普遍性管辖权。

（1）属地管辖权又称属地优越权，是指国家对于其领土及其领土内的一切人、物和事件，都有进行管辖的权力。属地管辖权是现代国家行使管辖权的普遍形式和首要依据，除非国际法另有规定，属地管辖权相对于其他管辖权类型被认为具有优越权。同时，属地管辖权的行使受国际法及国家承担的相关国际义务的限制。如属地管辖权不适用于领域内依法享有特权与豁免的外国人或外国财产。

（2）属人管辖权，或称国籍管辖权，是指国家对于具有其国籍的人，具有管辖的权力，无论他们是在其领土范围内还是领土范围外。除自然人外，国家行使属人管辖权的对象在不同程度上还包括具有该国国籍的法人以及船舶、航空器或航天器等获得国籍的特定物。

（3）保护性管辖权，是指国家对于在其领土范围以外从事严重侵害该国或其公民重大利益行为的外国人进行管辖的权力。行使保护性管辖权一般基于以下条件：一是该外国人所犯罪行的后果危及本国或公民的重大利益；二是根据犯罪地法律也应受到刑事处罚的罪行；三是法定之罪或按规定应处一定刑期以上的罪行。

（4）普遍性管辖权，是指对于危害国际安全与和平及全人类利益的某些国际犯罪行为，不论行为人国籍及行为发生地，各国都有进行管辖的权力。目前，战争罪、破坏和平罪、违反人道罪、海盗罪、灭绝种族罪、贩卖毒品罪、贩卖奴隶罪、种族隔离罪、实施酷刑、航空器劫持等行为也已被认为是各国应合作惩治的罪行。

考点 3 国家主权豁免

一、精讲

国家主权豁免是指国家的行为及其财产不受或免受他国管辖。诞生于19世纪末的限制豁免主义理论主张,将国家行为分为商业行为(管理权行为、非主权行为)和非商业行为(统治权行为、主权行为),认为国家的商业行为不应享有豁免权,从而将传统上对国家一切行为和财产的豁免原则或主张称为绝对豁免主义。然而,在国际社会就限制豁免达成有拘束力的条约,以明确和完善国家及其财产豁免的具体范围和规则之前,传统的绝对主权豁免原则仍然被认为是一项有效的国际习惯法规则。

国家也可以自愿地对其某个方面或某种行为,放弃在外国法院的管辖豁免。这种放弃是国家的一种主权行为,必须是自愿、特定和明确的:

(1)豁免的放弃可以分为明示放弃和默示放弃两种形式。明示放弃主要是指国家通过条约等明白的语言文字表达方式放弃豁免;默示放弃通常是指国家通过在外国法院的与特定诉讼直接有关的积极行为表示放弃豁免而接受外国法院的管辖,包括作为原告起诉、正式出庭应诉、提起反诉、作为利害关系人介入诉讼等。国家或其授权的代表为主张或重申国家的豁免权,对外国法院的管辖作出反应,出庭阐述立场,或要求外国法院宣布判决或裁决无效,都不构成豁免的默示放弃。

(2)国家在外国领土范围内从事商业行为本身不意味着豁免的放弃。

(3)把国家本身的活动和国有公司或企业的活动区别开来,认为国有公司或企业是具有独立法律人格的经济实体,不应享受豁免。

(4)放弃豁免是针对个案进行的,不能因在某一案件中放弃了豁免就视为在以后所有的案件中都放弃了豁免。

(5)国家对于管辖豁免的放弃,并不意味着对诉讼程序豁免(例如扣押、冻结等)或执行豁免的放弃。

二、例题

甲国某公司与乙国驻甲国使馆因办公设备合同产生纠纷,并诉诸甲国法院。根据相关国际法规则,下列哪些选项是正确的?(2014年真题,多选)

A. 如合同中有适用甲国法律的条款,则表明乙国放弃了其管辖的豁免
B. 如乙国派代表出庭主张豁免,不意味着其默示接受了甲国的管辖
C. 如乙国在本案中提起了反诉,则是对管辖豁免的默示放弃
D. 如乙国曾接受过甲国法院的管辖,甲国法院即可管辖本案

[释疑] 国家主权豁免只能通过明示放弃或特定方式默示放弃(起诉、应诉、反诉、介入),而不能简单推定放弃,故A选项错误。出庭主张豁免权不意味着放弃,B选项正确。反诉属于默示放弃,故C选项正确。曾经放弃不等于永远放弃,故D选项错误。(答案:BC)

三、提示与预测

关于国家主权豁免,重点掌握中国在该问题上的立场。

考点 4 国际法上的承认

一、精讲

国际法上的承认一般是指既存国家对于新国家、新政府或其他事态的出现,以一定的方式表示接受或同时表明愿意与其发展正常关系的政治法律行为。

(1) 承认的主体:现存国家、政府间国际组织。

(2) 承认的对象:新国家、新政府、交战团体、叛乱团体。

(3) 承认的表示形式:明示承认和默示承认;法律承认和事实承认。其中,默示承认包括:建立外交关系、正式接受领事、支持新国家参加政府间国际组织、与新国家签订双边的政治性条约等。但是与新国家一起参加国际会议,或参加缔结一项多边条约,并不因此而构成对该新国家的默示承认。

(4) 国家承认和政府承认:新国家产生主要有以下四种情况:独立、合并、分立和分离。

社会革命或政变导致成立新政府,则涉及对新政府的承认,对新政府的承认以该新政府能够有效控制本国领土和行使国家权力为前提。对新政府的承认意味着对旧政府承认的撤销。

(5) 承认的性质:承认是承认者作出的一种单方面行为,承认本身并不是新国家成为国际法主体的条件。对新国家和新政府的承认表示愿意与其建立或保持正常关系,但承认不等于建交,建交是双方行为,需要双方达成协议。对新国家的承认还意味着双方可缔结政治、经济、军事等各个方面的条约或协定。一旦承认新国家或新政府,就产生追溯力,即意味着也承认新国家或新政府自成立以来的立法、司法和行政行为的效力及主权豁免。

承认的方式	明示承认	如正式通知、照会、声明或在缔结的条约或其他正式文件中进行表述。
	默示承认	包括:① 接受对方派遣的使领馆;② 缔结双边的政治性条约;③ 正式投票支持参加政府间国际组织。 不构成默示承认的情形:① 共同参加多边国际会议或国际条约;② 建立非官方或非完全外交性质的机构;③ 某些级别的官员接触。
承认的性质	法律上的承认	永久、正式、不可撤销的承认。
	事实上的承认	与新国家仅在某些范围内交往,临时的、可撤销的承认。
承认的对象	对新国家的承认	产生原因	基于新国家的出现:合并、分离、分立、独立等。
		法律后果	① 为建立正式外交及领事关系奠定基础;② 双方可以缔结各方面条约或协定;③ 承认国尊重新国家作为国际法主体享有的一切权利,包括尊重其立法、行政、司法和豁免权。
	对新政府的承认	产生原因	因社会革命或政变而产生新政府。
		法律后果	① 意味着对旧政府承认的撤销;② 承认者必须尊重新政府拥有的作为国家合法代表的一切资格和权利,包括在位于国内外国家财产上的权利,在国际组织或国际会议中的代表权等。

二、例题

甲、乙两国建立正式外交关系数年后,因两国多次发生边境冲突,甲国宣布终止与乙国的外交关系。根据国际法相关规则,下列哪一选项是正确的?(2010年真题,单选)

A. 甲国终止与乙国的外交关系,并不影响乙国对甲国的承认
B. 甲国终止与乙国的外交关系,表明甲国不再承认乙国作为一个国家
C. 甲国主动与乙国断交,则乙国可以撤回其对甲国作为国家的承认
D. 乙国从未正式承认甲国为国家,建立外交关系属于事实上的承认

[释疑] 甲、乙两国建立正式外交关系,属于法律承认的方式,而法律承认是不可撤销的承认。承认分为法律承认与事实承认,法律承认是承认国给予新国家或新政府以一种完全的、永久的、不可撤销的正式承认。事实承认是不完全、非正式和暂时性的,可以随时撤销的承认。甲、乙两国建立正式外交关系,属于法律承认的方式,故答案为 A 选项。(答案:A)

三、提示与预测

司法考试一般更注重考查承认中的默示承认和承认的法律效果问题。因此,要注意前述精讲部分"承认的表示形式"和"承认的性质"中的表述。

考点 5 国际法上的继承

一、精讲

国际法上的继承是指在某些特定情况下,国际法上的权利义务由一个承受者转移给另一个承受者所发生的法律关系。国际法上的继承包括国家继承、政府继承和国际组织的继承,其中最重要和最基本的是国家继承。国家继承是指由于领土变更的事实,导致国际法上的权利义务在相关国家之间的转移而发生的法律关系。从国际实践来看,国家领土变更情况主要有合并、分立、分离、独立以及部分领土转移五种。对于不同的领土变更情况,国家继承的情况也各不相同。

国家继承的对象是国家在国际法上的权利义务,一般分为两大类:关于条约方面的继承和非条约事项(国家财产、债务、档案等)的继承。

1. 条约的继承

条约继承的实质是在领土发生变更时,被继承国的条约对继承国是否继续有效的问题。除当事国另有约定外,条约继承的一般原则是:

(1) 政治性或人身性条约不予继承,诸如同盟条约、友好条约、中立条约、共同防御条约等。

(2) 与领土、资源相关的条约一般予以继承,诸如边界条约、有关自然资源和道路交通的条约等。

(3) 经济性条约依据双方达成的协议酌情继承,诸如贸易协定、投资保护协定等。

(4) 新独立国家对宗主国或殖民国家等被继承国所签订的条约,有权拒绝继承,这是国际法上著名的"白板原则"。"白板原则"是拒绝继承条约的原则,主要指新独立国家原则上不继承原殖民地或宗主国承担的任何条约义务,但"白板原则"不适用于有关国界和特殊领土制度

的条约,也不适用于公认的国际法原则和规范。

2. 国家财产的继承

国家财产的继承主要包括两项原则:

(1) 财产随领土一并转移而转属继承国原则:主要是针对继承发生时位于所涉领土内的被继承国财产而言,特别是针对不动产。

(2) 所涉领土的实际生存原则:主要是针对位于所涉领土以外的财产而言,特别是针对动产,即凡是与所涉领土生存或活动有关的国家动产,不论其所处地理位置,都应转属继承国。

3. 国家债务的继承

一般应继承国家债务、地方化债务,但不继承地方债务、私人债务和"恶债"。国家债务是指以国家的名义对外举借的债务。地方化债务是指以国家的名义举借,但用于地方的债务。地方债务是指以地方自己的名义举借的,用于地方的债务。恶债是指尽管该债务是国家举借的,但该债务的产生违反国际法基本原则或继承国根本利益的债务,如征服债务、战争债务等。

4. 国家档案的继承

在国际实践中,关于国家档案的继承,通常通过有关国家间协议解决,如无协议,一般将所涉领土有关的档案转属继承国。

二、例题

甲国与乙国 1992 年合并为一个新国家丙国。此时,丁国政府发现,原甲国中央政府、甲国南方省,分别从丁政府借债 3 000 万美元和 2 000 万美元。同时,乙国元首以个人名义从丁国的商业银行借款 100 万美元,用于乙国 1991 年救灾。上述债务均未偿还。甲、乙、丙、丁四国没有关于甲、乙两国合并之后所涉债务事项的任何双边或多边协议。根据国际法中有关原则和规则,下列哪一选项是正确的?(2008 年真题,单选)

A. 随着一个新的国际法主体丙国的出现,上述债务均已自然消除
B. 甲国中央政府所借债务转属丙国政府承担
C. 甲国南方省所借债务转属丙国政府承担
D. 乙国元首所借债务转属丙国政府承担

[释疑] 甲国与乙国合并为一个新国家丙国,则甲、乙两国此前承担的国家债务或者地方化债务应当由丙国继承,例如甲国中央政府所借债务即属国家债务,应转属丙国政府承担,因此 A 选项错误、B 选项正确。甲国南方省所借债务属于地方债务,由该南方省自己负责,不应转属丙国政府继承。乙国元首以个人名义从丁国的商业银行借款 100 万美元,虽然用于乙国 1991 年救灾,但该债务在性质上属于私人债务,故不应由丙国政府继承,C、D 选项错误。(答案:B)

三、提示与预测

在国际法上的继承中,条约、财产和债务的继承都曾在考题中出现过,对其规则应予以掌握。

考点 6 国际法的派生主体——联合国

一、精讲

1. 联合国的会员国

《联合国宪章》(以下简称《宪章》)规定,各国不论社会制度如何,都可加入联合国。按照

取得会员资格的程序不同,联合国会员国分为两类:第一类为创始会员国。凡参加旧金山会议或以前签署联合国宣言的国家,签署了《宪章》并依法予以批准的,都属于这一类,联合国共有51个创始会员国。第二类为纳入会员国。被接纳为新会员国的条件是:

(1) 被接纳的是一个爱好和平的国家。
(2) 其接受《宪章》规定的义务,愿意并能够履行《宪章》的义务。
(3) 经安理会推荐;申请国首先向秘书长提出申请,秘书长将其申请交由安理会,安理会审议并通过后向大会推荐。
(4) 获得大会准许,经大会审议并 2/3 多数通过。

2. 联合国的主要机关

联合国设有六个主要机关:大会、安全理事会、经济和社会理事会、托管理事会、国际法院和秘书处。

3. 联合国大会的职权及表决制度

大会由全体会员国组成,具有广泛的职权,可以讨论《宪章》范围内或联合国任何机关的任何问题,但安理会正在审议的除外。大会不是一个立法机关,而主要是一个审议和建议机关。大会表决实行会员国一国一票制。对于一般问题的决议采取简单多数通过;对于重要问题的决议采取 2/3 多数通过。实践中也常常采取协商一致方法通过决议。上述重要问题包括:与维持国际和平与安全相关的建议,安全理事会、经社理事会和托管理事会中需经选举的理事国的选举;新会员国接纳;会员国权利中止或开除会籍;实施托管的问题;联合国预算及会员国应缴费用的分摊等。

根据《宪章》的规定,大会对于联合国组织内部事务通过的决议对于会员国具有拘束力;对于其他一般事项作出的决议属于建议性质,不具有法律拘束力。

4. 联合国安理会职权及表决制度

安理会由 15 个理事国组成,其中,中国、法国、俄罗斯、英国、美国 5 国为常任理事国。其他理事国按照地域分配名额由大会选出,任期两年,不得连任。安理会是联合国在维持国际和平与安全方面负主要责任的机关,也是联合国中唯一有权采取行动的机关。

安理会的重要职权包括:
(1) 促使争端和平解决。
(2) 制止侵略行为,断定任何对于和平的破坏或侵略行为是否存在,作出制止的建议或抉择。
(3) 其他方面;负责拟订军备管制方案;在特定战略性地区实行联合国托管职能;建议或决定为执行国际法院的判决而采取的强制措施;《宪章》规定的其他程序性的相关职能,包括在新会员接纳、秘书长推荐等方面的职能等。

安理会的表决制度:根据《宪章》的规定,安理会表决采取每一理事国一票。对于程序性事项决议的表决采取 9 个同意票即可通过。对于非程序性事项或称实质性事项的决议表决,要求包括全体常任理事国在内的 9 个同意票,此又称为"大国一致原则",即任何一个常任理事国都享有否决权。对于一个事项是否为程序性事项发生争议,同样按照上述"大国一致"表决方式决定。常任理事国在安理会表决中的上述权利也被称为"双重否决权",它确保了大国之间的一致。否决权制度是安理会表决制度的核心。安理会在向大会推荐接纳新会员国或秘书长人选、建议中止会员国权利和开除会员国等问题上,也适用非程序性事项表决程序。安理会为制止对和平的破坏、威胁和侵略行为而作出的决定,以及依《宪章》规定在其他职能上作出的决定,对于当事国和所有成员国都具有拘束力。

联合国大会和安理会表决制度的对比如下：

机构	表决制度	
联合国大会	（1）实行一国一票制； （2）一般问题采用简单多数通过，重要问题采用2/3多数通过，实践中也采用协商一致的方式； （3）对于联合国组织内部事务通过的决议对会员国具有拘束力，对于其他一般事项作出的决议属于建议性质，不具有法律拘束力。	
安理会	（1）程序性事项	9个国家的同意票即可通过。
	（2）非程序性事项	"大国一致原则"： ① 同意票必须达到9票； ② 不得有常任理事国的反对票； ③ 常任理事国的弃权或缺席不影响决议的通过。
	（3）双重否决权	① 决定是否属于程序性事项，五大国拥有否决权； ② 对非程序性事项进行表决，五大国拥有否决权。

5. 联合国专门机构

联合国专门机构是指根据特别协定而与联合国建立关系或根据联合决定而创立的对某一特定业务领域负有国际责任的政府间专门性国际组织。

《联合国宪章》规定，各国政府间协定所成立的关于经济、社会、文化、教育、卫生及其他有关部门的专门机构，依其组织规章的制定，应与联合国订立协定，使它们与联合国建立关系；在适当情形下，联合国还可创设上述各种新专门机构。但专门机构不是联合国的附属机关，它们是独立的国际法律人格者。

6. 非政府国际组织（跨国、非政治、非营利、志愿性）

联合国经社理事会有可能给予非政府国际组织某种咨商地位：① 普遍咨商地位；② 特殊咨商地位；③ 注册咨商地位。应注意获得咨商地位的非政府国际组织只是可以参加联合国的一些活动，并无表决权，亦不能因此而取得政府间国际组织的地位。

二、例题

1. 联合国大会由全体会员国组成，具有广泛的职权。关于联合国大会，下列哪一选项是正确的？（2015年真题，单选）

A. 其决议具有法律拘束力

B. 表决时安理会5个常任理事国的票数多于其他会员国

C. 大会是联合国的立法机关，2/3以上会员国同意才可以通过国际条约

D. 可以讨论《联合国宪章》范围内或联合国任何机关的任何问题，但安理会正在审议的除外

[释疑] 联合国大会的决议除关于内部事项的问题外，在一般意义上并无法律拘束力，故A选项错误。安理会所有理事国都享有一票表决权，常任理事国享有双重否决权但并不享有更多的投票权，故B选项错误。联合国并不存在立法机关，故C选项错误。联合国大会理论上有权审议《联合国宪章》范围内的一切事项，但安理会正在审议者，除安理会请求外，大会不得提出建议，即安理会对维护国际和平与安全承担主要责任，故D选项正确。（答案：D）

2. 由于甲国海盗严重危及国际海运要道的运输安全，在甲国请求下，联合国安理会通过

决议,授权他国军舰在经甲国同意的情况下,在规定期限可以进入甲国领海打击海盗。据此决议,乙国军舰进入甲国领海解救被海盗追赶的丙国商船。对此,下列哪一选项是正确的?(2009年真题,单选)

　　A. 安理会无权作出授权外国军舰进入甲国领海打击海盗的决议
　　B. 外国军舰可以根据安理会决议进入任何国家的领海打击海盗
　　C. 安理会的决议不能使军舰进入领海打击海盗成为国际习惯法
　　D. 乙国军舰为解救丙国商船而进入甲国领海属于保护性管辖

　　[释疑]　维护国际和平与安全是安理会的职能,在沿海国甲国请求的情况下有权作出授权打击海盗的决议。安理会的决议虽然对成员国有拘束力,但并非国际习惯法,国际习惯法要求满足"惯行"和"法律的确信"两个构成要件。乙国军舰解救丙国商船,显属行使普遍性管辖权,答案为C选项。(答案:C)

　　3. 甲国是联合国的会员国。2006年,联合国驻甲国的某机构以联合国的名义,与甲国政府签订协议,购买了一批办公用品。由于甲国交付延期,双方产生纠纷。根据《联合国宪章》和有关国际法规则,下列哪一选项是正确的?(2008年真题,单选)

　　A. 作为政治性国际组织,联合国组织的上述购买行为自始无效
　　B. 上述以联合国名义进行的行为,应视为联合国所有会员国的共同行为
　　C. 联合国大会有权就该项纠纷向国际法院提起针对甲国的诉讼,不论甲国是否同意
　　D. 联合国大会有权就该项纠纷请求国际法院发表咨询意见,不论甲国是否同意

　　[释疑]　联合国作为政府间国际组织,属于国际法的主体,享有为实现其目的和宗旨而独立参与国际交往的能力,因此,购买办公用品的行为是合法有效的。另外,联合国也就其行为独立对外承担相应的责任,不能把联合国的行为和责任等同于所有会员国的行为和责任,故A、B选项均错误。根据《国际法院规约》的规定,在法院得为诉讼当事国者,限于国家。所以联合国无权在国际法院提起诉讼。但联合国大会及安理会、经社理事会或者大会授权的专门机构等,有权请求国际法院发表咨询意见,因此C选项错误而D选项正确。(答案:D)

　　4. "恐龙国际"是一个在甲国以非营利性社会团体注册成立的组织,成立于1998年,总部设在甲国,会员分布在20多个国家。该组织的宗旨是鼓励人们"认识恐龙,回溯历史"。2001年,"恐龙国际"获得联合国经社理事会注册咨商地位。现该组织试图把活动向乙国推广,并准备在乙国发展会员。依照国际法,下列哪些表述是正确的?(2006年真题,多选)

　　A. 乙国有义务让"恐龙国际"在乙国发展会员
　　B. 乙国有权依照其本国法律阻止该组织在乙国的活动
　　C. 该组织在乙国从事活动,必须遵守乙国法律
　　D. 由于该组织已获得联合国经社理事会注册咨商地位,因此,它可以被视为政府间的国际组织

　　[释疑]　"恐龙国际"作为一个在甲国以非营利性社会团体注册成立的组织,属于一个非政府组织,尽管在联合国经社理事会获得注册咨商地位,但这并不能改变其非政府组织的法律地位。乙国并无义务允许该组织在本国境内活动,即便该组织获允在乙国从事活动,也必须遵守乙国法律,接受乙国的属地管辖权。因此,本题中的B、C选项正确。

　　"恐龙国际"获得联合国的注册咨商地位,可以参加联合国的一些会议和活动,但这仅仅表明该非政府组织加强了与联合国的联系,并不能使主权国家承担支持该非政府组织的义务。因此,作为主权国家的乙国有权决定是否允许其在本国内活动,但并无让"恐龙国际"在本国从事发展会员等活动的义务。(答案:BC)

三、提示与预测

联合国是最重要的政府间国际组织,联合国大会和安理会的职权、表决机制等考点在考题中多次出现。应注意联合国除自身的大会、安理会、经社理事会等六大机关外,还有十几个专门机构,这些专门机构均属于政府间国际组织,而近年来被联合国经社理事会赋予三种咨商地位的非政府组织在性质上仍然属于非政府组织。

第三章 国际法律责任

本章知识体系:

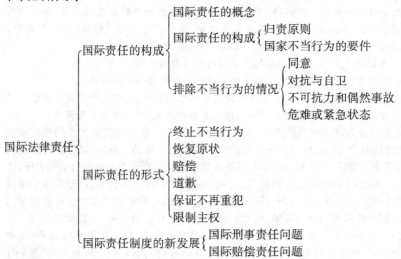

考点 1 国际法律责任的特征

国际法律责任是指国际法主体对国际不当行为或损害行为所应承担的法律责任。国际法律责任具有以下特征:

1. 国际法律责任的主体是国际法主体

国际法主体是国际法上的权利和义务的承受者,当国际法律责任发生时自然也是该责任的承担者,亦即国际法律责任的主体。

2. 国际法律责任的起因是国际不当行为或损害行为

这里不仅强调了国际不当行为引起国际法律责任,还强调了国际法不加禁止的行为(简称损害行为)所产生的损害性后果的责任。

考点 2 国家不当行为的责任

一、精讲

国家不当行为,是指国家违背国际法义务的行为。根据《国际责任条文草案》的规定,该行为必须具备两个条件：一方面，该行为可以归因于国家；另一方面，该行为违背了该国所应承担的国际义务。

1. 该行为属于可归因于国家的行为

下列行为，包括作为和不作为，被国际法认为是可以归因于国家的行为：

（1）国家机关的行为，国家元首、政府首脑、外交部长及外交使节，由于其在对外交往中的特殊地位及享有的在外国的特权与豁免，对于他们在国外私人身份的不法行为，国家也承担相关的责任。此外，一般私人或私人团体本身对外国或外国人的不法侵害不引起国家责任，但是该行为如果由于国家的失职造成，或国家对该行为进行纵容，则可能引起国家对本身失职或放纵行为的责任，这也称为间接责任。

（2）经授权行使政府权力的其他实体的行为。

（3）实际上代表国家行事的人的行为。

（4）别国或国际组织交予一国支配的机关的行为。

（5）上述可归因于国家行为的国家机关和国家授权人员的行为，一般也包括他们以此种资格执行职务内事项时的越权或不法行为。

（6）叛乱运动机关的行为，以该叛乱机关成功组建新政府或新国家为前提。

（7）一个行为可以归因于几个国家时，相关国家对于其各自相关的行为承担单独或共同责任。

2. 该行为违背了该国所承担的国际义务

一国违背国际义务是指一国行为不符合对其有效的国际义务的要求，不论其所承担的该国际义务来源于条约、国际习惯或国际法的其他渊源。构成一国不当行为所违背的义务必须是对其有效的国际义务。对国际义务的违背，按照义务的性质又被分为对一般国际义务的违背和对保护国际社会根本利益至关重要的义务的违背，前者称为国际不法行为，后者称为国际罪行。因此，国家不当行为包括国际不法行为和国际罪行两类。

3. 排除国家违背义务行为的不当性的情况

（1）同意。一国不符合该国国际义务的行为，如经与该义务直接有关的权利方以正式有效的方式表示同意，然后实施，则排除了该行为的不当性。应注意对同意的限制有二：首先，受害国应当是以明确的方式事先自愿表示同意；其次，被违反的义务不属于国际强行法规则。

（2）对抗与自卫。对抗与自卫作为排除其行为不当性的理由，应符合以下条件：对抗的对方首先必须有对抗国违背义务的行为；对抗措施必须必要和适度，其结果要与对方造成的侵害成比例。除自卫外，对抗措施不得行使武力。

（3）不可抗力和偶然事故。如果实际上的不可能履行是由于行为者本身引起的，则不能援引不可抗力和偶然事故排除其不当性。

（4）危难或紧急状态。对危难和紧急状态下违背义务行为的不当性的排除，除要求情况紧急别无他法之外，还要求危难或紧急状态不是该国本身或协助造成，并且所违背义务的行为不得造成比危难同样或更大的灾难或危及他国的根本利益，不得违背国际法强行性规则。否则其不当性不能排除。

4. 国际责任的形式

国际不法行为的行为国承担的国家责任方式主要包括：终止不当行为、恢复原状、赔偿、道歉、保证不再重犯、限制主权。其中，限制主权是指限制责任国主权或主权某些方面的行使，属于国家责任中最严重的形式。

二、提示与预测

国际责任是国际法中的重要考点。国际责任的构成除国家的行为违背国际法义务之外，还包括国家的行为具有不当性，注意理解"不当性"的含义。此外，排除国际不当行为"不当性"的情况、国际责任的形式也应掌握。

考点 3 国际法不加禁止的行为引起的损害赔偿责任

一、精讲

由于科学技术的发展，国家从事的某些开发或试验性活动在带来巨大利益的同时，也存在巨大的潜在危险。这些活动一般是本国在其领土或其控制下进行的，但其危害具有跨国性。这些活动本身是国际法不禁止的，但如果造成了跨国界的损害，受害国有权要求加害国给予合理的赔偿。由于对这些损害一般仅采取恢复原状和赔偿的方式，因此，它们又被称为国际赔偿责任制度。

目前，从赔偿责任的主体看，现行的制度一般有三类：

（1）国家责任制度，即由国家承担对外国损害的责任。如《空间物体造成损害的国际责任公约》规定，发射国对本国或在本国境内发射的空间物体对他国的损害承担责任。

（2）双重责任制度，即国家与营运人共同承担对外国损害的赔偿责任。如《关于核损害的民事责任的维也纳公约》和《核动力船舶经营人公约》规定，国家保证营运人的赔偿责任，并在营运人不足赔偿的情况下，对规定的限额进行赔偿。

（3）营运人赔偿。无论营运人是国家或者私人企业，都由营运人直接承担有限赔偿责任。

二、例题

甲国某核电站因极强地震引发爆炸后，甲国政府依国内法批准将核电站含低浓度放射性物质的大量污水排入大海。乙国海域与甲国毗邻，均为《关于核损害的民事责任的维也纳公约》缔约国。下列哪一说法是正确的？（2011年真题，单选）

A. 甲国领土范围发生的事情属于甲国内政
B. 甲国排污应当得到国际海事组织同意
C. 甲国对排污的行为负有国际法律责任，乙国可通过协商与甲国共同解决排污问题
D. 根据"污染者付费"原则，只能由致害方，即该核电站所属电力公司承担全部责任

[释疑] 内政的范围是指一国从事的行为不违反该国承担的国际义务，甲国将核废料排入大海的行为造成相邻的乙国海域污染，需承担国际法律责任，已经超出内政范围，A选项错误。向海洋排放核废物属于违反国际法的行为，任何组织都无权授权违法行为，国际海事组织是从事国际间协调管理的技术性组织，当然更不例外，B选项错误。乙国通过协商与甲国解决排污问题属于和平解决国际争端，C选项正确。根据《关于核损害的民事责任的维也纳公约》的相关规定，对核损害适用双重责任，运营商无力赔偿的部分，由国家保证赔偿，D选项错误。（答案：C）

三、提示与预测

关于国际法不加禁止的行为引起的损害赔偿责任，注意掌握适用国家责任和双重责任这两种情形。

第四章 国际法上的空间划分

本章知识体系：

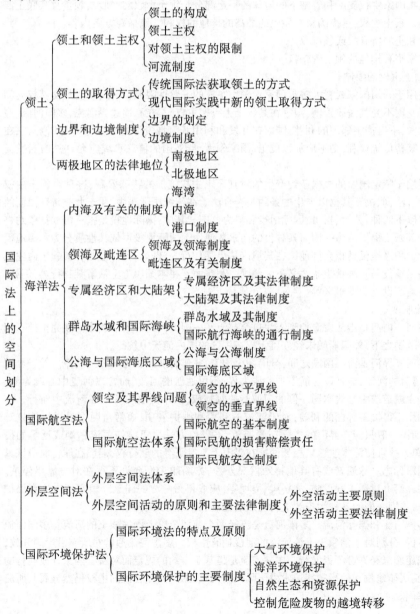

考点 1 领土和领土主权

一、精讲

1. 领土和领土主权的概念

领土是指国家主权支配和管辖下的地球的特定部分。领土由领陆、领水、领空及其底土四个部分组成。领土主权,是指国家对领土的最高的排他的权利。包括两方面内容:

(1) 对领土的所有权或领有权。

(2) 国家享有排他的领土管辖权。

2. 对领土主权的限制

(1) 适用于一切国家或者大多数国家对领土主权的一般性限制,例如,享受外交特权与豁免的人在接受国不受其法律管辖;国家在其领土上行使主权时,在利用边界河流、多国河流、边境土地的时候,不得损害邻国的利益;国家在开发和利用其海域资源的时候,如果其他国家在该海域享有某些传统权利,则不应加以侵犯;国家领海、群岛国的群岛水域应允许外国船舶无害通过等。

(2) 适用于特定国家的根据条约产生的对其领土主权施加的特殊限制,这种对领土主权的限制是否合法,取决于其据以产生的条约是否合法。在传统国际法中,属于此类特殊限制的形式主要有以下四种:共管、租借、国际地役和势力范围。其中,国际地役是指一国根据条约将其部分或全部领土提供给另一国为某种目的而永久使用。国际地役可依其性质分为积极地役和消极地役。积极地役是指允许他国在其境内从事某种行为,例如,允许他国在其领土内驻扎军队等。消极地役是一国承担条约义务为他国之利益而不在本国领土上从事某种行为,例如,在本国某些地区设立非军事区等。

3. 河流制度

(1) 内河。内河是指从发源地到入海口全部流经一国境内的河流。国内河流完全处于国家主权管辖范围之下,外国船舶未经许可无权在一国的国内河流中航行。

(2) 界河。界河是流经两国之间,分隔两个国家,并作为两国领土国界的河流。关于界河的划分,可通航的河流,通常以主航道中心线为界;不可通航的河流,通常以河道中心线为界。沿岸国对于主航道或中心线本国一侧的河域行使管辖权,沿岸国也均有权在河流中航行。有关界河的利用不得损害邻国的利益,对于河流的利用和维护事项,通常由两个沿岸国协议解决。例如,渔民一般只能在界河的本国一侧捕鱼,不得单方采取可能使河流枯竭或泛滥的措施,更不得单方故意使河水改道。相邻国家在界河上享有平等的航行权,船舶在航行时应该具有明显的国籍标志。除遇难或有其他特殊情况外,一方船舶未经允许不得在对方靠岸停泊。一方如欲在界河上建造工程设施,如桥梁、堤坝等,应取得另一方的同意。国家还应注意保护界河水质,对本国一侧的各种污染源进行有效的控制和治理,以免污染水域。

(3) 多国河流和国际河流。多国河流是流经两个或两个以上国家领土的河流。多国河流所流经的各国,分别对本国领土上该河流的河段拥有主权。多国河流通常对所有沿岸国开放,但非沿岸国船舶未经许可不得航行。国际河流是指基于条约的规定而对所有国家开放航行的多国河流,其法律地位和航行制度通常由国际条约规定,国际河流各段的主权仍然分属其所流经的各沿岸国。

二、例题

甲河是多国河流，乙河是国际河流。根据国际法相关规则，下列哪些选项是正确的？(2011年真题，单选)

A. 甲河沿岸国对甲河流经本国的河段拥有主权
B. 甲河上游国家可对自己享有主权的河段进行改道工程，以解决自身缺水问题
C. 乙河对非沿岸国商船也予开放
D. 乙河的国际河流性质决定了其属于人类共同的财产

[释疑] 多国河流是流经两个或两个以上国家领土的河流。多国河流流经各国的河段分别属于各国领土，各国分别对位于其领土的一段拥有主权。A选项正确。多国河流的使用一般涉及流经各国的利益，因此，对多国河流的航行、使用、管理等事项，一般应由有关国家协议解决。每一沿岸国在对该河流行使权利时，都应顾及其他沿岸国的利益。各国不得有害地利用该河流，不得使河流改道或堵塞河流。B选项错误。国际河流的法律地位和制度是由国际条约规定的，不同的国际河流可能有所不同。国际河流流经各国领土的河段仍然是该国主权下的领土。D选项错误。国际河流一般允许所有国家的船舶特别是商船在其中航行通过，C选项正确。(答案：AC)

三、提示与预测

国家领土主权的意义及领土主权受到限制的理由、界河的利用规则等属于国际关系中常见的问题，很有可能出现在案例当中。

考点 2 领土的取得方式

一、精讲

1. 传统国际法获取领土的五种方式

（1）先占。先占是指国家占领了一块不在任何其他国家主权下的土地——"无主地"的主权，并对其实行了"有效占领"，从而在法律上取得了该地的主权的行为。因此，先占必须具备两个条件：首先，占领的对象必须是"无主地"，但18世纪以后，单纯对无主地的发现行为，只能构成一种暂时阻止他国对该地予以占领的初步权利。其次，要取得对所发现的无主地的主权，还要满足先占的另一个条件——实施"有效占领"，即占领者不仅要以占领国的名义公开实行占有，而且实施占领的国家要在该地建立行政管理机构，并采取立法、司法、宣布主权、行使管辖权等行动。当前世界上已基本不存在可供先占的对象，因此先占现在的意义主要在于据以解决某些历史遗留的领土争端问题。

（2）时效。时效是指一国占有他国某块土地后，在相当长时期内不受干扰地领有，即取得该地主权的方式。时效的基本条件是：国家占有他国领土，并公开地展示其主权权力。因此，时效不同于以"无主地"为占领对象的先占；国家对他国领土的占有没有受到干扰，丧失国予以默认或不提出抗议；国家对他国领土的占有持续一定时期。但在现代国际法体制下，时效因违反国际法的基本原则而属无效的领土取得方式，该方式仅仅具有历史意义。

（3）添附。添附是指因自然或人为的作用使一国增加领土。添附包括两种情况：一是人

为的添附。围海造地、建筑堤堰都可使一国领土扩展。二是自然添附。涨滩和三角洲的形成、界河的改道或干涸、新生岛屿的出现都可能造成领土的增加。

(4)割让。割让是指国家将自己的领土依条约规定转让给他国,从而使对方国家取得该领土的主权。割让最为显著的特点即领土的转移以条约为依据,所以它不同于征服。在国际关系史上,条约的签订往往处于不同的情势之下,因此,传统国际法中的割让可以分为强制性的割让和非强制性的割让两类。基于不平等条约的强制性割让,由于违反现代国际法基本原则,在现代国际法中已经失去其合法性。

(5)征服或兼并。征服是指战争结束后战胜国把战败国灭亡而兼并其领土。征服包括两方面的要件:一是征服国有兼并战败国领土的明确表示;二是战败国及其盟国表示屈服并放弃一切抵抗或收复失地的企图。通过灭亡他国而取得他国的领土,这本身就是侵犯国家主权和领土完整的行为,因此,征服显然是违反现代国际法的。

2. 现代国际实践中的新的领土取得方式

现代国际实践中新的领土取得方式主要有殖民地独立和公民投票。

二、例题

1. 关于领土的合法取得,依当代国际法,下列哪些选项是正确的?(2016年真题,多选)

A. 甲国围海造田,未对他国造成影响

B. 乙国陈兵邻国边境,邻国被迫与其签订条约割让部分领土

C. 丙国与其邻国经平等协商,将各自边界的部分领土相互交换

D. 丁国最近二十年派兵持续控制其邻国部分领土,并对外宣称拥有主权

[释疑] 本题考点为领土取得的方式及其合法性。围海造田属于添附行为,只要未损害他国的正当利益,即为合法的领土取得方式,故A选项正确。自愿的割让才是合法的领土取得方式,乙国胁迫邻国签订割让条约,因而属于强迫割让,属于非法行为,故B选项错误。自愿交换领土的行为并不违反国际法,故C选项正确。丁国派兵长期控制邻国领土,侵犯了邻国的领土主权,属于非法行为。即便丁国以时效为理由主张取得该领土,由于时效在现代国际法意义上,其强占他国领土的行为被认为属于侵犯领土主权的行为,因而也属于无效的行为,故D选项错误。(答案:AC)

2. 亚金索地区是位于甲、乙两国之间的一条山谷。18世纪甲国公主出嫁乙国王子时,该山谷由甲国通过条约自愿割让给乙国。乙国将其纳入本国版图一直统治至今。2001年,乙国发生内乱,反政府武装控制该山谷并宣布脱离乙国建立"亚金索国"。该主张遭到乙国政府的强烈反对,但得到甲国政府的支持和承认。根据国际法的有关规则,下列哪一选项是正确的?(2007年真题,单选)

A. 国际法中的和平解决国际争端原则要求乙国政府在解决"亚金索国"问题时必须采取非武力的方式

B. 国际法中的民族自决原则为"亚金索国"的建立提供了充分的法律根据

C. 上述18世纪对该地区的割让行为在国际法上是有效的,该地区的领土主权目前应属于乙国

D. 甲国的承认,使得"亚金索国"满足了国际法上构成国家的各项要件

[释疑] 本题由于同时考查了和平解决国际争端原则、民族自决原则、割让、国家主权和

国际法上的承认等几方面问题,应该算是有一定难度的综合性考题。题干中的山谷由甲国通过条约自愿割让给乙国,乙国即已经合法取得该领土,故 C 选项正确。乙国解决本国的内乱是行使主权的行为,国际关系中的和平解决国际争端原则并不适用于这一问题,故 A 选项错误。民族自决原则适用于受到外国奴役的被压迫民族,显然在本题情况下对该问题不适用,故 B 选项错误。一个新的实体是否构成一个国家,关键是看其是否满足国家构成的四个要素(确定的领土、定居的居民、政权组织和主权),而不取决于他国的承认,本题中,甲国匆忙对乙国尚未平息的内乱局势中的"亚金索国"予以承认,属于"过急的承认",在国际法上属于干涉乙国内政的行为,故 D 选项错误。(答案:C)

三、提示与预测

关于领土取得的传统方式,应特别注意掌握传统方式当中哪些迄今仍然合法,哪些则已经不符合现代国际法。由于我国与周边国家仍然存在领土争端,因此,这一考点的有关规则十分重要。

考点 3 边界和边境制度

一、精讲

1. 边界的划定

边界又称国界,它是指分隔一国领土与他国领土、与外层空间、与公海或专属经济区的界限,用以确定国家领土的范围。

边界的划定通常包括下列程序:

(1)划界。双方签订边界条约,边界条约是划界的基本法律文件,也称为划界"母约"。

(2)勘界。由根据边界条约设立的勘界委员会进行实地划界并在边界上树立界桩(即标界)。

(3)制定边界文件。标界完成后,双方拟定边界议定书,绘制地图,作为条约的附件。边界条约、议定书和地图是划定边界的基本法律文件。

2. 边境制度

(1)边界标志的维护。边境地区的国家对边界标志的维护负有共同的责任,采取必要的措施防止界标被移动、损坏或毁灭。在界桩被移动、毁损或灭失时,应尽快通知对方国家,在双方代表均在场的情况下共同采取恢复措施,并有义务惩罚肇事者。

(2)边界资源的利用。国家对本国边境地区的土地和自然资源的利用,应遵循不使邻国利益受损的原则,如不得污染邻国的空气、不使河水改道或干涸。国家应保护边境地区的动植物,不准越界射击或追捕鸟兽。

(3)边境居民的交往。为了国家安全和对边境进行有效管理,各国在边境往往设立边境检查制度,对出入境的人和货物进行限制。但是,为了便利边境居民的生活和生产,相邻国家还往往订立协定,在和平时期对边境居民在国界两侧一定范围内从事航运、贸易、探亲访友、进香朝圣等活动给予特殊的便利。

(4)边境事件的处理。相邻国家依照条约或协定设立边界委员会处理边境上发生的事件,或通过外交途径解决。

二、例题

1. 甲乙两国边界附近爆发部落武装冲突,致两国界标被毁,甲国一些边民趁乱偷渡至乙国境内。依相关国际法规则,下列哪一选项是正确的?(2016年真题,单选)
   A. 甲国发现界标被毁后应尽速修复或重建,无需通知乙国
   B. 只有甲国边境管理部门才能处理偷渡到乙国的甲国公民
   C. 偷渡到乙国的甲国公民,仅能由乙国边境管理部门处理
   D. 甲乙两国对界标的维护负有共同责任

   [释疑] 本题考点为界标维护的规则及边境管理制度、国家的管辖权。边境邻国如果发现界标被毁,则应在双方代表均在场的情况下恢复原状,并惩办肇事者,故 A 选项错误。对于毁损界标并偷渡到乙国的肇事者,甲国享有属人管辖权,乙国享有属地管辖权,故 B、C 选项错误。边界邻国对于界标的维护负有共同的责任,故 D 选项正确。(答案:D)

2. 奥尔菲油田跨越甲、乙两国边界,分别位于甲、乙两国的底土中。甲、乙两国均为联合国成员国,且它们之间没有相关的协议。根据有关的国际法规则和国际实践,对油田归属与开发,下列哪一选项是正确的?(2007年真题,单选)
   A. 该油田属于甲、乙两国的共有物,其中任何一国无权单独进行勘探和开采
   B. 该油田位于甲、乙两国各自底土中的部分分属甲国、乙国各自所有
   C. 该油田的开发应在联合国托管理事会监督下进行
   D. 无论哪一方对该油田进行开发,都必须与另一方分享所获的油气收益

   [释疑] 国家领土包括领陆、领水、领空及其底土。本题中,甲、乙两国对于各自底土中的资源享有主权,在没有相关协议的情况下,该资源分属两国各自所有。故应选 B 选项,A、D 选项错误。联合国托管理事会只负责托管领土的事务,与本题中的底土开发无关,故 C 选项不当选。(答案:B)

三、提示与预测

关于边境土地的使用、界水的利用、界标的保护等,一般都要求各国在利用本国领土的同时适当顾及邻国的正当利益。

考点 4 海洋法

一、精讲

1. 内海、海湾和港口制度

(1) 内海。内海是一国领海基线以内的海域,包括内陆海、内海湾、内海峡和其他位于海岸与领海基线之间的海域。内海是一国内水的一部分,沿海国对其具有同领陆一样的完全的排他的主权。

(2) 海湾。海湾是指海洋深入陆地而形成的明显水曲。从国际法角度看,只有当水曲的面积大于或等于以湾口宽度为直径划成的半圆时,才能视为海湾。从法律地位上看,海湾可分为内海湾和非内海湾。

按照《海洋法公约》的规定,沿岸属于一国的海湾如果天然入口处两端的低潮标之间的距

离不超过24海里,则可在两个低潮标之间划出一条封口线,该线所包围的水域应视为内水,该海湾即属内海湾。如果海湾天然入口处两端的低潮标之间的距离超过24海里,24海里的直线基线应划在海湾内,基线以内的水域才是内水,该海湾属非内海湾。公约还规定,上述规定不适用历史性海湾。这是以湾口宽度作为确定内海湾标准的例外。历史性海湾是指海岸属于一国,其湾口宽度虽超过24海里,但历史上一向被承认是沿海国内海的海湾。

(3) 港口制度。国家对其港口享有排他的主权,外国船舶经过允许方可驶入。国家对于位于其港口的外籍船舶具有管辖权,但依国际法享有豁免权的军舰和政府公务船等除外。实践中,国家一般不介入外国船舶的内部事务。在刑事管辖方面,通常只有对扰乱港口安宁、受害者为沿岸国或其国民、案情重大或船旗国领事或船长提出请求时,沿岸国才予以管辖。在民事案件方面,对完全属于船舶内部管理,如工资、劳动条件、个人财产权利等事项,各国通常不行使管辖权。当案件涉及港口国公民的利益或其他船舶以外的因素,或涉及船舶本身在港口内航行、停留期间的权利义务时,港口国才予以管辖。

2. 领海

(1) 领海指邻接国家领陆、内水或群岛水域的,受国家主权管辖和支配的一定宽度的海水带。

(2) 领海基线的划定有两种:① 正常基线或自然基线,是以落潮时海水退到离海岸最远的潮位线,即低潮线作为基线;② 直线基线,是选取海岸或近海岛屿最外缘的若干适当基点,用直线连接而成的折线作为基线。我国即采用直线基线。

(3) 领海的宽度不得大于12海里,内陆国没有领海。外国船舶在领海中享有无害通过权。无害通过权是指外国船舶在不损害沿海国的和平安宁和正常秩序的条件下,拥有无须事先通知或征得沿海国许可而连续不断地通过其领海的航行权利。但在行使无害通过权的过程中,不得采取任何和通过无关的行为。此外,无害通过要求连续不停地迅速通过,不得停泊和下锚,除非不可抗力、遇难和救助。潜水艇或其他潜水器通过领海须浮出水面并展示其船旗。

(4) 沿海国在领海对外国船舶的刑事管辖权:① 罪行的后果及于沿海国;② 罪行属于扰乱当地安宁或沿海国良好秩序的性质;③ 经船长或船旗国外交代表或领事官员请求当地政府予以协助;④ 取缔违法贩运麻醉品或精神调理物质所必要。各种情况下,如经船长请求,沿海国在采取任何步骤前应通知船旗国的外交代表或领事官员。以上规定不影响沿海国为在驶离内水后通过领海的外国船舶上逮捕或调查目的而采取其法律授权的任何步骤的权利。对于来自外国港口仅通过领海而不进入内水的外国船舶,沿海国不得在该船上对驶入领海前与所犯罪行有关的任何人予以逮捕或进行有关的调查。

(5) 沿海国在领海对外国船舶的民事管辖权:① 沿海国不应为对外国船舶上的人行使管辖权而停止该船航行或改变其航向;② 不得为民事诉讼目的对船舶从事执行或加以逮捕,除非涉及船舶本身在通过领海的航行中,或为该航向的目的而承担的义务或负担的债务;③ 上述规定不妨碍沿海国按照其法律,为任何民事诉讼的目的而对在其领海内停泊或驶离内水后通过领海的外国船舶实施执行或逮捕的权利。

3. 毗连区

毗连区,又称邻接区或特别区,是指沿海国在毗连其领海的一定范围内,为对其海关、财政、卫生和移民等类事项行使管制而设置的区域。它从领海基线量起不超过24海里。

《海洋法公约》规定沿海国可在毗连区行使下列管制:

(1) 防止在其领土或领海内违反其海关、财政、移民或卫生法律和规章。
(2) 惩治在其领土或领海内违反上述法律和规章的行为。

可见国家在毗连区内行使管制是为了维护本国主权和法律秩序,是为了对违法者进行追究和惩罚。

《领海及毗连区法》规定了我国的毗连区宽度为 12 海里。

4. 专属经济区

专属经济区是指领海以外毗邻领海的一定宽度的水域。根据《海洋法公约》的规定,它从领海基线量起不得超过 200 海里。专属经济区不是本身自然存在的权利,需要国家以某种形式宣布建立并说明其宽度。专属经济区制度不影响其上空和底土本身的法律地位。

专属经济区的性质	(1) 既不是领海,也不是公海,沿海国对专属经济区不拥有主权,但享有《海洋法公约》规定的某些主权权利; (2) 沿海国在专属经济区的权利的特点:① 资源性;② 排他性。
范围	从测算领海宽度的基线量起不超过 200 海里;水域、海床及底土。
沿海国在专属经济区的主权权利	(1) 勘探、开发、养护、管理海床和底土及其上覆水域的生物或非生物自然资源的排他权利; (2) 从事海水、风力利用等经济性勘探开发的排他性权利; (3) 建造、使用、管理人工岛屿和设施; (4) 海洋科研、海洋环保方面的管辖权。
其他国家权利	航行、飞越、铺设海底电缆和管道的自由。

5. 大陆架

大陆架是指其领海以外依其陆地领土的全部自然延伸,扩展到大陆边缘的海底区域的海床和底土。大陆架不是沿海国领土,但是沿海国在此享有某些排他性的主权权利。

大陆架的性质	沿海国陆地领土的自然延伸,属于自然权利,无须宣布或占领即享有。
范围	不足 200 海里的,扩展至 200 海里;超过 200 海里的,不得超过 350 海里或 2 500 公尺等深线以外 100 海里。
沿海国在大陆架的权利	(1) 勘探、开发、养护、管理海床和底土自然资源的排他权利; (2) 钻探的排他性权利; (3) 建造、使用、管理人工岛屿和设施。
其他国家权利	航行、飞越、铺设海底电缆和管道的自由。

6. 公海

(1) 公海是指不包括在国家的专属经济区、领海、内水、群岛国的群岛水域内的全部海域。

(2) 公海不属于任何国家领土的组成部分,也不在任何国内法主体管辖之下,它属于管辖范围以外的海域。《海洋法公约》规定了 6 项公海自由,即:① 航行自由;② 飞越自由;③ 铺设海底电缆和管道的自由;④ 建造国际法所容许的人工岛屿和其他设施的自由;⑤ 捕鱼自由;⑥ 科学研究自由。

(3) 任何国家的船舶都可以悬挂其旗帜在公海中自由航行。在公海中航行的船舶必须在一国进行登记并悬挂该国国旗,登记国称为该船的国籍国或船旗国。在公海航行的船舶必须并且只能悬挂一国旗帜,悬挂两国或两国以上旗帜航行或视方便而换用旗帜的,可视为无国籍船舶。船旗国应与船舶有真正的联系,并应依其国内法进行登记因而悬挂其国旗的船舶发放船籍文件。依据各国法律和政策对船舶登记条件的不同规定,目前船舶登记制度可以分为开放式、半开放式和封闭式三种。其中采用船舶开放登记制度的国家,对前来登记的船舶,条件限制比较宽松,有些近乎没有限制条件,几乎所有的船舶都可以在该国登记。因此,这些船舶的国籍已失去了"法律纽带"的本质,船旗国与船舶并无真正的联系。这些船舶所取得的国籍被称为"方便旗籍",它们所悬挂的国旗称为"方便旗",这些船舶被视为"方便旗船"。

(4)按照国际法,船舶在公海上也要服从国际法与本国法律。公海上的管辖权最主要是船旗国管辖和普遍性管辖两种。行使临检权和紧追权是国家某种管辖权在公海上实施或实现的两种措施。普遍性管辖是指为了维持公海上的良好秩序,各国有权对公海上的违反人类利益的国际性罪行以及某些违反国际法的活动进行干预和管辖。

(5)登临权,又称临检权,指该国军舰或者经授权的政府船舶在公海上遇到外国船舶(军舰等享有豁免权的除外)有从事公约所列违反国际法行为的嫌疑时,可以靠近和登上该船进行检查的权利。管辖的对象主要是从事海盗、贩奴、非法广播、船舶无国籍或虽然悬挂他国旗帜但管辖国认为该船具有本国国籍等情形。

(6)紧追权,指沿海国的军舰或军用飞机对于在其管辖范围内的海域内违反了该沿海国法律的外国船舶,进行追逐直至公海仍可继续以期拿获的权利。

(7)依照公约和国际惯例,各国在行使紧追权时应遵守下列规则:① 紧追必须从国家管辖范围内的海域开始,即须从沿海国的内水、群岛水域、领海、毗连区、专属经济区或大陆架开始。而且,紧追只有在外国船舶视听所及的距离内发出停驶信号后,才可开始。② 紧追必须连续不停地进行,不得中断。如果紧追船舶、飞机需要更替时,须在后者到达后才能退出,否则即为中断,中断后再追逐,紧追便不成立。③ 紧追的终止情况:A. 将被追逐船舶逮捕;B. 被追逐的船舶进入其本国或第三国领海。④ 紧追只可由军舰、军用飞机或其他有明显标志的经授权的为政府服务的船舶或飞机进行。⑤ 紧追权的行使应当审慎,紧追不当,追逐国应承担赔偿责任。

7. 国际海底区域

(1)国际海底区域是指国家管辖范围以外的海床、洋底及其底土,即国家领土、专属经济区及大陆架以外的海底及其底土。

(2)国际海底开发制度主要内容包括:国际海底管理局组织和控制区域内的活动,特别是区域内的资源开发活动。目前区域内资源开发采取"平行开发制",即区域的开发一方面由海底局企业部进行;另一方面由缔约国有效控制的自然人或法人与管理局以合作的方式进行。

(3)国际海底区域及其资源是人类的共同继承财产。任何国家不应对"区域"的任何部分或其资源主张或行使主权或主权权利;任何国家或自然人或法人,也不得将"区域"的任何部分据为己有。"区域"内资源的一切权利属于全人类,由国际海底管理局代表人类行使。"区域"的法律地位不影响上覆水域和水域上空的法律地位。

8. 群岛水域

(1)定义。是指群岛国按照《联合国海洋法公约》规定的方法划定的群岛基线所包围的除内水以外的水域。群岛国是指包括全部由一个或多个群岛构成的国家,并可包括其他岛屿。群岛国可用直线基线法,将连接其最外缘岛屿的直线作为基线(应包括主要岛屿),并从基线量出其领海、毗连区、专属经济区、大陆架等海域,而基线所包围的水域,不论深度或距离海岸的远近如何,都称为"群岛水域"。

(2)群岛水域的范围。群岛国划定群岛基线时,应受以下条件限制:一是面积上的限制。在基线所包围的区域内,水域面积和陆地面积的比例应为1∶1到9∶1。二是基线长度一般不超过100海里,在基线总数中,最多是3%能超过这一长度,且无论如何最长者不超过125海里。三是基线的划定,不应在任何明显的程度上偏离群岛的一般轮廓。群岛国划定的群岛基线不能将其他国家的领海与公海或专属经济区隔断。

(3)群岛水域的法律地位。群岛水域是一种具有特殊法律地位的海域,群岛国在群岛水域可以行使主权,但受到无害通过和群岛海道通过制的限制。① 无害通过:所有国家的船舶享有通过除群岛国内水以外的群岛水域的无害通过权;② 群岛海道通过制:群岛国可以指定适当的海道和其上的空中通道,以便其他国家的船舶或飞机连续不停地迅速通过或飞越其群岛水域及其邻接的领海。

9. 用于国际航行的海峡

(1)概念。国际航行的海峡是指两端连接公海和专属经济区一部分和公海及专属经济区另一部分之间的海峡。

(2)用于国际航行的海峡的通过制度。

① 过境通行制。所有国家的船舶和飞机在用于国际航行的海峡中,都享有过境通行的权利。过境通行是专为连续不停和迅速通过目的而进行的自由航行和飞越,不得从事其通过所通常附带发生活动以外的任何活动。

② 公海自由通过。在国际海峡中,如果有穿过公海或专属经济区的(在航行和水文特征方面)同样方便的航道,则各国可在该航道中自由通过,该海峡不再适用过境通行制。

③ 无害通过。适用无害通过的国际航行海峡,是由一国岛屿和大陆之间形成的海峡,该岛屿向海一面有一条在航行和水文特征方面同样方便的航道,则在该海峡中只是适用无害通过,而不适用过境通行制。

④ 协定通过。如果该海峡的通过制度已有国际条约加以规范,则适用该国际条约。例如黑海海峡的通过,由《蒙特勒公约》加以规定,即属此例。

二、例题

1. "青田"号是甲国的货轮、"前进"号是乙国的油轮、"阳光"号是丙国的科考船,三船通过丁国领海。依《联合国海洋法公约》,下列哪些选项是正确的?(2016年真题,多选)

A. 丁国有关对油轮实行分道航行的规定是对"前进"号油轮的歧视

B. "阳光"号在丁国领海进行测量活动是违反无害通过的

C. "青田"号无须事先通知或征得丁国许可即可连续不断地通过丁国领海

D. 丁国可以对通过其领海的外国船舶征收费用

[释疑] 本题考点为无害通过。沿海国在其领海,对于行使无害通过权的船舶是可以实行分道航行制的管理的,故A选项错误。外国船舶通过沿海国领海的时候,不得采取任何与通过无关的行为,因此测量行为是非法的,故B选项正确。行使无害通过权不必事先通知或征得沿海国同意,沿海国也无权对无害通过的外国船舶征收费用,故C选项正确,D选项错误。

(答案:BC)

2. 甲国是群岛国,乙国是甲国的隔海邻国,两国均为《联合国海洋法公约》的缔约国。根据相关国际法规则,下列哪一选项是正确的?(2014年真题,单选)
   A. 他国船舶通过甲国的群岛水域均须经过甲国的许可
   B. 甲国为连接其相距较远的两岛屿,其群岛基线可隔断乙国的专属经济区
   C. 甲国因已划定了群岛水域,则不能再划定专属经济区
   D. 甲国对其群岛水域包括上空和底土拥有主权

   [释疑] 其他国家在群岛水域享有无害通过权和群岛海道通过权,除前述限制外,群岛国对群岛水域享有主权,故A选项错误,D选项正确。群岛基线的划定不得将他国的领海与专属经济区或公海隔断,故B选项错误。群岛国可以其群岛基线为起算线,向外划定其领海、毗连区、专属经济区、大陆架,故C选项错误。(答案:D)

3. A公司和B公司于2011年5月20日签订合同,由A公司将一批平板电脑售卖给B公司。A公司和B公司营业地分别位于甲国和乙国,两国均为《联合国国际货物销售合同公约》缔约国。合同项下的货物由丙国C公司的"潇湘"号商船承运,装运港是甲国某港口,目的港是乙国某港口。在运输途中,B公司与中国D公司就货物转卖达成协议。"潇湘"号运送该批平板电脑的航行路线要经过丁国的毗连区。根据《联合国海洋法公约》,下列选项正确的是:(2011年真题,不定选)
   A. "潇湘"号在丁国毗连区通过时的权利和义务与在丁国领海的无害通过相同
   B. 丁国可在"潇湘"号通过时对毗连区上空进行管制
   C. 丁国可根据其毗连区领土主权对"潇湘"号等船舶规定分道航行
   D. "潇湘"号应遵守丁国在海关、财政、移民和卫生等方面的法律规定

   [释疑] 根据《联合国海洋法公约》的规定,沿海国可在该海域内依法行使海关、财政、卫生和移民等管辖权。在毗连区内,沿海国行使有限的专门管辖权,主要是为防止、惩治在其领土或领海内犯有海关、财政、移民和卫生的法律规章的行为而行使必要的管制权力。毗连区不是领海,在其中通行不适用"无害通过"制度,A选项错误,D选项正确。毗连区不是国家领土,国家对毗连区不享有领土主权,只是在毗连区范围行使上述特定方面的管制权,国家对于并非其领土的毗连区无权适用分道航行制度,国家对于毗连区的管制不包括其上空。B、C选项错误。(答案:D)

4. 乙国军舰A发现甲国渔船在乙国领海走私,立即发出信号开始紧追,渔船随即逃跑。当A舰因机械故障被迫返航时,令乙国另一艘军舰B在渔船逃跑必经的某公海海域埋伏。A舰返航半小时后,渔船出现在B舰埋伏的海域。依《联合国海洋法公约》及相关国际法规则,下列哪一选项是正确的?(2009年真题,单选)
   A. B舰不能继续A舰的紧追
   B. A舰应从毗连区开始紧追,而不应从领海开始紧追
   C. 为了紧追成功,B舰不必发出信号即可对渔船实施紧追
   D. 只要B舰发出信号,即可在公海继续对渔船紧追

   [释疑] 紧追可以从内水、领海、毗连区等海域开始,如果发现外国船舶违反了沿海国有关的大陆架或专属经济区的制度,发出警告信号后,在这些海域也可以开始紧追。乙国军舰A发现甲国渔船在乙国领海走私,如果紧追也应从该领海区域开始,故B选项错误。紧追应先发出信号,且紧追应持续进行,本题中B舰埋伏后如果继续紧追属于接力紧追,是违反国际法规则的行为,B舰无紧追权,故C、D选项错误。(答案:A)

三、提示与预测

海洋法因为关涉我国的国家利益,在考题中出现次数较多。相对来说,其中领海、大陆架、专属经济区、公海的法律地位更重要一些。

考点 5 外层空间法

一、精讲

1. 领空及领空主权

领空是指一国领土上空一定高度的空间。迄今,国际社会尚未划定领空与外空的界限。领空主权是指国家对其领空拥有完全的和排他的主权。外国航空器进入国家领空需经该国许可并遵守领空国的有关法律。领空主权往往体现为:

(1) 立法和执法权,即国家有权制定外国航空器入境、离境和在境内飞行的规章制度,可以指定外国航空器降停的设关机场。

(2) 国家保留国内航线专属权,即一国家内部的不同地点的航空运输只能由该国自己经营,他国不得介入。

(3) 国家为安全及军事需要有在其领空中划定某些禁区的权力。

2. 国际航空的基本制度

1944年的《芝加哥公约》将航空器分为国家航空器和民用航空器,该公约仅适用于民用航空器,而不适用于国家航空器。国家航空器是指用于军队、海关和警察部门的航空器。一国的国家航空器未经特别协定或其他方式的许可,不得在其他国家的领空飞行或领土上降落。

民用航空器须在一国登记并因此而取得登记国国籍,但在两个或两个以上国家重复进行登记的均被认为无效,登记可以由一国转移到另一国。

《芝加哥公约》把国际航空飞行分为定期航班飞行和不定期航班飞行。定期航班飞行须经领空国许可,不定期航班飞行则可以不经领空国许可,但一些国家对后者作出了保留。

3. 国际民航安全制度

1963年的《东京公约》、1970年的《海牙公约》和1971年的《蒙特利尔公约》基本确立了国际民航安全制度。上述三个公约就拥有对于危害民航安全罪行的管辖权的国家作了规定。三个公约还规定危害民航安全罪行是一种可引渡的罪行,但各国没有强制引渡的义务。国家可以依据引渡协议或国内法决定是否予以引渡。如果嫌疑人所在国没有相关协议引渡义务,并决定不予引渡,则应在本国作为严重的普通刑事案件进行起诉,使此种行为受到惩处。1978年和1980年,我国先后加入了上述三个有关国际民航安全公约,并在国内刑法中对有关危害民航安全行为的处理作出了规定。

有关公约	《蒙特利尔公约》
危害国际民航安全行为之范围	破坏使用中的航空器使它不能飞行;传送假情报危及飞行中航空器的安全;在使用中的航空器内放置危及其飞行安全的装置或物质;破坏航行设备危及飞行安全;劫持飞机;在飞行中的航空器内使用暴力足以危及飞行安全。
管辖权	对此种国际罪行各国可以根据本国法行使管辖权。
引渡	可引渡罪行,但各国无强制引渡的义务,或引渡或起诉原则。

4. 外空活动的主要法律制度

《外空宣言》《外层空间条约》及其他外空条约文献中确定了外层空间的主要原则,以作为各国在外层空间活动中所必须遵守的原则:(1)为全人类谋福利而进行。(2)不得将外层空间据为己有。(3)应当和平利用外层空间。(4)国际合作和互助。

年份	公约名称	公约简称
1967年	《关于各国探索和利用包括月球和其他天体在内的外层空间活动的原则条约》	《外空条约》
1968年	《营救宇宙航行员、送回宇宙航行员和归还发射到外层空间的实体的协定》	《营救协定》
1972年	《空间物体造成损害的国际责任公约》	《责任公约》
1975年	《关于登记射入外层空间物体的公约》	《登记公约》
1979年	《指导各国在月球和其他天体上活动的协定》	《月球协定》

登记制度	双重登记制:从事任何外空发射活动都要在本国和联合国秘书处登记。
营救制度	① 援助:对获悉或发现在一国领土内的宇航员,领土国应立即采取一切可能的措施,营救宇航员并给予必要帮助。 ② 通知:各国在获悉或发现宇航员发生意外、遇难或紧急降落时,应立即通知其发射国及联合国秘书长。 ③ 送还:对于发生意外的空间物体应送还其发射国。
责任制度	① 外空物体彼此间损害:过错责任。发射国对空间物体在地球表面以外的地方对另一国的空间物体的损害,由发生过错的实体的发射国单独或共同负损害责任。当空间物体在地球表面以外的其他地方对另一国空间物体及其所载人员造成损害时,如损害是由前者的过失造成的,该国应负赔偿责任;如果这一损害也在地球表面以外的地方对第三国的空间物体造成损害时,前两国根据它们的过失对第三国承担责任。 ② 外空物体对地面第三人或空中飞机的损害:绝对责任。发射国对其空间物体对地面或者飞机造成的损害负有绝对责任。发射或促进空间物体发射的国家,以及从其领土或设施发射空间物体的国家,均为该物体发射国,发射国对其空间物体在地球表面造成的损害,或对飞行中的飞机造成的损害,应负赔偿的绝对责任。 ③ 例外。前述赔偿责任的规定,不适用于两种情形:一种是受害人为发射国本国国民;另一种是受害人应邀请参加发射活动或者到发射现场而遭到损害。

二、例题

1. 乘坐乙国航空公司航班的甲国公民,在飞机进入丙国领空后实施劫机,被机组人员制服后交丙国警方羁押。甲、乙、丙三国均为1963年《东京公约》、1970年《海牙公约》及1971年《蒙特利尔公约》缔约国。据此,下列哪一选项是正确的?(2017年真题,单选)

A. 劫机发生在丙国领空,仅丙国有管辖权
B. 犯罪嫌疑人为甲国公民,甲国有管辖权
C. 劫机发生在乙国航空器上,仅乙国有管辖权

D. 本案涉及国际刑事犯罪,应由国际刑事法院管辖

[释疑] 根据1963年《东京公约》、1970年《海牙公约》及1971年《蒙特利尔公约》的规定,各国对危害民航安全的国际罪行均可根据本国法行使管辖权,故A、C选项错误,B选项正确。国际刑事法院只管辖战争罪、破坏和平罪、灭绝种族罪、侵略罪,并不管辖其他罪行,故D选项错误。(答案:B)

2. 甲国发生内战,乙国拟派民航包机将其侨民接回,飞机需要飞越丙国领空。根据国际法相关规则,下列哪些选项是正确的?(2011年真题,不定选)

A. 乙国飞机因接其侨民,得自行飞越丙国领空
B. 乙国飞机未经甲国许可,不得飞入甲国领空
C. 乙国飞机未经允许飞越丙国领空,丙国有权要求其在指定地点降落
D. 丙国军机有权在警告后将未经许可飞越丙国领空的乙国飞机击落

[释疑] 地面国家对本国领空的资源有完全的排他占有使用的权利,并且没有得到地面国家许可,外国的航空器不得飞经或者飞入,A选项错误,B选项正确。国家基于领空主权对于非法飞入的外国航空器,有权采取措施,目的是维护国家领空安全。对未经许可进入地面国领空的外国军用航空器必要时可以采取武力,但对民用飞机可以要求离开或者迫降,而不得使用武力,故C选项正确,D选项错误。(答案:BC)

3. 乙国与甲国航天企业达成协议,由甲国发射乙国研制的"星球一号"卫星。因发射失败,卫星碎片降落至甲国境内,造成人员和财物损失。甲、乙两国均为《空间物体造成损害的国际责任公约》缔约国。下列选项正确的是:(2009年真题,不定选)

A. 如"星球一号"发射成功,发射国为技术保密可不向联合国办理登记
B. 因"星球一号"由甲国的非政府实体发射,甲国不承担国际责任
C. "星球一号"对甲国国民的损害不适用《责任公约》
D. 甲国和乙国对"星球一号"碎片造成的飞机损失承担绝对责任

[释疑] 根据《空间物体造成损害的国际责任公约》的规定,发射国(包括事实上发射和促使发射的国家)对其发射的空间物体(包括其国内的非政府组织发射的空间物体)造成他国地面损害应负绝对的赔偿责任,但对本国国民的损害赔偿问题不适用该公约,故答案应为C、D选项。(答案:CD)

三、提示与预测

关于外空法,国际民航安全制度是热点问题,《空间物体造成损害的国际责任公约》规定的归责原则也应掌握。

考点 6 国际环境保护法

一、精讲

1. 防止气候变化

防止气候变化的条约主要是《联合国气候变化框架公约》和《京都议定书》。公约和议定书把参加国分为三类,分别规定了不同的义务。(1)工业化国家。这些国家承诺以1990年的排放量为基础,承担削减排放温室气体的义务。如果不能完成削减任务,可以从其他国家购买排放指标。(2)发达国家。这些国家不承担具体削减义务,但承担为发展中国家进行资金、技

术援助的义务。(3) 发展中国家。不承担削减义务,以免影响经济发展,可以接受发达国家的资金、技术援助,但不得出卖排放指标。

《京都议定书》允许采取以下四种减排方式:(1) 两个发达国家之间可以进行排放额度买卖的"排放权交易",即难以完成削减任务的国家,可以花钱从超额完成任务的国家买进超出的额度。(2) 以"净排放量"计算温室气体排放量,即从本国实际排放量中扣除森林所吸收的二氧化碳的数量。(3) 绿色交易,即发达国家可以通过资助在发展中国家营造森林或转让有关绿色技术,相应抵消其部分排放量。(4) 可以采用"集团方式",即欧盟国家视为一个整体,可以采取内部平衡抵消,但在总体上完成减排量的方式。

2015 年 12 月通过并于 2016 年生效的《巴黎协定》是气候变化领域里程碑式的立法文件,该协定规定了 2020 年后应对气候变化国际机制的框架。其主要特色在于确立了 2020 年后以各国定期提交"国家自主贡献"方式的"自下而上"的灵活减排机制,取代《京都议定书》确定全球减排总量后向各国摊派指标的"自上而下"的减排模式;重申和坚持公平、共同但有区别的责任和各自能力原则;重申了 2℃ 的全球温度升高控制目标,并规定了具体的程序和机制。

2.《控制危险废物越境转移及其处置巴塞尔公约》(《巴塞尔公约》)

《巴塞尔公约》对于列举在其附件中的危险废物的越境转移,规定了严格的限制条件:(1) 缔约国禁止向另一缔约国出口危险废物,除非进口国没有一般地禁止该废物的进口,并且以书面形式对某一特定进口向出口国表示了同意;(2) 如果出口国有理由认为拟出口的废物不会被以符合有关标准的对环境无害的方式在进口国或其他地方加以处理,则不得出口;(3) 不得向非缔约国出口或自非缔约国进口危险废物。

《巴塞尔公约》还针对危险废物的越境转移程序等事项作了具体规定:(1) 出口国或者危险废物的生产者或出口者,应将拟出口的废物的越境转移以书面形式通知进口国的主管部门,进口国应作书面答复。(2) 出口国应当证实通知人已得到进口国的书面同意,并且进口国已证实出口者和处置者之间已订立合同,详细说明对废物的无害环境的处置办法,才能开始越境转移。(3) 如果越境转移的废物不能按照合同的条件完成,如无其他合法安排,应运回出口国。(4) 危险废物的任何越境转移都必须有相关的保险、保证或担保。

二、例题

甲、乙两国是温室气体的排放大国,甲国为发达国家,乙国为发展中国家。根据国际环境法原则和规则,下列哪一选项是正确的?(2008 年真题,单选)

A. 甲国必须停止排放,乙国可以继续排放,因为温室气体效应主要是由发达国家多年排放积累造成的

B. 甲国可以继续排放,乙国必须停止排放,因为乙国生产效率较低,并且对于环境治理的措施和水平远远低于甲国

C. 甲、乙两国的排放必须同等被限制,包括排放量、排放成分标准、停止排放时间等各方面

D. 甲、乙两国在此问题上都承担责任,包括进行合作,但在具体排量标准、停止排放时间等方面承担的义务应有所区别

[释疑]   在控制温室气体排放方面,发达国家和发展中国家承担共同但有区别的责任。《京都议定书》规定允许采取以下四种减排方式:(1) 发达国家之间可以进行排放额度买卖的

"排放权交易",即难以完成削减任务的国家,可以花钱从超额完成任务的国家买进超出的额度。(2)可以采用"集团方式",即像欧盟这样的国家集团,集团内部的许多国家可视为一个整体,采取有的国家削减、有的国家增加的方法,在总体上完成减排任务。(3)"绿色交易方式",即可以采用绿色开发机制,发达国家向发展中国家援助绿色技术或者帮助发展中国家植树造林,可以折算为一定的减排量。(4)以"净排放量"计算温室气体排放量,即从本国实际排放量中扣除森林所吸收的二氧化碳的数量。发达国家和发展中国家都应承担责任,但相比较而言,发达国家应承担更多的责任,发展中国家承担与其能力相适应的责任。故A、B、C选项错误,D选项正确。(答案:D)

三、提示与预测

《京都议定书》规定的温室气体减排机制属于热点问题,应予以注意。《巴塞尔公约》曾考过一次,建议掌握其主要内容。

第五章　国际法上的个人

本章知识体系:

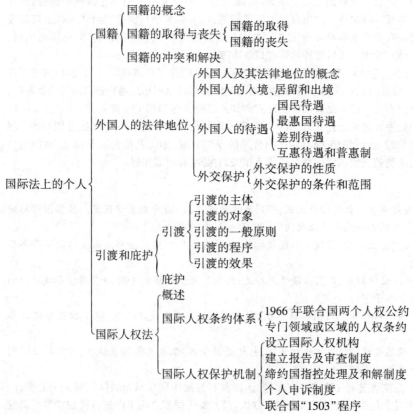

考点 **1** 中国的国籍制度

一、精讲

1. 国籍是指一个人属于某一个国家的国民或公民的法律资格,表明一个人同一个特定国家间的固定的法律联系,是国家行使属人管辖权和外交保护权的法律依据。

(1) 国籍的取得

国籍的取得是指一个人取得某一个国家的国民或公民资格。根据各国有关国籍的立法、国际公约、双边条约及实践,国籍的取得主要有以下两种方式:一是因出生取得国籍;二是因加入取得国籍。

关于因出生取得国籍,各国的立法中采取的原则有血统主义、出生地主义和混合制原则三种。血统主义是指以父母的国籍来确定一个人的国籍,凡本国人所生的子女,不论出生在国内还是国外,当然具有本国国籍。血统原则又可分为单系血统原则和双系血统原则,单系血统原则是指以父亲的国籍决定其子女的国籍,故单系血统原则又称为父系血统原则;双系血统原则是指以父母的国籍决定其子女国籍。出生地主义是指一个人的国籍根据其出生地来决定,即一个人出生在哪一国家,就取得哪个国家的国籍,而不管其父母国籍情况如何。依混合制原则取得国籍,是指兼采血统主义和出生地主义。采取混合制原则的国家在具体做法上也有不同,有的以血统原则为主,以出生地原则为辅,而有的则平衡地兼采两种原则。

因加入取得国籍是指由于本人意愿或某种事实,根据一国国籍法的规定而获得该国的国籍。这种国籍也称为继有国籍或转承国籍。因加入取得国籍又可以分为申请入籍和由于法定事实引起获得国籍(包括因跨国婚姻、收养、取得住所、领土转移等各种情况)。

(2) 国籍的丧失

一般可以分为自愿丧失和非自愿丧失两种。自愿丧失包括自愿退籍和自愿选择放弃两种做法。导致非自愿丧失国籍的事实一般有涉外婚姻、收养、已加入外国国籍、剥夺国籍等。

2. 我国 1980 年《国籍法》的主要法条:

第 4 条规定:父母双方或一方为中国公民,本人出生在中国,具有中国国籍。

第 5 条规定:父母双方或一方为中国公民,本人出生在外国,具有中国国籍;但父母双方或一方为中国公民并定居在外国,本人出生时即具有外国国籍的,不具有中国国籍。

第 6 条规定:父母无国籍或国籍不明,定居在中国,本人出生在中国,具有中国国籍。

第 9 条规定:定居外国的中国公民,自愿加入或取得外国国籍的,即自动丧失中国国籍。

第 10 条规定:中国公民具有下列条件之一的,可以经申请批准退出中国国籍:(1) 外国人的近亲属;(2) 定居在外国的;(3) 有其他正当理由。

第 12 条规定:国家工作人员和现役军人,不得退出中国国籍。

二、例题

1. 中国公民李某与俄罗斯公民莎娃结婚,婚后定居北京,并育有一女李莎。依我国《国籍法》,下列哪些选项是正确的?(2017 年真题,多选)

A. 如李某为中国国家机关公务员,其不得申请退出中国国籍

B. 如莎娃申请中国国籍并获批准,不得再保留俄罗斯国籍

C. 如李莎出生于俄罗斯,不具有中国国籍

D. 如李莎出生于中国,具有中国国籍

[释疑] 《国籍法》第12条规定:"国家工作人员和现役军人,不得退出中国国籍。"故A选项正确。第8条规定:"申请加入中国国籍获得批准的,即取得中国国籍;被批准加入中国国籍的,不得再保留外国国籍。"故B选项正确。第4条规定:"父母双方或一方为中国公民,本人出生在中国,具有中国国籍。"第5条规定:"父母双方或一方为中国公民,本人出生在外国,具有中国国籍;但父母双方或一方为中国公民并定居在外国,本人出生时即具有外国国籍的,不具有中国国籍。"故C选项错误、D选项正确。(答案:ABD)

2. 中国公民王某与甲国公民彼得于2013年结婚后定居甲国并在该国产下一子,取名彼得森。关于彼得森的国籍,下列哪些选项是正确的?(2015年真题,多选)

A. 具有中国国籍,除非其出生时即具有甲国国籍
B. 可以同时拥有中国国籍与甲国国籍
C. 出生时是否具有甲国国籍,应由甲国法确定
D. 如出生时即具有甲国国籍,其将终生无法获得中国国籍

[释疑] 《国籍法》第5条规定:"父母双方或一方为中国公民,本人出生在外国,具有中国国籍;但父母双方或一方为中国公民并定居在外国,本人出生时即具有外国国籍的,不具有中国国籍。"故A选项正确。我国国籍法不承认中国人具有双重国籍,故B选项错误。各国国籍法在本质上是内政,一个人是否具有某国国籍,应由该国法确定,故C选项正确。外国人符合条件的,可以申请加入中国国籍,故D选项错误。(答案:AC)

3. 中国人王某定居美国多年,后自愿加入美国国籍,但没有办理退出中国国籍的手续。根据我国相关法律规定,下列哪些选项是正确的?(2010年真题,多选)

A. 由于王某在中国境外,故需向在国外的中国外交代表机关或领事机关办理退出中国国籍的手续
B. 王某无需办理退出中国国籍的手续
C. 王某具有双重国籍
D. 王某已自动退出了中国国籍

[释疑] 我国《国籍法》虽然规定受理国籍申请的机关,在国内为当地市、县公安局,在国外为中国外交代表机关和领事机关。但是对于中国公民定居外国,并自愿取得外国国籍的,视为自动退出中国国籍,无须再办理退籍手续,故A选项错误、B选项正确。王某既然定居美国并自愿加入美国国籍,则自动丧失中国国籍,在本案中只具有美国国籍,C选项错误、D选项正确。(答案:BD)

三、提示与预测

《国籍法》的法条在近几年的考题中出现的频率非常高,应作为复习重点。

考点 2 外国人的法律地位

一、精讲

1. 外国人的范围

外国人是指位于一国境内,没有该国国籍但拥有其他国家国籍的人。位于一国境内且拥

有该国国籍的人为本国人,在一国境内而没有任何国家国籍的人则为无国籍人。广义上,为管理的便利,无国籍人也被视为外国人。关于双重或者多重国籍人,如果他所具有的两个或多个国籍都不是居留国的国籍,则他对居留国而言属于外国人;如果他具有的国籍中有一个是居留国的国籍,则居留国通常不把他作为外国人看待。

2. 外国人的待遇(国民待遇、最惠国待遇、差别待遇、互惠原则与普惠制)

国民待遇,是指给予外国人与本国人相同的待遇,即在同样条件下,外国人所享受的权利和承担的义务与本国人相同;同时,外国人也不能要求比本国人更多的权利。根据国际实践,国民待遇仅限于民事权利和诉讼权利方面,并不包括政治方面的权利。国民待遇通常是国家之间在互惠原则的基础上相互给予的。

最惠国待遇,是指一国给予另一国的公民或法人的待遇,在现在或将来不低于给予任何第三国公民或法人在该国享有的待遇。最惠国待遇的目的在于防止本国公民或法人在与外国的经济交往中处于不利的地位,即低于第三国国民在该外国的地位。现代各国多在平等互惠的基础上相互给予最惠国待遇。其主要适用于经济和贸易方面,但不适用于以下情形:

(1)给予邻国的利益和特惠;
(2)关税同盟内的优惠;
(3)自由贸易区和优惠贸易区内部的优惠;
(4)经济共同体内的优惠。

差别待遇,是指在外国人与本国人之间或在不同国籍的外国人之间给予不同的待遇。包括两个方面:

(1)指给予外国公民或法人的权利在某些方面少于本国公民或法人;
(2)指对不同国籍的外国公民或法人给予不同的待遇。

如果所采取的差别待遇不含任何歧视,则为国际法所许可;相反,如果采取歧视性的不合理的差别待遇,则是违反国际法的歧视待遇。

普遍优惠待遇,简称普惠制,是一种单向优惠。其含义为:由于国际经济地位的不平衡,因此,在发达国家与发展中国家的经济交往中,发达国家应给予发展中国家以优惠,但发展中国家并不给予发达国家以同样的优惠。普惠制成为发展中国家为建立新的国际经济秩序的正当合理的要求。

3. 外国人的入境、居留和出境

根据国家主权原则,国家有权自由决定是否准许外国人入境。实践中,各国通常在互惠的基础上允许外国人为合法目的入境,但一般都要求持有护照和经过签证。护照是指一国法定机关颁发的用以在国外证明持有人具有本国国民或公民身份的证件。入境签证是指入境国对申请入境的外国人给予的允许其入境或居留的许可,通常由入境国法定机关以某种认证方式作出。特定情况下,有些国家也可能通过协议,互免签证。

一国为了本国的利益,有权在入境口岸进行安全、卫生等方面的检查,拒绝某些外国人入境,如精神病患者、某种传染病患者、刑事罪犯等,但是,这一措施不应带有任何歧视,例如种族、性别、宗教、语言或肤色方面的歧视。一国是否允许外国人在本国居留,是其主权管辖范围内自主决定的事项,其他国家和个人无权干涉。外国人可以根据某一国家的法律法令和该国所参加的有关国际条约或协定的规定,在该国做短期、长期或永久居留。外国人在居留国的居留期间的权利和义务由居留国的法律规定。实践中,外国人的民事权利(例如人身权、财产权、著作权、婚姻家庭权和继承权等)和诉讼权等,一般都受到居留国的保护,但本国人所享受的政治权利,外国人通常不能享有,外国人一般也没有在居留国服兵役的义务。

外国人只要符合所在国有关出境的规定,该所在国就应允许其出境。但所在国可以对外国人离境规定一定的条件,各国法律通常要求,外国人出境应办理出境手续,且必须没有未了结的司法案件或债务,依法付清捐税或债务。对于合法出境的外国人,应允许按照居留国法律的规定,带走其合法财产。在特定情况下,国家可以限令外国人离境,或将外国人驱逐出境。

4.《出境入境管理法》有关中国人和外国人出境、入境管理的主要规定

我国于 2012 年 6 月出台了《出境入境管理法》,该法于 2013 年 7 月 1 日起施行,原来的《外国人入境出境管理法》和《中华人民共和国公民出境入境管理法》同时废止。

(1) 一般规定

《出境入境管理法》第 2 条规定:其适用范围包括中国公民出境入境、外国人入境出境、外国人在中国境内停留居留的管理,以及交通运输工具出境入境的边防检查。

《出境入境管理法》第 4 条第 1、2、3 款规定:公安部、外交部按照各自职责负责有关出境入境事务的管理。中国驻外使馆、领馆或者外交部委托的其他驻外机构负责在境外签发外国人入境签证。出入境边防检查机关负责实施出境入境边防检查。县级以上地方人民政府公安机关及其出入境管理机构负责外国人停留居留管理。公安部、外交部可以在各自职责范围内委托县级以上地方人民政府公安机关出入境管理机构、县级以上地方人民政府外事部门受理外国人入境、停留居留申请。

(2) 中国公民出境入境管理的主要规定

① 中国公民出境入境需持有的证件

《出境入境管理法》第 9 条规定:中国公民出境入境,应当依法申请办理护照或者其他旅行证件。中国公民前往其他国家或者地区,还需要取得前往国签证或者其他入境许可证明。但是,中国政府与其他国家政府签订互免签证协议或者公安部、外交部另有规定的除外。中国公民以海员身份出境入境和在国外船舶上从事工作的,应当依法申请办理海员证。

② 定居国外的中国公民回国定居及身份证明

《出境入境管理法》第 13 条规定:定居国外的中国公民要求回国定居的,应当在入境前向中华人民共和国驻外使馆、领馆或者外交部委托的其他驻外机构提出申请,也可以由本人或者经由国内亲属向拟定居地的县级以上地方人民政府侨务部门提出申请。

《出境入境管理法》第 14 条规定:定居国外的中国公民在中国境内办理金融、教育、医疗、交通、电信、社会保险、财产登记等事务需要提供身份证明的,可以凭本人的护照证明其身份。

(3) 有关外国人入境、出境、居留等方面的主要规定

① 外国人入境时应当向中国主管部门申请签证

《出境入境管理法》第 15 条规定:外国人入境,应当向驻外签证机关申请办理签证,但是另有规定的除外。

《出境入境管理法》第 16 条规定:签证分为外交签证、礼遇签证、公务签证、普通签证。对因外交、公务事由入境的外国人,签发外交、公务签证;对因身份特殊需要给予礼遇的外国人,签发礼遇签证。外交签证、礼遇签证、公务签证的签发范围和签发办法由外交部规定。对因工作、学习、探亲、旅游、商务活动、人才引进等非外交、公务事由入境的外国人,签发相应类别的

普通签证。普通签证的类别和签发办法由国务院规定。

《出境入境管理法》第21条规定：外国人有下列情形之一的，不予签发签证：A. 被处驱逐出境或者被决定遣送出境，未满不准入境规定年限的；B. 患有严重精神障碍、传染性肺结核病或者有可能对公共卫生造成重大危害的其他传染病的；C. 可能危害中国国家安全和利益、破坏社会公共秩序或者从事其他违法犯罪活动的；D. 在申请签证过程中弄虚作假或者不能保障在中国境内期间所需费用的；E. 不能提交签证机关要求提交的相关材料的；F. 签证机关认为不宜签发签证的其他情形。对不予签发签证的，签证机关可以不说明理由。

《出境入境管理法》第22条规定：外国人有下列情形之一的，可以免办签证：A. 根据中国政府与其他国家政府签订的互免签证协议，属于免办签证人员的；B. 持有效的外国人居留证件的；C. 持联程客票搭乘国际航行的航空器、船舶、列车从中国过境前往第三国或者地区，在中国境内停留不超过24小时且不离开口岸，或者在国务院批准的特定区域内停留不超过规定时限的；D. 国务院规定的可以免办签证的其他情形。

② 对外国人的入境、出境管理

《出境入境管理法》第24条规定：外国人入境，应当向出入境边防检查机关交验本人的护照或者其他国际旅行证件、签证或者其他入境许可证明，履行规定的手续，经查验准许，方可入境。

《出境入境管理法》第28条规定：外国人有下列情形之一的，不准出境：A. 被判处刑罚尚未执行完毕或者属于刑事案件被告人、犯罪嫌疑人的，但是按照中国与外国签订的有关协议，移管被判刑人的除外；B. 有未了结的民事案件，人民法院决定不准出境的；C. 拖欠劳动者的劳动报酬，经国务院有关部门或者省、自治区、直辖市人民政府决定不准出境的；D. 法律、行政法规规定不准出境的其他情形。

③ 外国人在中国的停留居留、工作就业和旅行等问题的管理

关于外国人在中国的居留，《出境入境管理法》第30条第1款规定：外国人所持签证注明入境后需要办理居留证件的，应当自入境之日起30日内，向拟居留地县级以上地方人民政府公安机关出入境管理机构申请办理外国人居留证件。

《出境入境管理法》第38条、第39条还规定，年满16周岁的外国人在中国境内停留居留，应当随身携带本人的护照或者其他国际旅行证件，或者外国人停留居留证件，接受公安机关的查验。在中国境内居留的外国人，应当在规定的时间内到居留地县级以上地方人民政府公安机关交验外国人居留证件。外国人在中国境内旅行住宿的，旅馆应当按照旅馆业治安管理的有关规定为其办理住宿登记，并向所在地公安机关报送外国人住宿登记信息。外国人在旅馆以外的其他住所居住或者住宿的，应当在入住后24小时内由本人或者留宿人，向居住地的公安机关办理登记。

关于外国人在中国的工作就业，《出境入境管理法》第41条第1款规定：外国人在中国境内工作，应当按照规定取得工作许可和工作类居留证件。任何单位和个人不得聘用未取得工作许可和工作类居留证件的外国人。

《出境入境管理法》第43条规定：外国人有下列行为之一的，属于非法就业：A. 未按照规定取得工作许可和工作类居留证件在中国境内工作的；B. 超出工作许可限定范围在中国境内工作的；C. 外国留学生违反勤工助学管理规定，超出规定的岗位范围或者时限在中国境内工作的。

关于对外国人居住或进入区域的限制，《出境入境管理法》第44条规定：根据维护国家安全、公共安全的需要，公安机关、国家安全机关可以限制外国人、外国机构在某些地区设立居住

或者办公场所;对已经设立的,可以限期迁离。未经批准,外国人不得进入限制外国人进入的区域。

关于外国人在中国的永久居留,《出境入境管理法》第 47 条第 1 款规定:对中国经济社会发展作出突出贡献或者符合其他在中国境内永久居留条件的外国人,经本人申请和公安部批准,取得永久居留资格。

《出境入境管理法》第 48 条规定:取得永久居留资格的外国人,凭永久居留证件在中国境内居留和工作,凭本人的护照和永久居留证件出境入境。

④ 必要时对外国人的调查和遣返的有关规定

《出境入境管理法》第 58 条规定,必要情况下对外国人的当场盘问、继续盘问、拘留审查、限制活动范围、遣送出境措施,由县级以上地方人民政府公安机关或者出入境边防检查机关实施。

《出境入境管理法》第 62 条规定:外国人有下列情形之一的,可以遣送出境:A. 被处限期出境,未在规定期限内离境的;B. 有不准入境情形的;C. 非法居留、非法就业的;D. 违反本法或者其他法律、行政法规需要遣送出境的。其他境外人员有前款所列情形之一的,可以依法遣送出境。被遣送出境的人员,自被遣送出境之日起 1—5 年内不准入境。

二、例题

1. 马萨是一名来华留学的甲国公民,依中国法律规定,下列哪些选项是正确的?(2017 年真题,多选)

A. 马萨入境中国时,如出入境边防检查机关不准其入境,可以不说明理由

B. 如马萨留学期间发现就业机会,即可兼职工作

C. 马萨留学期间在同学家中短期借住,应按规定向居住地的公安机关办理登记

D. 如马萨涉诉,则不得出境

[释疑] 《出境入境管理法》第 25 条规定:"外国人有下列情形之一的,不准入境:(一)未持有效出境入境证件或者拒绝、逃避接受边防检查的;(二)具有本法第二十一条第一款第一项至第四项规定情形的;(三)入境后可能从事与签证种类不符的活动的;(四)法律、行政法规规定不准入境的其他情形。对不准入境的,出入境边防检查机关可以不说明理由。"故 A 选项正确。第 43 条则规定,外国人有下列行为之一的,属于非法就业:① 未按照规定取得工作许可和工作类居留证件在中国境内工作的;② 超出工作许可限定范围在中国境内工作的;③ 外国留学生违反勤工助学管理规定,超出规定的岗位范围或者时限在中国境内工作的。故 B 选项错误。第 39 条第 2 款规定:"外国人在旅馆以外的其他住所居住或者住宿的,应当在入住后二十四小时内由本人或者留宿人,向居住地的公安机关办理登记。"故 C 选项正确。第 28 条规定:外国人有下列情形之一的,不准出境:① 被判处刑罚尚未执行完毕或者属于刑事案件被告人、犯罪嫌疑人的,但是按照中国与外国签订的有关协议,移管被判刑人的除外;② 有未了结的民事案件,人民法院决定不准出境的;③ 拖欠劳动者的劳动报酬,经国务院有关部门或者省、自治区、直辖市人民政府决定不准出境的;④ 法律、行政法规规定不准出境的其他情形。故马萨即使涉诉,如果人民法院未决定不准出境的,则仍可出境,D 选项错误。(答案:AC)

2. 王某是定居美国的中国公民,2013 年 10 月回国为父母购房。根据我国相关法律规定,下列哪一选项是正确的?(2014 年真题,单选)

A. 王某应向中国驻美签证机关申请办理赴中国的签证

B. 王某办理所购房产登记需提供身份证明的,可凭其护照证明其身份
C. 因王某是中国公民,故需持身份证办理房产登记
D. 王某回中国后,只要其有未了结的民事案件,就不准出境

[释疑] 王某具有中国国籍,回国无须签证,故 A 选项错误。根据《出境入境管理法》第14条的规定,定居国外的中国公民在中国境内办理金融、教育、医疗、交通、电信、社会保险、财产登记等事务需要提供身份证明的,可以凭本人的护照证明其身份。故 B 选项正确,C 选项错误。根据《出境入境管理法》第12条的规定,有未了结的民事案件,人民法院决定不准出境的,才不准出境,故 D 选项错误。(答案:B)

3. 甲国公民杰克申请来中国旅游,关于其在中国出入境和居留期间的管理,下列哪些选项是正确的?(2013年真题,多选)
A. 如杰克患有严重精神障碍,中国签证机关不予签发其签证
B. 如杰克入境后可能危害中国国家安全和利益,中国出入境边防检查机关可不准许其入境
C. 杰克入境后,在旅馆以外的其他住所居住或者住宿的,应当在入住后48小时内由本人或者留宿人,向居住地的公安机关办理登记
D. 如杰克在中国境内有未了结的民事案件,法院决定不准出境的,中国出入境边防检查机关有权阻止其出境

[释疑] 外国人患有严重精神障碍、传染性肺结核病或者有可能对公共卫生造成重大危害的其他传染病的,或外国人入境后可能危害中国国家安全和利益的,不予签发签证,故 A、B 选项正确。外国人在旅馆以外的其他住所居住或者住宿的,应当在入住后24小时内由本人或者留宿人,向居住地的公安机关办理登记,故 C 选项错误。外国人在中国境内有未了结的民事案件,法院决定不准出境的,中国出入境边防检查机关有权阻止其出境,D 选项正确。(答案:ABD)

考点 3 外交保护

一、精讲

1. 外交保护或外交保护权,是指一国国民在外国受到不法侵害,且依外国法律程序得不到救济时,其国籍国可以通过外交方式要求该外国进行救济或承担责任,以保护其国民或国家的权益。

2. 国家行使外交保护权一般应符合以下条件:
(1) 一国国民权利受到侵害是由于所在国的国家不当行为所致,即该侵害行为可以引起国家责任。如果损害仅仅涉及外国私人的行为,所在国家不存在任何直接或间接责任,则不得行使外交保护。
(2) 受害人自受害行为发生起到外交保护结束的期间内,必须持续拥有保护国国籍。
(3) 在提出外交保护之前,受害人必须"用尽当地救济",即用尽当地法律规定的一切可以利用的救济办法,包括行政和司法救济手段。在这些手段用尽之后仍未得到合理救济时,其国籍国才可以提出外交保护。

二、例题

甲国公民廖某在乙国投资一家服装商店,生意兴隆,引起一些从事服装经营的当地商人不

满。一日,这些当地商人煽动纠集一批当地人,涌入廖某商店哄抢物品。廖某向当地警方报案。警察赶到后并未采取措施控制事态,而是袖手旁观。最终廖某商店被洗劫一空。根据国际法的有关规则,下列对此事件的哪些判断是正确的?(2006年真题,多选)

  A. 该哄抢行为可以直接视为乙国的国家行为
  B. 甲国可以立即行使外交保护权
  C. 乙国中央政府有义务调查处理肇事者,并追究当地警察的渎职行为
  D. 廖某应首先诉诸乙国行政当局和司法机构,寻求救济

[释疑] 本题中,甲国公民在乙国遭遇不法商人的哄抢,属于受到不法侵害的情形,尽管乙国警察到现场后袖手旁观,但该不作为仅可以认定乙国违反了保护外国人正当权益的义务,不能定性为哄抢行为也属于乙国国家行为,故 A 选项错误。就本题而言,受害人的正当权益受到侵害后,乙国警察的不作为可以定性为乙国存在不当行为,此种情况下,如果受害人在乙国用尽当地救济仍然不能维护自己的正当权益,则甲国可以行使外交保护权。B 选项是在用尽当地救济之前行使外交保护权,错误。C 选项正确,乙国如果调查处理肇事者并追究当地警察的渎职行为,则受害人的权益就可以得到救济,也就无须再行使外交保护权。D 选项提到的受害人应先诉诸乙国行政当局和司法机构,正是"用尽当地救济"的表现形式,显属正确。

本题借助一个外国人受侵害的案例,同时考查考生对"可归因于国家的行为"及外交保护的前提条件这两个考点。此种题型近年连续出现,值得考生重视。(答案:CD)

考点 4 引渡和庇护

一、精讲

1. 引渡

(1) 引渡是一国将处于本国境内的被外国指控为犯罪或已经判刑的人,应该外国的请求,送交该外国审判或处罚的一种国际司法协助行为。引渡的主体是国家,对象是被请求国指控为犯罪或被其判刑的人,可能是请求国人、被请求国人和第三国人。

(2) 引渡的一般原则:① 无条约无义务原则。国家没有一般的引渡义务,因此引渡需要根据有关的引渡条约进行。② 政治犯罪不引渡原则。国际法规定了一些不应被视为政治犯罪的行为,包括战争罪、反和平罪和反人类罪、种族灭绝或种族隔离罪行、非法劫持航空器、侵害包括外交代表在内的受国际保护人员罪行等。③ 双重犯罪原则。该原则是指被请求引渡人的行为必须是请求国和被请求国的法律都认定为犯罪的行为。④ 罪名特定原则。该原则指请求国只能就其请求引渡的特定犯罪行为对该被引渡人进行审判或处罚,如果以其他罪名进行审判则一般应经原引出国的同意。⑤ 转引渡需经原引出国同意原则。如果引渡国打算将被引渡人转引渡给第三国,则一般应经原引出国的同意。

2. 庇护

(1) 领域庇护。一般所称之庇护是指领域庇护,也称领土庇护,指国家对于因政治原因被外国追诉或受迫害而要求避难的外国人,准其入境和居留,给以法律保护,并拒绝将其引渡给任何外国的行为。在国际法上,庇护以国家的属地优越权为依据。每一国家对于其领土内的人,不管是本国人或外国人,都具有管辖和保护的权利。因此,对于请求庇护的外国人,是否给

以庇护,由庇护国自主决定。因此,庇护的主要根据是国内法。

(2) 域外庇护。域外庇护又称外交庇护,是指给避难者在驻在国的使馆、领馆、军舰甚至商船内以庇护,即庇护国在外国领土上庇护外国人。域外庇护与领土庇护的最大区别在于,它是庇护国在外国领土利用特权与豁免来庇护外国人。在国际法上,国家只应根据属地优越权在本国领土内行使庇护权,而没有所谓"域外庇护"权,否则,就侵犯了其他国家的领土主权,所以,域外庇护一直未得到国际社会的普遍接受。

(3) 我国《引渡法》的相关规定

我国《引渡法》的主要内容归纳如下:

① 外国向中国提出引渡请求

中华人民共和国和外国之间的引渡,通过外交途径联系。中华人民共和国外交部为指定的进行引渡的联系机关。外交部将引渡请求书等材料转交最高人民法院、最高人民检察院。最高人民检察院经审查,认为应当由我国追诉,应自收到引渡请求书起1个月内,将准备提起刑事诉讼的意见分别告知最高人民法院和外交部。最高人民法院接到引渡请求书等材料后,应当及时转交所指定的高级人民法院组成合议庭进行审查。最高人民法院对高级人民法院作出的裁定进行复核。

② 准予向外国引渡的条件

《引渡法》第7条规定:"外国向中华人民共和国提出的引渡请求必须同时符合下列条件,才能准予引渡:(一) 引渡请求所指的行为,依照中华人民共和国法律和请求国法律均构成犯罪;(二) 为了提起刑事诉讼而请求引渡的,根据中华人民共和国法律和请求国法律,对于引渡请求所指的犯罪均可判处一年以上有期徒刑或者其他更重的刑罚;为了执行刑罚而请求引渡的,在提出引渡请求时,被请求引渡人尚未服完的刑期至少为六个月。对于引渡请求中符合前款第一项规定的多种犯罪,只要其中有一种犯罪符合前款第二项的规定,就可以对上述各种犯罪准予引渡。"

③ 应当拒绝引渡的理由

《引渡法》第8条规定:"外国向中华人民共和国提出的引渡请求,有下列情形之一的,应当拒绝引渡:(一) 根据中华人民共和国法律,被请求引渡人具有中华人民共和国国籍的;(二) 在收到引渡请求时,中华人民共和国的司法机关对于引渡请求所指的犯罪已经作出生效判决,或者已经终止刑事诉讼程序的;(三) 因政治犯罪而请求引渡的,或者中华人民共和国已经给予被请求引渡人受庇护权利的;(四) 被请求引渡人可能因其种族、宗教、国籍、性别、政治见解或者身份等方面的原因而被提起刑事诉讼或者执行刑罚,或者被请求引渡人在司法程序中可能由于上述原因受到不公正待遇的;(五) 根据中华人民共和国或者请求国法律,引渡请求所指的犯罪纯属军事犯罪的;(六) 根据中华人民共和国或者请求国法律,在收到引渡请求时,由于犯罪已过追诉时效期限或者被请求引渡人已被赦免等原因,不应当追究被请求引渡人的刑事责任的;(七) 被请求引渡人在请求国曾经遭受或者可能遭受酷刑或者其他残忍、不人道或者有辱人格的待遇或者处罚的;(八) 请求国根据缺席判决提出引渡请求的。但请求国承诺在引渡后对被请求引渡人给予其出庭的情况下进行重新审判机会的除外。"

④ 可以拒绝引渡的理由

《引渡法》第9条规定:"外国向中华人民共和国提出的引渡请求,有下列情形之一的,可以拒绝引渡:(一) 中华人民共和国对于引渡请求所指的犯罪具有刑事管辖权,并且对被请求引渡人正在进行刑事诉讼或者准备提起刑事诉讼的;(二)由于被请求引渡人的年龄、健康等原因,根据人道主义原则不宜引渡的。"

⑤ 中国向外国提出请求引渡的程序

《引渡法》第47条规定:"请求外国准予引渡或者引渡过境的,应当由负责办理有关案件的省、自治区或者直辖市的审判、检察、公安、国家安全或者监狱管理机关分别向最高人民法院、最高人民检察院、公安部、国家安全部、司法部提出意见书,并附有关文件和材料及其经证明无误的译文。最高人民法院、最高人民检察院、公安部、国家安全部、司法部分别会同外交部审核同意后,通过外交部向外国提出请求。"

⑥ 必要时向外国作出限制量刑或限制追诉的承诺的相关规定

《引渡法》第50条规定:"被请求国就准予引渡附加条件的,对于不损害中华人民共和国主权、国家利益、公共利益的,可以由外交部代表中华人民共和国政府向被请求国作出承诺。对于限制追诉的承诺,由最高人民检察院决定;对于量刑的承诺,由最高人民法院决定。在对被引渡人追究刑事责任时,司法机关应当受所作出的承诺的约束。"

庇护 ⎰ 对象:在国外遭受迫害、追诉而前来避难的外国人(政治犯)
　　　　行为:准予入境、居留、提供保护、拒绝引渡
　　　　性质:属地管辖权的体现;是权利,而非义务
　　　　例外:对犯有严重国际罪行的人不得庇护(战争、种族灭绝
　　　　　　或隔离、劫机、侵害外交代表)
　　　　必须基于领土主权:域外庇护不合法(利用外交领事
　　　　　　　　　　　　机构馆舍、船舶、飞机)

二、例题

1. 甲国公民汤姆于2012年在本国故意杀人后潜逃至乙国,于2014年在乙国强暴一名妇女后又逃至中国。乙国于2015年向中国提出引渡请求。经查明,中国和乙国之间没有双边引渡条约。依相关国际法及中国法律规定,下列哪一选项是正确的?(2015年真题,单选)

A. 乙国的引渡请求应向中国最高人民法院提出

B. 乙国应当作出互惠的承诺

C. 最高人民法院应对乙国的引渡请求进行审查,并由审判员组成合议庭进行

D. 如乙国将汤姆引渡回本国,则在任何情况下都不得再将其转引

[释疑] 根据《引渡法》的规定,外国应向中国外交部提出引渡请求,故A选项错误。根据《引渡法》第15条的规定:"在没有引渡条约的情况下,请求国应当作出互惠的承诺。"故B选项正确。最高人民法院接到外交部转交的引渡请求书等材料后,应当及时转交所指定的高级人民法院以合议庭方式进行审查,故C选项错误。根据转引渡须征得原引出国同意原则,D选项错误。(答案:B)

2. 甲国公民库克被甲国刑事追诉,现在中国居留,甲国向中国请求引渡库克,中国和甲国间无引渡条约。关于引渡事项,下列选项正确的是:(2013年真题,不定选)

A. 甲国引渡请求所指的行为依照中国法律和甲国法律均构成犯罪,是中国准予引渡的条件之一

B. 由于库克健康原因,根据人道主义原则不宜引渡,中国可以拒绝引渡

C. 根据中国法律,引渡请求所指的犯罪纯属军事犯罪的,中国应当拒绝引渡

D. 根据甲国法律,引渡请求所指的犯罪纯属军事犯罪的,中国应当拒绝引渡

[释疑] 引渡请求所指的行为,依照中华人民共和国法律和请求国法律均构成犯罪,故 A 选项正确。由于被请求引渡人的年龄、健康等原因,我国根据人道主义原则可以不予引渡,故 B 选项正确。根据中国或者请求国的法律,引渡请求所指的犯罪纯属军事犯罪的,中国应当拒绝引渡,故 C、D 选项正确。(答案:ABCD)

3. 甲国公民彼得,在中国境内杀害一中国公民和一乙国在华留学生,被中国警方控制。乙国以彼得杀害本国公民为由,向中国申请引渡,中国和乙国间无引渡条约。关于引渡事项,下列哪些选项是正确的?(2012 年真题,多选)

A. 中国对乙国无引渡义务

B. 乙国的引渡请求应通过外交途径联系,联系机关为外交部

C. 应由中国最高人民法院对乙国的引渡请求进行审查,并作出裁定

D. 在收到引渡请求时,中国司法机关正在对引渡所指的犯罪进行刑事诉讼,故应当拒绝引渡

[释疑] 无引渡条约则无引渡义务,故 A 选项正确。外国向中国或中国向外国请求引渡,应通过中国外交部联系,故 B 选项正确。最高人民法院指定高级人民法院对外国引渡请求进行审查,C 选项错误。中华人民共和国对于引渡请求所指的犯罪具有刑事管辖权,并且对被请求引渡人正在进行刑事诉讼或者准备提起刑事诉讼的,可以拒绝引渡而不是"应当拒绝引渡"(对于引渡请求所指的犯罪已经作出生效判决或者终止刑事诉讼程序的),故 D 选项错误。(答案:AB)

4. 中国人高某在甲国探亲期间加入甲国国籍,回中国后健康不佳,也未申请退出中国国籍。后甲国因高某在该国的犯罪行为,向中国提出了引渡高某的请求,乙国针对高某在乙国实施的伤害乙国公民的行为,也向中国提出了引渡请求。依我国相关法律规定,下列哪一选项是正确的?(2009 年真题,单选)

A. 如依中国法律和甲国法律均构成犯罪,即可准予引渡

B. 中国应按照收到引渡请求的先后确定引渡的优先顺序

C. 由于高某健康不佳,中国可以拒绝引渡

D. 中国应当拒绝引渡

[释疑] 根据《国籍法》第 9 条的规定,定居外国的中国公民,自愿加入或取得外国国籍的,即自动丧失中国国籍。第 10 条规定,中国公民具有下列条件之一的,可以经申请批准退出中国国籍:外国人的近亲属;定居在外国的;有其他正当理由。因此本题中高某不符合丧失中国国籍的条件,仍然是中国人。我国《引渡法》规定,中国公民不引渡,因此中国应当以此为理由拒绝引渡。(答案:D)

三、提示与预测

引渡、庇护(包括域外庇护)、外交保护这几个考点经常出现在案例题中,属于高频考点,要求考生能够通过分析案例就相关问题作出判断。

考点 5 国际人权法

一、精讲

国际人权法是指有关保护人的基本权利和自由的国际法原则、规则和制度的总称。人权的国际保护是指国家按照国际法，通过条约，承担国际义务，对实现基本人权的某些方面进行合作与保证，并对侵犯这种权利的行为予以防止与惩治。在仍然由主权国家组成的国际社会中，基本人权的享有和实现，归根结底还是要依靠各国国内法的保障。人权仍然主要是国家主权管辖范围内的事项，个人直接享有的法律上的人权，主要是基于国内法的规定和实施而得以实现。国家通过缔结或参加国际人权条约，所承担的保护人权的国际义务，也最终是由一国在其主权下通过国内法实现的。当前，人权及人权的国际保护在理论和实践中都存在分歧，人权的国际合作应符合国际法的基本原则。

1. 国际人权条约体系

人权问题在第二次世界大战之后全面进入国际法领域，几乎所有的重要的全球性或区域性人权条约，都是在联合国成立以后制定的，这些条约主要包括：

（1）1966年联合国两个人权公约。联合国成立以来，先后制定了一系列关于人权的文件，其中最重要的有1948年的《世界人权宣言》和1966年的《经济、社会、文化权利国际公约》和《公民权利与政治权利国际公约》，后两个公约于1976年生效，它们和《世界人权宣言》一起被称为"国际人权宪章"。我国已经签署了1966年两个人权公约，并已批准了其中的《经济、社会、文化权利国际公约》。

（2）专门领域或区域的人权条约。"二战"结束以来，有关国家还缔结了一系列有影响的涉及专门领域的人权条约，主要包括《防止及惩治灭绝种族罪行公约》（1948年）、《消除一切形式种族歧视公约》（1966年）等。

区域性的公约主要有《欧洲人权公约》（1950年）及其一系列议定书、《欧洲社会宪章》（1961年）、《美洲人权公约》（1960年）、《非洲人权和人民权利宪章》（1981年）等。

2. 国际人权保护机制

国际人权保护机制是指有关国际人权公约规定的保护公约规定的人权的相关制度和具体程序。国际人权条约通常都规定了相应的国际保障或履约机制，其方式主要有以下几种：

（1）设立国际人权机构。为了实施国际人权保护，国际社会设置了一些国际人权机构，这些机构可分为以下几类：

① 根据《联合国宪章》设置的人权机构，例如人权委员会。人权委员会由43个国家的代表组成，是联合国系统内处理人权问题的主要机构，根据2005年联合国首脑会议《成果文件》的规定，人权委员会被人权理事会所取代。

② 根据国际人权公约而设立的人权机构。有关人权公约为受理公约规定的缔约国提交的报告、缔约国或个人的来文而设立了保障实施条约的机构，例如依据《公民权利与政治权利国际公约》而设立的"人权事务委员会"，依据《儿童权利公约》成立的"儿童权利委员会"等。

③ 根据联合国主要机构的决议或授权而成立的专门人权机构。例如根据联合国大会1761号决议成立的"反对种族隔离特别委员会"，人权委员会根据经社理事会的授权而设立的"防止歧视及保护少数小组委员会"。

④ 根据区域性公约成立的区域性人权机构。例如，根据《欧洲人权公约》设立的欧洲人权

委员会和欧洲人权法院,根据《美洲人权公约》设立的美洲国家间人权委员会和美洲国家间人权法院,根据《非洲人权和人民权利宪章》设立的非洲人权和民族权委员会等。

(2) 建立报告及审查制度。缔约国根据条约承担义务,将其履约情况定期或按要求向指定机构提交报告,由该机构进行审查。具体报告、审查形式和程序依不同条约有所不同。对于审议机构,不同条约也有不同的规定,有些公约则规定由公约专门成立的审议机构进行。

关于报告和审查制度,多数人权条约都规定了各缔约国有定期或按要求将其履行条约情况向指定的审议机构提交报告的义务,如《公民权利与政治权利国际公约》《经济、社会、文化权利国际公约》《消除一切形式种族歧视公约》《禁止酷刑公约》《消除对妇女歧视公约》等都规定缔约国应通过联合国秘书长向有关机构提交报告,由审议机构对报告进行审议并提出一般性建议或评论。一般情况下,各人权条约规定的审议机构也有所不同,如《公民权利与政治权利国际公约》规定,人权事务委员会为其审议机构,《经济、社会、文化权利国际公约》规定的机构是联合国经社理事会,还有些人权条约规定由联合国的既存机构审议报告。

(3) 缔约国指控处理及和解制度。一些人权公约规定了缔约国来文指控处理及和解制度。如《公民权利与政治权利国际公约》规定,各国可以随时声明接受任择条款,即承认由人权事务委员会接受并处理一缔约国对另一缔约国未履行公约义务的指控。对于接受任择条款的国家,人权事务委员会在认定所指控事项由当事人在被指控国国内已经用尽了当地救济之后,有权受理该指控,提供斡旋,如仍然未获解决,经各有关缔约国同意后,人权事务委员会可以指派一个由5名委员组成的和解委员会进行和解。如果仍不能获得解决,和解委员会应作出报告,报告中应说明对于各有关缔约国之间争执事件的一切有关事实问题的结论,以及对于该事件可能解决的各种可能性意见。各有关缔约国应于接到报告后3个月内通知委员会主席是否接受该报告的内容。其他一些人权条约如《禁止酷刑公约》《消除一切形式种族歧视公约》等也作了类似的规定。

(4) 个人申诉制度。一些人权条约规定了个人申诉制度,但有关个人申诉的制度往往规定在条约任选条款或任意议定书之中,而且一般都要求确认已经用尽国内救济办法是受理个人来文申诉的前提。例如《公民权利与政治权利国际公约》任意议定书规定,成为该议定书缔约国的国家承认人权事务委员会有权接受并审查该国管辖下的个人声称为该缔约国侵害公约所载任何权利的受害人的来文。人权事务委员会应根据《议定书》所提出的任何来文提请缔约国注意,收到通知的国家应在6个月内书面向委员会提出解释或声明,如该国业已采取救济措施,则亦应一并说明,人权事务委员会在审查该个人及有关缔约国所提出的一切书面资料和根据《议定书》所收到的来文后,向该缔约国及该个人提出意见。其他一些公约,如《禁止酷刑公约》《消除一切形式种族歧视公约》等也规定了类似制度。

(5) 联合国"1503"程序。"1503"程序是指1970年联合国经社理事会通过的一个题为"有关侵犯人权及基本自由的来文的处理程序"的决议所规定的程序。该决议规定,在经证明的确存在一贯和严重地侵害基本人权的情形下,防止歧视及保护少数小组委员会不用依据条约,就有权受理个人或非政府组织的来文,小组委员会可决定将具有一贯侵犯人权特点的情况提交人权委员会审议。人权委员会可以自行研究并向经社理事会提出报告和建议,也可以在征得有关国家同意的情况下,任命一个特设委员会进行调查。

由于没有条约根据,人权委员会和防止歧视及保护少数小组委员会基于"1503程序"所作决议对当事国没有法律上的拘束力。而且,证明存在"一贯和严重地侵害基本人权的情形"往往比较困难,加上政治因素影响,这一程序在实践中不仅难以适用,而且有时可能产生消极影响。

二、例题

为促进对人权的尊重和保护,联合国大会2006年通过决议,设立了一个专门负责联合国人权领域工作的大会附属机构。下列哪一个选项是正确的?(2008年真题,单选)

A. 联合国人权委员会　　　　　　　B. 联合国人权事务委员会
C. 联合国人权理事会　　　　　　　D. 联合国人权法院

[释疑] 本题涉及人权保护的监督执行机构问题。《公民权利与政治权利国际公约》的监督执行机构为联合国人权事务委员会。人权理事会是根据2005年联合国首脑会议《成果文件》的要求设立的,目的是取代不断遭到批评的人权委员会。人权事务委员会与联合国人权理事会不同,前者属于《公民权利与政治权利国际公约》的监督执行机构。联合国体系内尚未成立人权法院,现有的国际法院也只处理国家之间的争端,因此本题只有C选项正确。(答案:C)

三、提示与预测

国际人权法较少考查,只是在2008年考题中出现一次。考生应注意掌握其主要方面,如国际人权宪章、主要人权保护机制等。

第六章　外交关系法与领事关系法

本章知识体系:

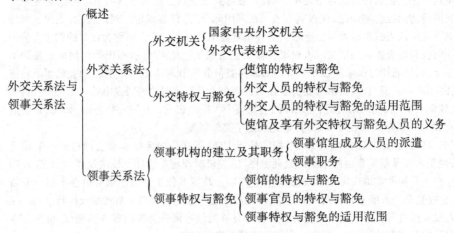

考点 1 使馆的职权及义务

一、精讲

使馆由使馆馆长、外交人员、行政技术人员及服务人员等组成。使馆馆长分为大使、公使、代办三级。根据馆长的级别不同,使馆相应地称为大使馆、公使馆和代办处。

1. 使馆的职务

根据《维也纳外交关系公约》第3条的规定,使馆的职务主要有五项:

(1) 代表,即在接受国中代表派遣国;
(2) 保护,即于国际法许可之限度内,在接受国中保护派遣国及其国民之利益;
(3) 交涉,即与接受国政府办理交涉;
(4) 调查,即以一切合法手段调查接受国之状况及发展情形,向派遣国政府具报;
(5) 促进,即促进派遣国与接受国之友好关系及发展两国间之经济、文化与科学关系。

此外,使馆还可在接受国允许的情况下,代行领事职务或受委托保护第三国及国民在接受国的利益。

2. 使馆及享有外交特权与豁免人员的义务

(1) 尊重接受国的法律规章;
(2) 不得干涉接受国的内政;
(3) 使馆馆舍不得用于与使馆职务不相符合的其他用途;
(4) 使馆与接受国洽谈公务,应经与接受国外交部或另经商定的其他部门按照相关程序办理;
(5) 外交代表不应在接受国内为私人利益从事任何专业或商业活动。

二、例题

克森公司是甲国的一家国有物资公司。前一年,该公司与乙国驻丙国的使馆就向该使馆提供馆舍修缮材料事宜,签订了一项供货协议。后来,由于使馆认为克森公司交货存在质量瑕疵,双方产生纠纷。根据国际法的有关规则,下列哪一选项是正确的?(2008年真题,单选)

A. 乙国使馆无权在丙国法院就上述事项提起诉讼
B. 克森公司在丙国应享有司法管辖豁免
C. 乙国使馆可以就该事项向甲国法院提起诉讼
D. 甲国须对克森公司的上述行为承担国家责任

[释疑] 乙国使馆对于在乙国国内因为买卖合同引起的纠纷,在作为被告时享有豁免权,但它也可以作为原告起诉。故A选项错误、C选项正确。克森公司是乙国的一家国有企业,其行为并不能归因于国家,其行为的后果由其自己承担,也不能享有豁免权,故B、D选项错误。(答案:C)

三、提示与预测

使馆的特权与豁免、使馆职权和对接受国的义务等规则容易出现在小案例题型中。

考点 2　使馆人员及其特权与豁免

一、精讲

馆长外的其他使馆人员包括外交人员、行政技术人员和服务人员。

1. 外交人员

外交人员,即具有外交职衔的使馆人员,包括参赞、武官、外交秘书和随员。

2. 行政技术人员和服务人员

行政技术人员包括译员、工程师、行政主管、会计等;服务人员包括司机、清洁工、修理工等。

3. 使馆人员图示及使馆人员的派遣

使馆人员
- 馆长
  - 大使:元首向元首派遣的最高一级使节,享有最高礼遇
  - 公使:元首向元首派遣的第二级使节,礼遇稍逊于大使
  - 代办:外交部长向外交部长派遣的使节,与"临时代办"不同
- 一般外交人员
  - 参赞:协助馆长处理外交事务的高级别外交官
  - 武官:作为武装力量代表,处理军事合作事务的外交官
  - 外交秘书:分一、二、三等,按指示办理外交事务和文书
  - 随员:最低一级的外交官

(说明:横线以上人员及其构成同一户口之家属享有完全的特权与豁免)

- 行政技术人员:译员、工程师、行政主管、会计等,不是外交官
- 服务人员:司机、清洁工、修理工等,不是外交官

4. 使馆人员的派遣

(1) 须征求接受国同意的人员之派遣。

派遣国对使馆馆长的任命必须事先征求接受国的同意。此外,派遣国派遣使馆馆长和陆、海、空军武官之前,应先将其拟派人选通知接受国,征得接受国同意后正式派遣。如派遣国委派具有接受国国籍或第三国国籍的人为使馆人员,也应事先征得接受国的同意。其他使馆人员,原则上派遣国自由选派,无须事先征得接受国的同意。

依规定,大使、公使到任要携带国书。国书是派遣国元首为派遣大使、公使致接受国元首的正式文书。派遣国书是派遣国元首的委任状,一般写明使馆馆长的任命和等级,表示发展两国关系的愿望以及请求接受国对代表给以信任等内容。国书由派遣国元首签署,外长副署。代办不带国书,而携带由派遣国外长签署并向接受国外长发出的委任书。

(2) 其他使馆人员的选派。除上述人员外,其他外交人员原则上自由委派,无须征得接受国的同意。

(3) 不受欢迎的人与不能接受。依照《维也纳外交关系公约》的规定,接受国可以随时不

必说明理由即通知派遣国宣告使馆外交人员为不受欢迎的人或其他人员为不能接受。在此情况下,派遣国应酌情召回该人员或终止其在使馆中的职务,否则接受国可以不复承认该人员在使馆的身份。

5. 外交人员的特权与豁免及其例外
（1）人身不可侵犯。
（2）寓所、财产和文书信件不可侵犯。
（3）管辖豁免。包括刑事管辖豁免、民事和行政管辖豁免,但民事和行政管辖豁免有一些例外情况:① 外交人员在接受国境内私有不动产物权的诉讼,但其代表派遣国为使馆用途置有的不动产不在此列;② 外交人员以私人身份并不代表派遣国而作为遗嘱执行人、遗产管理人、继承人或受赠人之继承事项的诉讼;③ 外交人员在接受国内在公务范围以外所从事的专业或商务活动的诉讼;④ 外交人员主动起诉而引起的与该诉讼直接有关的反诉。
（4）某些方面免税和行李免受查验。
（5）外交人员在接受国无出庭作证的义务。
（6）其他特权与豁免。

二、例题

1. 甲、乙两国均为《维也纳外交关系公约》缔约国,甲国拟向乙国派驻大使馆工作人员。其中,杰克是武官,约翰是二秘,玛丽是甲国籍会计且非乙国永久居留者。依该公约,下列哪一选项是正确的?（2016年真题,单选）

A. 甲国派遣杰克前,无须先征得乙国同意
B. 约翰在履职期间参与贩毒活动,乙国司法机关不得对其进行刑事审判与处罚
C. 玛丽不享有外交人员的特权与豁免
D. 如杰克因参加斗殴意外死亡,其家属的特权与豁免自其死亡时终止

[释疑] 杰克为武官,其派遣应征得接受国之同意,故 A 选项错误。约翰为外交官员,享有完全的刑事管辖豁免权,接受国不得对其行使刑事管辖权,故 B 选项正确。玛丽作为会计,属于使馆行政技术人员,享有一定的特权与豁免,故 C 选项错误。杰克作为外交官,即使意外身故,其家属之特权与豁免也应持续至离境之合理期终了时止,故 D 选项错误。（答案:B）

2. 甲、乙、丙三国因历史原因,冲突不断,甲国单方面暂时关闭了驻乙国使馆。艾诺是甲国派驻丙国使馆的二秘,近日被丙国宣布为不受欢迎的人。根据相关国际法规则,下列哪些选项是正确的?（2014年真题,多选）

A. 甲国关闭使馆应经乙国同意后方可实现
B. 乙国驻甲国使馆可用合法手段调查甲国情况,并及时向乙国作出报告
C. 丙国宣布艾诺为不受欢迎的人,须向甲国说明理由
D. 在丙国宣布艾诺为不受欢迎的人后,如甲国不将其召回或终止其职务,则丙国可拒绝承认艾诺为甲国驻丙国使馆人员

[释疑] 使馆的职务包括调查、报告、代表、交涉和促进外交关系等,故乙国驻甲国使馆可用合法手段调查甲国情况,并及时向乙国作出报告,B 选项正确。宣布为不受欢迎的人,接受国不必说明理由,派遣国如果不召回被宣布为不受欢迎的人,则接受国可以不复承认其为外

交官员。故 C 选项错误、D 选项正确。(答案:BD)

3. 甲、乙、丙三国均为《维也纳外交关系公约》缔约国。甲国汤姆长期旅居乙国,结识甲国驻乙国大使馆参赞杰克,2人在乙国与丙国汉斯发生争执并互殴,汉斯被打成重伤。后,杰克将汤姆秘匿于使馆休息室。关于事件的处理,下列哪一选项是正确的?(2012年真题,多选)

  A. 杰克行为已超出职务范围,乙国可对其进行逮捕
  B. 该使馆休息室并非使馆工作专用部分,乙国警察有权进入逮捕汤姆
  C. 如该案件在乙国涉及刑事诉讼,杰克无作证义务
  D. 因该案发生在乙国,丙国法院无权对此进行管辖

[释疑] 杰克作为乙国大使馆参赞,属于外交官员身份,享有刑事管辖豁免权,乙国无权逮捕,A 选项错误;使馆的任何地方未经许可,接受国均无权进入,B 选项错误;外交官在接受国无作证的义务,C 选项正确;尽管该案发生在乙国,丙国法院可以行使保护性管辖权,D 选项错误。(答案:C)

4. 经乙国同意,甲国派特别使团与乙国进行特定外交任务谈判,甲国国民贝登和丙国国民奥马均为使团成员,下列哪些选项是正确的?(2009年真题,多选)

  A. 甲国对奥马的任命需征得乙国同意,乙国一经同意则不可撤销此项同意
  B. 甲国特别使团下榻的房舍遇到火灾而无法获得使团团长明确答复时,乙国可以推定获得同意进入房舍救火
  C. 贝登在公务之外开车肇事被诉诸乙国法院,因贝登有豁免权乙国法院无权管辖
  D. 特别使团也适用对使馆人员的"不受欢迎的人"的制度

[释疑] 派遣大使馆的馆长、武官及派遣非本国国民担任外交官时,须经接受国的同意,其他人不必经过接受国同意,故 A 选项错误。特别使团的特权与豁免和领事馆相近,低于大使馆,其寓所遇有重大事故,可以推定同意而进入,故 B 选项正确。特别使团的成员和领事官员一样,因交通肇事被诉时无豁免权,故 C 选项错误。接受国对享有外交特权与豁免的人有权适用"不受欢迎的人"的制度,故 D 选项正确。(答案:BD)

三、提示与预测

应注意区分使馆的人员中哪些是外交官员,掌握外交官员所享有的外交特权与豁免及其例外,此考点为高频考点。

考点 3   领事官员的特权与豁免

一、精讲

1. 领事馆及其人员的职务及义务

国家之间领事关系的建立以其双边协议确定。国家间达成协议建立领事关系的直接标志一般是设立领事机构,即领事馆。

(1) 领事馆的职务
① 保护,即保护本国及其侨民和法人在接受国的利益;

② 促进,即促进本国与接受国间的商业、经济、文化和科学关系的发展,并在其他方面促进两国间的友好关系;
③ 调查,即以一切合法手段调查接受国内商业、经济、文化及科学活动的改善及发展情形,向派遣国政府具报,并向有关人士提供资料等;
④ 办证,即办理护照、签证、公证、认证以及侨民的出生、死亡和婚姻登记事项;
⑤ 帮助,即给予本国侨民以及进入接受国境内的本国飞机、船舶及其人员以所需要的帮助;
⑥ 公约规定,一国受第三国(与驻在国断绝领事关系,或不存在领事关系)委托,并经接受国同意后,可代表该国执行领事职务。

(2) 领事馆及其人员的义务

领事馆及其人员的义务和使馆的义务基本相同,不干涉内政、不从事与职务不相符合的行为等。

2. 领馆人员的类别

领馆人员 { 领事官员 { 职业领事:派遣国任命,专职从事领事职务; 名誉领事:非专职,从接受国中的本国侨民或当地的商人或律师中选任,从事某些职务 } 领事雇员 { 受雇担任领馆行政技术事务 通常包括:译员、速记员、办公室助理员、档案员等 服务人员:司机、清洁工、修理工、传达人员等 }

领馆人员分为领事官员、领事雇员和服务人员。领事官员指执行领事职务的人员,包括领馆馆长;领事雇员指行政和技术人员;服务人员包括汽车司机、传达员等。私人服务员不在领馆人员之列。

领事有两种:专职领事和名誉领事。专职领事,又称派任领事,是国家正式派遣的领馆馆长。按其职位可分为四级:总领事、领事、副领事和领事代理人。名誉领事,又称选任领事,指一国政府选任执行领事职务的兼职官员,多从当地的本国侨民中选任,也可以在接受国的国民中选任,通常选用律师或商人担任。名誉领事不属于派遣国国家人员编制,不领取薪金,其报酬从领馆手续费、规费中支付。名誉领事有名誉总领事和名誉领事两级,中国目前原则上既不委派也未接受名誉领事。

领事由派遣国委派,并由接受国承认准予执行职务。派遣国任命时,应将领事委任书通过外交途径送至接受国外交部,由其发给"领事证书",或在领事委托书上批写"领事证书"字样后,方可开始执行职务。

公约规定,接受国可随时通知派遣国,宣告某领事人员为不受欢迎的人或宣布其他领馆官员为不能接受的人,并视情形于必要时,"撤销关系人员之领事证书或不复承认该员为领馆官员"。采取上述措施,接受国无须说明其理由。

3. 领事特权与豁免

领事特权与豁免
- 领馆馆舍的特权与豁免
  - 领馆馆舍不可侵犯（范围、推定同意进入、可征用）
  - 领馆档案及文件不可侵犯
  - 通讯自由
  - 免纳捐税
  - 领馆人员有行动自由
  - 使用派遣国的国家标志、与派遣国国民通讯联络
- 领事官员特权与豁免
  - 人身不可侵犯（一定程度）
  - 管辖豁免：例外、执行职务行为无作证义务
  - 某些方面免税和免验
  - 其他特权与豁免：免个人劳务和服兵役等
- 领事雇员：执行职务范围内的行为享有和领事官员相同的司法和管辖豁免
- 领馆服务人员：仅就其服务的工资免纳捐税

（1）领馆的特权与豁免

根据1963年《维也纳领事关系公约》的规定，领馆的特权与豁免主要有：

① 领馆馆舍在一定限度内不可侵犯。领馆馆舍是指专供领馆使用的建筑物及各部分和其所属土地。所谓"领馆馆舍一定限度内不可侵犯"，是指专供领馆工作之用的部分馆舍未经许可不得进入，而馆舍的其余部分不包括在内；此外，遇紧急情况时，如火灾和其他灾害须迅速采取措施的场合，可推定领馆馆长已经同意而采取保护行动。依公约规定，接受国对馆舍负有特殊责任，应采取一切措施避免任何扰乱领馆安宁或损害领馆尊严之事件的发生。公约还规定，领馆馆舍、设备及其财产在一般情况下应免受征用。但在确有必要征用时，则可征用，然后应给以赔偿，并应采取措施，避免对领馆职务的执行造成妨碍。

② 领馆档案及文件不可侵犯。领馆档案及文件无论何时，不论位于何处，都不得侵犯。

③ 通讯自由。此项特权与使馆的规定基本相同。

（2）领馆人员的特权与豁免

依1963年《维也纳领事关系公约》的规定，领事官员的特权与豁免有：

① 人身自由的一定保护。接受国对领事官员不得予以逮捕候审或羁押候审，不得监禁或以其他方式拘束领事官员的人身自由，但对犯有严重罪行或司法机关已裁判执行的除外。

② 一定的管辖豁免。领事官员执行职务行为，不受接受国的民事和行政管辖。但有几种例外：A. 因领事官员并未明示或默示以派遣国代表身份而订立契约所发生的诉讼；B. 第三者因车辆、船舶或航空器在接受国内所造成的意外事故而要求损害赔偿的诉讼；C. 领事官员主动起诉引起的反诉；D. 私人继承纠纷或者私人不动产纠纷引起的诉讼。

③ 捐税、关税和查验免除。

④ 其他特权与豁免。

领馆人员就其执行职务所涉事项，无担任作证或提供有关来往公文及文件的义务。职务范围以外的事项，一般应当作证，但如领事官员拒绝作证，不得对其施行强制措施或处罚。此外，还有免除外侨登记和居留证的义务，免予适用社会保险办法；免除个人劳务及捐献、屯宿等军事义务等方面的豁免。

此外，领事馆的行政技术人员等，在其职务范围内的事项享有和领事官员相同的特权与

豁免。

领事官员特权与豁免的放弃规则,与外交官员特权与豁免的放弃基本相同。

二、例题

1. 甲国与乙国基于传统友好关系,兼顾公平与效率原则,同意任命德高望重并富有外交经验的丙国公民布朗作为甲乙两国的领事官员派遣至丁国。根据《维也纳领事关系公约》,下列哪一选项是正确的?(2015年真题,单选)

   A. 布朗既非甲国公民也非乙国公民,此做法违反《公约》
   B. 《公约》没有限制,此做法无须征得丁国同意
   C. 如丁国明示同意,此做法是被《公约》允许的
   D. 如丙国与丁国均明示同意,此做法才被《公约》允许

   [释疑] 《维也纳领事关系公约》第18条规定:"两个以上国家经接受国之同意得委派同一人为驻该国之领事官员。"第22条规定:"一、领事官员原则上应属派遣国国籍。二、委派属接受国国籍之人为领事官员,非经该国明示同意,不得为之;此项同意得随时撤销之。三、接受国对于非亦为派遣国国民之第三国国民,得保留同样权利。"故C选项正确。(答案:C)

2. 甲、乙两国均为《维也纳领事关系公约》缔约国,阮某为甲国派驻乙国的领事官员。关于阮某的领事特权与豁免,下列哪一表述是正确的?(2013年真题,单选)

   A. 如犯有严重罪行,乙国可将其羁押
   B. 不受乙国的司法和行政管辖
   C. 在乙国免除作证义务
   D. 在乙国免除缴纳遗产税的义务

   [释疑] 领事官员一般享有刑事管辖豁免权,但犯有重罪的接受国可管辖,已经判决的可以执行,故A选项正确。领事官员的管辖豁免是不完全的,特殊情况下接受国可以对领事官员行使刑事、行政或民事管辖权,故B选项错误。领事除职务行为之外,不免除作证的义务,故C选项错误。遗产税一般不在免除之列,除非是领事官员或其家属亡故,才可以免纳其在接受国境内的动产的有关遗产的各种捐税,故D选项错误。(答案:A)

3. 经乙国同意,甲国派特别使团与乙国进行特定外交任务谈判,甲国国民贝登和丙国国民奥马均为使团成员,下列哪些选项是正确的?(2009年真题,多选)

   A. 甲国对奥马的任命需征得乙国同意,乙国一经同意则不可撤销此项同意
   B. 甲国特别使团下榻的房舍遇到火灾而无法获得使团长明确答复时,乙国可以推定获得同意进入房舍救火
   C. 贝登在公务之外开车肇事被诉诸乙国法院,因贝登有豁免权,乙国法院无权管辖
   D. 特别使团也适用对使馆人员的"不受欢迎的人"的制度

   [释疑] 派遣大使馆的馆长、武官及派遣非本国国民担任外交官时,须经接受国的同意,其他人不必经过接受国同意,故A选项错误。特别使团的特权与豁免和领事馆相近,低于大使馆,其寓所遇有重大事故,可以推定同意而进入,故B选项正确。特别使团的成员和领事官员一样,因交通肇事被诉时无豁免权,故C选项错误。接受国对享有外交特权与豁免的人有权适用"不受欢迎的人"的制度,故D选项正确。(答案:BD)

三、提示与预测

应注意比较领事官员和外交官员所享有的外交特权与豁免及其例外。

第七章 条 约 法

本章知识体系：

条约法
- 条约的种类：双边条约、多边条约、开放性条约和非开放性条约等
- 条约的名称：公约、盟约、条约、宪章、专约、协约、议定书、最后文件、宣言、联合声明、换文、备忘录等
- 条约成立的实质性要件
  - 具有缔约能力和缔约权
  - 自由同意
  - 符合国际法强行规则
- 条约的缔结
  - 条约的缔结程序
  - 条约的保留
    - 不得提出保留的情形
    - 保留的接受和效力
    - 保留的效果
- 条约的登记
  - 联合国会员国已生效条约，应向联合国秘书处登记
  - 一国登记则免除其他缔约国登记，联合国亦可依职权登记
  - 条约未登记者不得在联合国任何机关援引
- 条约的效力
  - 条约的生效
  - 条约的适用
  - 条约对第三国的效力
- 条约的解释与修订
- 条约的终止
- 条约的暂停施行

考点 1 条约成立的实质要件

一、精讲

条约须具备三项实质性条件：

1. 具有缔约能力和缔约权

缔约能力，是指国家和其他国际法主体拥有的合法缔结条约的能力；缔约权是指拥有缔约能力的主体，根据其内部的规则赋予某个机关或个人对外缔结条约的权限。

《维也纳条约法公约》规定，一国不能以本国机关违反国内法关于缔约权限的规定而主张其所缔结的条约无效，除非这种违反国内法关于缔约权限规定的行为非常明显，涉及根本重要的国内法规则。对于被授权缔约的代表超越对其权限的特殊限制所缔结的条约，除非事先已将对这位谈判代表的权限的特殊限制通知其他谈判国，其本国不得主张所缔结的条约无效。

2. 自由同意

缔约国自由地表示同意构成条约有效的基本条件之一。根据《维也纳条约法公约》的规定,以下情况下所表示的同意都不能被认为是自由同意:错误、诈欺和贿赂、强迫(以强迫而缔结的条约自始无效)。

3. 符合国际法强行规则

强行法是为了整个国际社会的利益而存在的,是国际社会全体公认为不能违背,并且以后只能以同等性质的规则才能变更的规则,它不能以个别国家间的条约排除适用。《维也纳条约法公约》规定,条约必须符合国际法强行规则。首先,条约在缔结时与一般国际法强行规则相抵触者无效。其次,条约缔结后如遇新的强行规则产生时,与该规则相抵触者失效并终止。前者是自始无效,后者则是自与新的强行规则发生抵触时起失效。

二、提示与预测

条约成立的实质要件包括上述三个方面,缺一不可,应在此基础上判断。另外,如果一个已经成立的条约在生效后由于新的强行法出现而与该强行法相抵触,则自抵触时起该条约归于无效。

考点 2 条约的缔结程序和方式

一、精讲

条约的缔结程序一般包括以下几部分:

1. 约文的议定

约文的议定包括缔约方为达成条约而进行的谈判、约文起草和草案的商定。条约文本的议定一般首先经过谈判。

条约谈判多数情况是由国家主管当局授权的全权代表进行,全权代表进行谈判缔结条约须具备全权证书。国家元首、政府首脑和外交部长谈判缔约,或使馆馆长议定派遣国和接受国之间的条约约文,或国家向国际会议或国际组织或其机关之一派遣的代表,议定在该会议、组织或机关中的一个条约约文,由于他们所任职务,无须出具全权证书。

2. 约文的认证

(1)草签。由谈判代表将其姓氏或姓名的首字母签于条约约文下面,表示该约文不再更改。草签通常用于在约文议定后须经过一段时间才举行条约签署的情况。

(2)待核准的签署或暂签。此种签署是等待政府确认的签署,表示一种特殊的待定状态。在签署人所代表的本国确认以前,它只有认证条约约文的效力;如待核准的签署经该国确认,即发生正式签署的效力。

(3)签署。签署是指有权签署的人将其姓名签于条约约文之下,签署首先具有对约文认证的作用,是约文认证的一种方式。此外,根据条约本身的规定或有关各方的约定,签署在不同情况下可以有不同的法律意义:① 如经条约规定或各有关方约定,签署意味着签字国同意受条约的拘束,此时的签署就具有认证和接受拘束的双重意义;② 对规定或约定需要批准的条约,仅仅签署该条约对于该国尚无法律拘束力,但该国签署之后不应作出有损条约目的、宗旨的行动;③ 若签署国嗣后明确表示不予批准,则该签署只具有认证的作用。

3. 表示同意受条约拘束——条约对某一国家产生拘束力的依据

(1) 签署。一国通过签署表示同意受条约的拘束，发生于下列情况：① 该条约规定签署有这种效果；② 各谈判国约定签署有这种效果；③ 该国在其代表的全权证书中或在谈判过程中表示该国赋予签署这种效果。

(2) 批准。批准是指一国同意受条约的拘束，是否批准及何时批准一项条约，由各国自行决定。国家没有必须批准其所签署的条约的义务。

(3) 加入。加入是指未对条约进行签署的国家表示同意受条约的拘束，成为条约当事方的一种方式。

(4) 接受和赞同。

4. 条约的保留

条约的保留是指一国在签署、批准、接受、赞同或加入一个条约时所作的单方声明，无论措辞或名称如何，其目的在于排除或更改条约中某些规定对该国适用时的法律效果。保留的提出、反对、撤回或撤回对保留的反对，都必须采用书面形式。

(1) 不得提出保留的情形 { 条约规定禁止保留 / 保留不在条约准许的保留范围内 / 保留与条约的目的和宗旨不符

(2) 保留的接受和效力 { 条约允许的保留——无须其他缔约国接受自然生效 / 数目和宗旨表明须全体接受——全体接受方有效 / 条约为国际组织章程——该组织有权机构接受即有效 / 其他情形——条约国自行决定是否接受

(3) 保留的效果。如果保留是在签署批准的条约时提出的，保留国必须在批准条约时确认此项保留方才产生保留的效果，在这一情况下，该项保留应认为在其被确认之日提出。保留的提出，以及对于保留的明示接受和反对，都必须以书面形式提出，并通知各缔约方或有权成为该条约当事方的其他国家或国际组织。撤回保留或撤回对保留提出的反对，也必须以书面形式作出。一国表示同意受条约约束而附有保留的行为，只要至少有另一缔约国已经接受该项保留，就成为有效。

依《维也纳条约法公约》的规定，凡是根据有关规定对另一当事国成立的保留，在保留国与接受保留的当事国之间，依保留的范围修改保留所涉及的条约的规定，在其他当事国之间，则不修改条约的规定，如果反对保留的国家并未反对条约在该国与保留国之间生效，则在该两国之间仅不适用保留所涉及的规定。如果反对保留的国家反对条约在该国与保留国之间生效，条约在它们彼此间互不适用。

5. 条约的登记

(1) 联合国会员国已生效条约，应向联合国秘书处登记。

(2) 一国登记则免除其他缔约国登记，联合国亦可依职权登记。

(3) 条约未登记者不得在联合国任何机关援引。

二、例题

1. 甲国分立为"东甲"和"西甲"，甲国在联合国的席位由"东甲"继承，"西甲"决定加入联合国。"西甲"与乙国（联合国成员）交界处时有冲突发生。根据相关国际法规则，下列哪一

选项是正确的?(2014年真题,单选)

A. 乙国在联大投赞成票支持"西甲"入联,一般构成对"西甲"的承认
B. "西甲"认为甲国与乙国的划界条约对其不产生效力
C. "西甲"入联后,其所签订的国际条约必须在秘书处登记方能生效
D. 经安理会9个理事国同意后,"西甲"即可成为联合国的会员国

[释疑] 投票支持加入只有国家才能参加的政府间国际组织,构成默示承认,故A选项正确。第三国对当事国的边界条约有予以尊重的义务,故B选项错误。生效的条约才应当到联合国秘书处登记,如果未予登记,则在联合国机关不得援引。换言之,登记是条约在联合国机关援引的条件,而非生效条件,故C选项错误。加入联合国必须先经安理会推荐后,再经大会作为重要问题表决同意,故D选项错误。(答案:A)

2. 甲、乙、丙国同为一开放性多边条约缔约国,现丁国要求加入该条约。四国均为《维也纳条约法公约》缔约国。丁国对该条约中的一些条款提出保留,下列哪一判断是正确的?(2009年真题,单选)

A. 对于丁国提出的保留,甲、乙、丙国必须接受
B. 丁国只能在该条约尚未生效时提出保留
C. 该条约对丁国生效后,丁国仍然可以提出保留
D. 丁国的加入可以在该条约生效之前或生效之后进行

[释疑] 除条约本身规定允许的保留之外,对保留国的保留,其他国家可以选择接受或者拒绝接受,故A选项错误。即使是已经生效的条约,仍然有新加入的国家在加入时提出保留的情况,故B选项表述错误。国家在条约对自己生效的时候提出的保留才是有效的保留,在条约对自己生效后不能再行提出保留,故C选项错误。加入可以在条约生效之前或生效之后进行,故答案为D选项。(答案:D)

3. 甲国倡议并一直参与某多边国际公约的制定,甲国总统与其他各国代表一道签署了该公约的最后文本。根据该公约的规定,只有在2/3以上签字国经其国内程序予以批准并向公约保存国交存批准书后,该公约才生效。但甲国议会经过辩论,拒绝批准该公约。根据国际法的有关规则,下列哪一项判断是正确的?(2005年真题,单选)

A. 甲国议会的做法违反国际法
B. 甲国政府如果不能交存批准书,将会导致其国际法上的国家责任
C. 甲国签署了该公约,所以公约在国际法上已经对甲国产生了条约的拘束力
D. 由于甲国拒绝批准该公约,即使该公约本身在国际法上生效,其对甲国也不产生条约的拘束力

[释疑] 签署是指有权签署的人将其姓名签于条约约文之下。签署首先具有对约文认证的作用,是约文认证的一种方式。另外,根据条约本身的规定或有关各方的约定,签署在不同情况下可以有不同的法律意义:(1)如经条约规定或有关方约定,签署意味着签字国同意受条约的约束,那么此时的签署具有认证和接受约束的双重意义。(2)对规定或约定需要批准的条约,签署除对约文的认证外,还含有签署者代表的国家初步同意缔结该条约的意思,虽然该条约对于该国尚无法律拘束力,但该国签署之后不应作出有损条约目的和宗旨的行动。若签署国嗣后不予批准,则该签署只有认证的作用。本题中,所涉公约已经约定必须有2/3以上签字国经国内程序批准并向公约保存国交存批准书,该公约才生效,在这种情形下,甲国总统

的签署只具有认证的效力,而没有批准的效力,该公约不对甲国发生效力。故 D 选项正确。(答案:D)

三、提示与预测

对于条约的缔结程序,应区别条约的草签、签署、批准、接受等行为的法律效果。

考点 3 条约的生效

条约的生效是指一个条约在法律上成立,各当事国受该条约的拘束。条约生效的日期和方式一般依照条约的规定,或依照各谈判国的约定。

1. 双边条约生效的日期和方式通常有:
(1) 条约经签署后生效;
(2) 经批准通知或交换批准书后生效;
(3) 交存批准书或加入书后生效;
(4) 条约规定于一定的日期生效。

2. 多边条约生效的日期和方式通常有:
(1) 规定一定数目的国家交存批准书或在交存一定数目的批准书和加入书后经一定时间生效;
(2) 规定在所要求的一定数目的国家中必须包括若干具备一定条件的国家批准,才能生效。

考点 4 条约对第三国的效力

一、精讲

条约未经第三国同意对第三国既不创设义务,亦不创设权利。如果一个条约有意为第三国创设一项义务,必须经第三国以书面形式明示接受,才能对第三国产生义务,且条约使第三国担负义务时,该项义务一般必须经条约各当事国与该第三国的同意方得取消或变更。一个条约有意为第三国创设一项权利时,原则上仍应得到第三国的同意。但是,如果第三国没有相反的表示,应推断其同意接受这项权利,不必须以书面形式明示接受。条约使第三国享有权利时,如果经确定原意为非经该第三国同意不得取消或变更该项权利,当事国不得随意取消或变更。

二、例题

嘉易河是穿越甲、乙、丙三国的一条跨国河流。1982 年甲、乙两国订立条约,对嘉易河的航行事项作出了规定。其中特别规定给予非该河流沿岸国的丁国船舶在嘉易河中航行的权利,且规定该项权利非经丁国同意不得取消。事后,丙国向甲、乙、丁三国发出照会,表示接受该条约中给予丁国在嘉易河航行权的规定。甲、乙、丙、丁四国都是《维也纳条约法公约》的缔约国。对此,下列哪项判断是正确的?(2006 年真题,单选)
A. 甲、乙两国可以随时通过修改条约的方式取消给予丁国的上述权利
B. 丙国可以随时以照会的方式,取消其承担的上述义务
C. 丁国不得拒绝接受上述权利

D. 丁国如果没有相反的表示,可以被推定为接受了上述权利

[释疑] 本题中,甲、乙两国订立的条约规定给予非该河流沿岸国的丁国船舶在嘉易河中航行的权利,且规定该项权利非经丁国同意不得取消,则甲、乙两国不可以通过修改条约的方式取消给予丁国的上述权利,故 A 选项错误。丙国既然已经分别照会甲、乙、丁三国接受该条约,则其依据该条约所承担的义务,也不能单方面取消,故 B 选项错误。丁国作为条约的第三国,可以拒绝接受条约赋予的权利,但如果不作相反表示,则可以推定其已经接受。故 C 选项错误,而 D 选项正确。(答案:D)

三、提示与预测

条约对第三国的效力属于重要考点,需要熟练掌握。

考点 5　条约的冲突

一、精讲

条约冲突指一国就同一事项先后参加的两个或几个条约的规定相互冲突。解决条约的冲突一般采取以下方法:

(1) 适用条约本身关于解决条约冲突的规定。例如,《联合国宪章》规定,宪章规定的会员国的义务和会员国根据其他条约所负的义务有冲突时,宪章规定的义务居优先地位。

(2) 先后就同一事项签订的两个条约的当事国完全相同时,无论是双边条约还是多边条约,一般适用后约优于先约的原则。

(3) 如果先订条约的全体当事国也是后订条约的当事国,而先订条约只在其规定与后订条约的规定相容的范围内适用。

(4) 后订条约的当事国并不包括先订条约的全体当事国时,在同为该两条约的当事国之间,先订条约如果不终止或暂停施行,先订条约只在其规定与后订条约规定的相容的范围内适用;在同为两条约当事国与仅是其中一个条约的当事国之间,权利和义务依两国都是当事国的那个条约规定。

(5) 条约冲突时的效力图示:

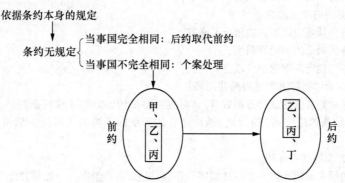

说明:上图中乙、丙之间适用后约;乙、丁和丙、丁之间适用后约;甲、乙和甲、丙之间适用前约。

二、例题

甲、乙、丙三国为某投资公约的缔约国,甲国在参加该公约时提出了保留,乙国接受该保留,丙国反对该保留,后乙、丙、丁三国又签订了涉及同样事宜的新投资公约。根据《维也纳条约法公约》,下列哪些选项是正确的?(2014年真题,多选)

A. 因乙丙丁三国签订了新公约,导致甲乙丙三国原公约失效
B. 乙丙两国之间应适用新公约
C. 甲乙两国之间应适用保留修改后的原公约
D. 尽管丙国反对甲国在原公约中的保留,甲丙两国之间并不因此而不发生条约关系

[释疑] 新约和旧约的当事国并不完全相同,因此不能认为新约出现就导致旧约失效,A选项错误。乙、丙两国均为新约和旧约的当事国,故它们之间应适用新约,B选项正确。甲国提出的保留被乙国接受,故甲、乙两国之间应适用保留修改后的原条约,故C选项正确。丙国反对甲国的保留,但并未反对条约在两国之间生效,因此,两国之间条约有效,但保留所涉条款的内容视为在两国之间不存在,故D选项正确。(答案:BCD)

三、提示与预测

条约的冲突之处理既是难点也是重点,应注意区分先约与后约的当事国是否完全相同而引起的不同解决办法。

考点 6 条约的终止和暂停施行

一、精讲

条约的终止是指条约由于期满或由于其他原因的发生而导致该条约对其缔约方失去法律效力。条约的暂停实施是指由于某种原因的出现导致一个有效条约暂时不能施行,该条约的规定暂时对于当事方不具有拘束力,如果该种停止原因消失,该条约的效力还可依一定程序得到恢复。条约终止和暂停实施的原因如下:

1. 根据条约本身的规定

条约根据其规定而终止的情况通常有:

(1) 条约规定的有效期届满;
(2) 条约规定的解除条件成立。

2. 条约全体当事方嗣后协商共同同意

条约是缔约各方达成合意而签订,自然也可由缔约各方的一致同意而终止或暂停施行。根据《维也纳条约法公约》的规定,条约经全体当事国于协商表示同意后可以终止或暂停施行。

3. 单方面退约或解约

除条约明文规定允许一方退约或解约外,原则上,条约当事方不能单方面退出条约。1969年《维也纳条约法公约》第56条规定,条约如果无关于其终止、解除或退出之规定,除有下列两种情形之一外,不得解约或退出:

(1) 经确定该条约各当事国的原意容许解约或终止的可能性;

（2）从该条约的性质可以认为隐含解约或退约的权利。

在这两种情形下退约，缔约方至迟应在 12 个月以前将退约或废约的意思通知其他当事方。

4. 条约履行完毕而终止

有些条约的目的在于执行一定的具体义务或事项，如该义务或事项履行完毕，则条约即告失效。例如，关于两国之间贸易的年度协定。

5. 条约被代替而终止

当某条约的全体当事方嗣后又就同一事项缔结新约时，新约或明确规定终止前订条约，或虽未作此种明确规定，但新约与前订条约之规定不合之程度使两者不能同时适用时，则前订条约被后订条约代替而终止。

6. 条约嗣后履行不可能

条约缔结后，可能因执行条约必不可少的对象永久消灭或被毁，致使条约无法执行。1969 年《维也纳条约法公约》第 61 条规定，如果因实施条约所必不可少的标的物永久消失或毁坏，以致不可能履行条约时，当事方可以此为理由终止或退出条约。但是，如果条约的无法执行是由一当事方违反条约引起的，或违反其他任何国际法义务所引起的，则该当事方无权援引此项终止条约的理由。如果履行不能属于暂时性的，则当事国只能暂停条约的实施。

7. 条约因当事方丧失国际人格而终止

当一国分裂为数国或并入其他国家而丧失其国际人格时，或作为双边条约的当事方的国际组织解散而不复存在时，它们所缔结的双边条约即行终止。

8. 条约因缔约方断绝外交和领事关系而终止

根据 1969 年《维也纳条约法公约》第 63 条的规定，缔约方之间外交和领事关系的断绝并不影响彼此间由条约确定的法律关系，但在外交或领事关系的存在是适用该条约所必要的前提条件的情况下，不在此限。

9. 战争

战争的爆发通常会导致交战国间外交和领事关系的断绝。交战国之间以维持共同政治行动或友好关系为目的的条约，如同盟条约、和平友好条约、互助条约等立即失效，一些政治、经济性条约如引渡条约、商务条约等通常也暂停实施，但有关战争法规的条约和一些普遍性的国际多边公约并不因战争的发生而失效，除非该种条约中有明确的相反的规定。

10. 缔约另一方违约

国际法的理论与实践都肯定，一缔约方在缔约他方违反条约义务时，有权宣布废除条约。1969 年《维也纳条约法公约》第 60 条规定，缔约方在缔约他方有重大违约行为时有权终止条约。重大违约是指：

（1）废弃条约，而此种废弃非公约所准许；

（2）违反条约规定，而此项规定是实现该条约目的或宗旨所必要的。

通常，双边条约当事方之一重大违约时，他方有权终止该条约，或全部或部分停止其施行；多边条约当事国一方有重大违约时，其他当事方有权以一致同意，在这些当事方与违约方的关系上，或在全体条约当事方之间，全部或部分停止施行或终止该条约。

11. 因情势变迁而终止

情势变迁是一个在条约法上引起过很多争论的古老原则。它是指缔结条约时存在一个假设即以缔约国在缔约时所能预见到的情况不发生根本性的变化为条约有效的前提,一旦情势发生根本变化,缔约国便有权终止条约。这项原则被认为是对"约定必须遵守"原则的必要补充。1969年《维也纳条约法公约》鉴于情势变迁原则有极易被滥用的可能,对把这一原则作为终止或退出条约的理由作了比较严格的限制。即:

(1) 发生情势变迁的时间必须是在缔约之后;
(2) 情势变迁的程度必须是根本性的;
(3) 情势变迁的情势必须是当事方缔约时所未预见的;
(4) 情势变迁的结果必须是丧失了当事方当初同意接受该条约拘束的必要基础或基本前提;
(5) 情势变迁的影响必须是将根本改变依据该条约尚待履行义务的程度或范围;
(6) 情势变迁的原因必须不是出于该当事方本身的违约行为;
(7) 情势变迁原则适用的对象必须不是边界条约或条款。

只有在满足上述条件时,才可以援引情势变迁这一原则以主张退出或终止条约。1926年,中国政府就曾援引情势变迁原则,以当时中国的政治、经济情况发生变化为理由,主张废除《中比友好通商航海条约》,后来中比政府于1928年通过谈判缔结了新的条约,有条件地废止了比利时在华的领事裁判权。

此外,条约还可能因与嗣后出现的强行法规则相冲突而终止。1969年《维也纳条约法公约》第64条规定,如果条约在缔结时与当时存在的一般国际法强行规则并不冲突,但却与后来出现的新的强行法规则相抵触,则该条约在与之相抵触的新的强行法规则生效时起成为无效并终止。

二、例题

1. 甲、乙两国1990年建立大使级外交关系,并缔结了双边的《外交特权豁免议定书》。2007年两国交恶,甲国先宣布将其驻乙国的外交代表机构由大使馆降为代办处,乙国遂宣布断绝与甲国的外交关系。之后,双方分别撤走了各自驻对方的使馆人员。对此,下列哪一选项是正确的?(2008年真题,单选)

A. 甲国的行为违反国际法,应承担国家责任
B. 乙国的行为违反国际法,应承担国家责任
C. 上述《外交特权豁免议定书》终止执行
D. 甲国可以查封没收乙国使馆在甲国的财产

[释疑] 甲、乙两国建立大使级外交关系后,两国的外交关系出现裂痕,甲国先宣布将其驻乙国的外交代表机构由大使馆降为代办处的做法并不违反国际法,而乙国在此情况下断绝与甲国的外交关系,亦是国际法并不禁止的行为,甲、乙两国均无须就此承担国家责任。即便两国断绝外交关系,使馆馆舍及其财产依然享有不受侵犯权。双方所缔结的双边条约《外交特权豁免议定书》是以存在外交关系为前提的,既然已经断绝外交关系,则该条约归于终止,因此C选项正确。(答案:C)

2. 菲德罗河是一条依次流经甲、乙、丙、丁四国的多国河流。1966年,甲、乙、丙、丁四国就该河流的航行事项缔结条约,规定缔约国船舶可以在四国境内的该河流中通航。2005年年底,甲国新当选的政府宣布:因乙国政府未能按照条约的规定按时维修其境内航道标志,所以

甲国不再受上述条约的拘束，任何外国船舶进入甲国境内的菲德罗河段，均须得到甲国政府的专门批准。自2006年起，甲国开始拦截和驱逐未经其批准而驶入甲国河段的乙、丙、丁国船舶，并发生多起扣船事件。对此，根据国际法的有关规则，下列表述正确的是：(2008年真题，不定选)

A. 由于乙国未能履行条约义务，因此，甲国有权终止该条约
B. 若乙、丙、丁三国一致同意，可以终止该三国与甲国间的该条约关系
C. 若乙、丙、丁三国一致同意，可以终止该条约
D. 甲、乙两国应分别就其上述未履行义务的行为，承担同等的国家责任

[释疑] 条约是经过全体缔约国一致同意而缔结的，在条约有效期内，各缔约国负有忠实履行条约的义务。除条约明文规定允许一方退约或解约外，一般不经其他缔约国的同意，不得单方面终止或退出条约。1969年《维也纳条约法公约》规定，因一方违约，缔约他方有权终止或暂停施行该条约，但条约当事国一方的违约必须是重大的违约，包括：(1) 条约当事国一方非法片面终止条约；(2) 违反条约规定，且这项规定是实现条约目的和宗旨所必要的。一方并不严重的违约不能导致另一方的废约。双边条约当事方之一重大违约时，他方有权终止该条约，或全部或部分停止其施行；多边条约当事国一方有重大违约时，其他当事方有权以一致同意，在这些当事方与违约方的关系上或在全体条约当事方之间，全部或部分停止施行或终止该条约。

本题中，甲、乙、丙、丁四国共同参加了涉及该四个国家的多国河流的条约，该条约规定缔约国船舶可以在四国境内的该河流中通航。后来发生"乙国政府未能按照条约的规定按时维修其境内航道标志"的情形，该情形并不至于使得在该河流中的航行无法继续，显然就该条约而言，这一情形构成乙国政府的一般违约而非重大违约，因而甲国并不能以此为理由终止该条约，A选项错误。甲国执意单方终止该条约，构成对该条约的重大违约，其他当事方乙、丙、丁国有权以一致同意，在这些当事方与违约方甲国的关系上，或在全体条约当事方之间，全部或部分停止施行或终止该条约。故B、C选项正确。由于乙国属于一般违约，甲国属于重大违约，二者应承担的责任也应当有所不同，所以D选项错误。(答案：BC)

三、提示与预测

应注意了解导致条约终止或暂停实施的原因。条约法的很多规则都与合同法相似，可以类比理解和记忆。由于条约是国际法最主要的渊源之一，条约法原则上是必考的考点。因此，应掌握好条约法主要的理论和规则。

考点 7 中国缔结条约程序法

一、精讲

《中华人民共和国缔结条约程序法》(以下简称《缔结条约程序法》)于1990年12月通过，该法主要规范中国同外国缔结的双边和多边条约、协定和其他具有条约、协定性质的文件的缔结程序。其主要内容如下：

1. 缔约权限及缔约事务之管理

《缔结条约程序法》第3条规定：中华人民共和国国务院，即中央人民政府，同外国缔结条约和协定。中华人民共和国全国人民代表大会常务委员会决定同外国缔结的条约和重要协定

的批准和废除。中华人民共和国主席根据全国人民代表大会常务委员会的决定，批准和废除同外国缔结的条约和重要协定。中华人民共和国外交部在国务院领导下管理同外国缔结条约和协定的具体事务。

2. 参与谈判时无须出示全权证书的人员范围

下列人员谈判、签署条约、协定，无须出具全权证书：

（1）国务院总理、外交部长；

（2）谈判、签署与驻在国缔结条约、协定的中华人民共和国驻该国使馆馆长，但是各方另有约定的除外；

（3）谈判、签署以本部门名义缔结协定的中华人民共和国政府部门首长，但是各方另有约定的除外；

（4）中华人民共和国派往国际会议或者派驻国际组织，并在该会议或者该组织内参加条约、协定谈判的代表，但是该会议另有约定或者该组织章程另有规定的除外。

3. 条约和重要协定之批准与公布

《缔结条约程序法》第7条第1款规定：条约和重要协定的批准由全国人民代表大会常务委员会决定。第7条第2款明确规定："条约和重要协定"是指："（一）友好合作条约、和平条约等政治性条约；（二）有关领土和划定边界的条约、协定；（三）有关司法协助、引渡的条约、协定；（四）同中华人民共和国法律有不同规定的条约、协定；（五）缔约各方议定须经批准的条约、协定；（六）其他须经批准的条约、协定。"

在批准程序方面，条约和重要协定签署后，由外交部或者国务院有关部门会同外交部，报请国务院审核；由国务院提请全国人民代表大会常务委员会决定批准；中华人民共和国主席根据全国人民代表大会常务委员会的决定予以批准。

双边条约和重要协定经批准后，由外交部办理与缔约另一方互换批准书的手续；多边条约和重要协定经批准后，由外交部办理向条约、协定的保存国或者国际组织交存批准书的手续。批准书由中华人民共和国主席签署，外交部长副署。

在已参加的条约的公布办法方面，《缔结条约程序法》第15条规定："经全国人民代表大会常务委员会决定批准或者加入的条约和重要协定，由全国人民代表大会常务委员会公报公布。其他条约、协定的公布办法由国务院规定。"

4. 加入和接受多边条约

加入多边条约和协定，分别由全国人民代表大会常务委员会或者国务院决定。接受多边条约和协定，由国务院决定。

5. 条约的保存

以国家或者政府名义缔结的双边条约、协定的签字正本，以及经条约、协定的保存国或者国际组织核证无误的多边条约、协定的副本，由外交部保存；以中国政府部门名义缔结的双边协定的签字正本，由本部门保存。

6. 条约和协定在联合国的登记

《缔结条约程序法》第17条规定：中华人民共和国缔结的条约和协定由外交部按照联合国宪章的有关规定向联合国秘书处登记。中华人民共和国缔结的条约和协定需要向其他国际组织登记的，由外交部或者国务院有关部门按照各该国际组织章程的规定办理。

二、例题

1. 依据《中华人民共和国缔结条约程序法》及中国相关法律,下列哪些选项是正确的?(2015年真题,多选)

    A. 国务院总理与外交部长参加条约谈判,无需出具全权证书

    B. 由于中国已签署《联合国国家及其财产管辖豁免公约》,该公约对我国具有拘束力

    C. 中国缔结或参加的国际条约与中国国内法有冲突的,均优先适用国际条约

    D. 经全国人大常委会决定批准或加入的条约和重要协定,由全国人大常委会公报公布

    [释疑] 依据《缔结条约程序法》第6条的规定,国务院总理与外交部长参加条约谈判,无须出具全权证书,故A选项正确。《联合国国家及其财产管辖豁免公约》本身并未生效,仅仅签署该公约并不导致其对我国产生拘束力,故B选项错误。中国缔结或参加的民商事领域的国际条约与中国国内法有冲突的,优先适用国际条约,但知识产权的条约中国已经转化或者需要转化为国内法的除外,故C选项错误。《缔结条约程序法》第15条规定:"经全国人民代表大会常务委员会决定批准或者加入的条约和重要协定,由全国人民代表大会常务委员会公报公布。其他条约、协定的公布办法由国务院规定。"故D选项亦正确。(答案:AD)

2. 根据《维也纳条约法公约》和《中华人民共和国缔结条约程序法》,关于中国缔约程序问题,下列哪些表述是正确的?(2013年真题,多选)

    A. 中国外交部长参加条约谈判,无须出具全权证书

    B. 中国谈判代表对某条约作出待核准的签署,即表明中国表示同意受条约约束

    C. 有关引渡的条约由全国人大常委会决定批准,批准书由国家主席签署

    D. 接受多边条约和协定,由国务院决定,接受书由外交部长签署

    [释疑] 中国谈判代表对某条约作出待核准的签署,则该签署并不表明中国表示同意受条约约束,B选项错误。(答案:ACD)

3. 中国参与某项民商事司法协助多边条约的谈判并签署了该条约,下列哪些表述是正确的?(2012年真题,多选)

    A. 中国签署该条约后有义务批准该条约

    B. 该条约须由全国人大常委会决定批准

    C. 对该条约规定禁止保留的条款,中国在批准时不得保留

    D. 如该条约获得批准,对于该条约与国内法有不同规定的部分,在中国国内可以直接适用,但中国声明保留的条款除外

    [释疑] 签署条约后可以批准,也可以不批准,故A选项错误。条约需经全国人大常委会决定批准,条约禁止保留的条款自然不能保留,我国参加民商事条约在国内直接适用,但保留的条款除外,故B、C、D选项正确。(答案:BCD)

4. 中国拟与甲国就有关贸易条约进行谈判。根据我国相关法律规定,下列哪一选项是正确的?(2010年真题,单选)

    A. 除另有约定,中国驻甲国大使参加该条约谈判,无须出具全权证书

    B. 中国驻甲国大使必须有外交部长签署的全权证书方可参与谈判

    C. 该条约在任何条件下均只能以中国和甲国两国的官方文字作准

D. 该条约在缔结后应由中国驻甲国大使向联合国秘书处登记

[释疑] 大使作为使馆馆长,在与驻在国谈判时不必出示全权证书,故 A 选项正确、B 选项错误。条约的约文采用何种文字,以缔约国协商为准,故 C 选项错误。关于 D 选项,一方面,《维也纳条约法公约》并未规定应由条约的哪一方向联合国秘书处登记条约,究竟由哪一方缔约国到联合国登记可以依据缔约国的约定进行;另一方面,我国《缔结条约程序法》第 17 条规定,条约应由外交部到联合国登记,故 D 选项中"应由中国驻甲国大使向联合国秘书处登记"的表述错误。(答案:A)

三、提示与预测

我国每年都参与谈判、签订大量的国际条约,对于《缔结条约程序法》有关条约和重要协定之批准、登记等程序的规定,应予掌握。

第八章 国际争端的和平解决

本章知识体系:

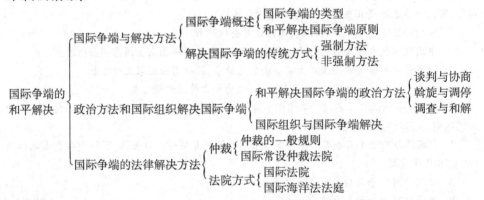

考点 1 反报和报复

一、精讲

反报是指一国对某国不礼貌、不友好或不公正但不违反国际法的行为,采取同样或类似的但不违反国际法的行为予以回应。反报的目的是迫使对方改变其不礼貌、不友好或不正的行为,只要对方改变了这些行为,反报即应停止。

报复是指一国对另一国的国际不法行为采取相应的强制措施,例如停止执行某些条约、实行贸易禁运、冻结对方财产等。报复所针对的是一种国际不法行为,报复的手段,传统国际法并没有加以限制。现代国际法虽然没有禁止报复,但报复的手段必须是国际法所许可的,而且,报复应符合必要性原则和相称性原则,即采取报复措施确有必要,而且报复所引起的后果与被报复行为所引起的后果应该是基本相称的。报复的目的是迫使对方停止其不法行为,一且对方停止了该不法行为,报复即应停止。

二、提示与预测

注意区别反报和报复的不同,二者在国际实践中经常被使用。

考点 2 和平解决国际争端的政治方法

一、精讲

和平解决国际争端的政治方法一般均不具有法律拘束力,实践中通常包括以下几种:

1. 谈判与协商
2. 斡旋与调停

(1) 斡旋是指在争端当事国之间存在国际争端的情况下,争端当事方以外的第三方进行干预,促使当事国开始或重新开始谈判以解决争端,但自己不参与谈判的方法。调停则是指在争端当事国之间存在国际争端的情况下,争端当事方以外的第三方不仅促使当事国开始或重新开始谈判,而且直接介入谈判并提出解决争端的建议的方法。

(2) 斡旋和调停既可以由第三方出于善意主动进行,也可以基于争端当事国一方或各方邀请而进行。斡旋或调停者可以是国家、组织或个人,斡旋或调停者提出的建议对当事国均无法律拘束力,斡旋或调停者对于斡旋或调停的成败也不承担任何法律义务或后果。

3. 调查与和解

(1) 调查是指在争端当事国因事实不清或对事实存在争议的情况下,当事方通过协议成立国际调查委员会,由调查委员会负责查明事实,向各当事国提交调查结果报告,但调查结果报告只限于陈述已查明的事实,对争端当事国没有法律拘束力。

(2) 和解是比调查进一步的解决方法。和解是在争端当事国因事实不清或对事实存在争议的情况下,当事方通过协议成立国际和解委员会,和解委员会不仅负责查明事实,还负责基于所查明的事实提出解决争端的建议,该建议可包含实质内容,但只具有道义上的拘束力而没有法律拘束力。

二、例题

根据国际法相关规则,关于国际争端解决方式,下列哪些表述是正确的?(2011年真题,单选)

A. 甲、乙两国就界河使用发生纠纷,丙国为支持甲国可出面进行武装干涉

B. 甲、乙两国发生边界争端,丙国总统可出面进行调停

C. 甲、乙两国可书面协议将两国的专属经济区争端提交联合国国际法院,国际法院对此争端拥有管辖权

D. 国际法院可就国际争端解决提出咨询意见,该意见具有法律拘束力

[释疑] 武力解决国际争端已为现代国际法所禁止,属于非法方式,A 选项错误。斡旋和调停属于和平解决国际争端的方式,B 选项正确。缔约各方在现行条约或协定中规定,各方同意将有关争端提交国际法院解决属于国际法院对事的管辖权中的协定管辖,C 选项正确。国际法院的咨询意见不具有法律约束力,D 选项错误。(答案:BC)

三、提示与预测

重点注意区别斡旋与调停的不同,分清其各自的法律意义。

考点 3 国际争端的法院解决方式

一、精讲

1. 国际法院

国际法院由 15 名法官组成。15 人中不得有两人为同一国家的国民。法官在联合国大会和安理会中分别独立进行选举,只有在这两个机关同时都获得绝对多数票方可当选。安理会常任理事国对法官选举没有否决权。法官任期 9 年,可以连选连任。国际法院的法官是专职的,法官对涉及本国的案件,不适用回避制度,除非其就任法官前曾参与过该案件。在法院受理的案件中,如一方当事国有本国国籍的法官,则他方当事国也有权选派一人作为法官,参与该案的审理,如双方当事国都没有本国国籍的法官,则双方都可选派法官一人参与该案的审理,这种临时选派的法官称为"专案法官"或"特别法官",他们在参与该案件的审理过程中同其他法官具有完全平等的地位。

2. 国际法院的诉讼管辖权和咨询管辖权

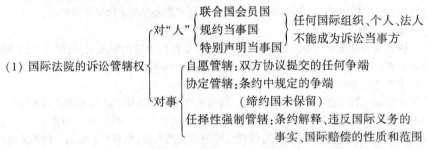

(2) 国际法院的咨询管辖权。联合国大会及大会临时委员会、安理会、经社理事会、托管理事会、要求复核行政法庭所作判决的申请委员会以及经大会授权的联合国专门机构或其他机构,可以就执行其职务中的任何法律问题请求国际法院发表咨询意见。国际法院作出的咨询意见虽然没有法律拘束力,但具有重要的影响。

3. 国际法院的诉讼程序

包括起诉、书面程序和口头程序、附带程序(或称特别程序,由法院在特定情况下采用。包括初步反对主张、临时保全、参加或共同诉讼、中止诉讼等)。

4. 国际法院的判决

国际法院的判决是终局性的。判决一经作出,即对本案及本案当事国产生拘束力,当事国必须履行。如有一方拒不履行判决,他方得向安理会提出申诉,安理会可以作出有关建议或决定采取措施执行判决。

5. 国际海洋法法庭

国际海洋法法庭根据《联合国海洋法公约》设立,法庭由 21 名法官组成。关于法庭的对人管辖范围,根据公约规定,海洋法法庭的诉讼当事人可以是:(1) 公约所有缔约国;(2) 管理局和作为勘探和开发海底矿物资源合同人的自然人或法人;(3) 规定将管辖权授予海洋法法庭的任何其他协定的当事者。国际海洋法法庭对当事方经协议向其提交的一切争端或申请,以及将管辖权授予法庭的任何其他国际协定中具体规定的一切申请有管辖权。

二、例题

1. 关于国际法院,依《国际法院规约》,下列哪一选项是正确的?(2016年真题,单选)
A. 安理会常任理事国对法官选举拥有一票否决权
B. 国际法院是联合国的司法机关,有诉讼管辖和咨询管辖两项职权
C. 联合国秘书长可就执行其职务中的任何法律问题请求国际法院发表咨询意见
D. 国际法院做出判决后,如当事国不服,可向联合国大会上诉

[释疑] 本题考点为国际法院的制度。国际法院的法官须经联合国大会和安理会双重选举,但在大会表决时属于一般问题而非重要问题,在安理会表决时不属于实质性事项,故 A 选项错误。国际法院的管辖权包括诉讼管辖权和咨询管辖权,故 B 选项正确。联合国大会、大会的临时委员会、经社理事会、安全理事会、托管理事会及联合国大会授权的专门机构可请求发表咨询意见,任何个人、联合国秘书长、国家及其他组织无权请求国际法院发表咨询意见,故 C 选项错误。国际法院实行一审终审,无上诉程序。败诉方不履行的,胜诉方可以向联合国安理会申诉。故 D 选项错误。(答案:B)

2. 甲、乙两国就海洋的划界一直存在争端,甲国在签署《联合国海洋法公约》时以书面声明选择了海洋法法庭的管辖权,乙国在加入公约时没有此项选择管辖的声明,但希望争端通过多种途径解决。根据相关国际法规则,下列选项正确的是:(2014年真题,不定选)
A. 海洋法法庭的设立不排除国际法院对海洋活动争端的管辖
B. 海洋法法庭因甲国单方选择管辖的声明而对该争端具有管辖权
C. 如甲、乙两国选择以协商解决争端,除特别约定,两国一般没有达成有拘束力的协议的义务
D. 如丙国成为双方争端的调停国,则应对调停的失败承担法律后果

[释疑] 国际海洋法法庭和国际法院都有权受理海洋纠纷,故 A 选项正确。国际海洋法法庭受理案件,也以当事方双方都同意为前提,故 B 选项错误。协商解决并无强制性,协商当事方并无达成有拘束力协议的义务,故 C 选项正确。调停也不具有强制性,调停方提出的建议无拘束力,而且调停方也并无义务保证调停一定能够成功,故 D 选项错误。(答案:AC)

3. 关于联合国国际法院的表述,下列哪一选项是正确的?(2013年真题,单选)
A. 联合国常任理事国对国际法院法官的选举不具有否决权
B. 国际法院法官对涉及其国籍国的案件,不适用回避制度,即使其就任法官前曾参与该案件
C. 国际法院判决对案件当事国具有法律拘束力,构成国际法的渊源
D. 国际法院作出的咨询意见具有法律拘束力

[释疑] 国际法院的法官由安理会和联合国大会双重选举,在安理会国际法院法官的选举不属于实质性事项,因此常任理事国不享有否决权,故 A 选项正确。(答案:A)

三、提示与预测

在和平解决国际争端这一部分,国际法院是最重要的考点,应掌握其法官制度、诉讼管辖权制度和咨询管辖权制度。

第九章 战争与武装冲突法

本章知识体系：

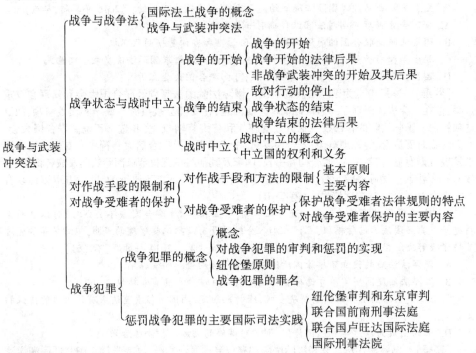

考点 1 战争法、战争状态、战时中立

一、精讲

1. 战争法的概念、特点和重要原则

调整交战国之间的关系和调整交战国与非交战国之间关系的规则的总体，就是国际法体系中的战争法。战争法包含两部分：一部分是调整交战国相互关系的规则，称为战争规则；另一部分是调整交战国与非交战国之间关系的规则，称为中立规则。战争法本来只适用于战争，用以限制作战手段和调整战争时期交战国之间和交战国与非交战国之间的关系。但是随着战争法的发展，战争法中的重要原则和规则也扩大适用于国际性和非国际性的武装冲突。

从大量的战争法条约中可以看到现代战争法上存在下列几个普遍接受的重要原则：

（1）遵守国际法义务原则。任何交战国都必须遵守战争法条约上规定的国际法义务。作战行为必须恪守战争法规，"军事必要"和"条约无规定"均不能作为免除其义务之理由。

（2）区别待遇原则。在战争中，对平民与武装部队、战斗员与非战斗员、战斗员与战争受难者应加以区别对待。

(3) 人道主义原则。战争中不仅应保护非战斗员、战争受难者和平民,对战斗员亦应给予人道待遇。

(4) 遵守中立义务原则。交战国应保护中立国的利益,中立国应保持不偏不倚的中立立场。任何违反行为都构成违反中立义务的行为,行为者应对此承担国际责任。

2. 战争的开始及其法律后果

(1) 战争的开始。战争是一种法律状态,战争开始就是交战国之间的关系从和平状态向战争状态的转变。传统国际法认为战争必须以宣战的形式开始。宣战作为一项法律程序,它宣告了交战国之间的关系进入了战争状态,并可使中立国获悉战争状态的存在。但根据现代国际法,只要武装冲突的双方存在交战的意思,即可认为存在战争状态。

(2) 战争开始的法律后果:

① 外交与领事关系的断绝。

② 条约关系的变化。交战国间的条约关系因战争而发生重要变化:两国间的双边政治性条约立即废除,经济贸易条约失效或停止施行。但关于领土和边界的条约不能因战争而失效(除非该条约是导致战争的主要原因)。双方共同参加的多边条约中与战争冲突的条款在交战双方之间停止施行,但它们参加的有关战争和中立的条约却因战争的开始而自动发生作用。

③ 经济贸易关系的中断。交战国之间不论是政府间还是民间的经济贸易行为都因战争而中断。交战双方认为对方的国民及财产均带有敌性,私人间的商业关系受到严令禁止。

④ 交战国人民及其财产带有敌性。战争发生后,交战国认定对方的财产和人民带有敌性。交战国对占领区内的敌国军事性质的动产可以征用,不动产可以使用,但不得拥有、变卖等,军事性质的不动产必要时可加以破坏。交战国对于占领区内的敌国私人财产,原则上不得干涉和没收,但对于可供军事需要的私人财产可予以征用。

在交战国境内的敌国财产,如果是敌国国家财产(除使领馆外),则可以没收;交战国对于境内的敌国人民的私财,可以加以一定的限制(如禁止转移、冻结或征用)。敌国人民(包括自然人和法人)带有敌性,但一般允许他们在适当时期内离境。敌国之公司法人,如是国家公司,则视同敌国财产;如是私人公司,则视作敌国人民的私人财产。

对公海上的敌国商船及其所载货物,均可拿捕没收,但用于宗教、慈善、医疗和科学用途者除外,对于敌国航空器及其所载货物,也均可拿捕没收。中立国商船上敌国私产可用于战争者方可没收。

3. 战时中立

(1) 战时中立的概念。战争时期,非交战国不参加战争的任何一方,保持不偏不倚的法律地位,此地位即为战时中立。任何非交战国都有权在交战各国之间宣布中立,不卷入战争的任何一方,这是它的自主权利,除非受条约义务约束。任何非交战国都没有义务保持中立,除非受条约义务约束。中立地位可以明示表示(如发表声明),也可以默示表示(如事实上遵守中立),一经表示中立,在交战国和中立国之间就开始适用中立法。战时中立与永久中立是两个不同的概念。战时中立也与和平时期的中立政策或中立主义不同,前者是一种法律地位,后者只是和平时期某些国家所奉行的政策,这种中立政策没有产生法律权利和义务。

(2) 战时中立制度。在战争时期,中立国和交战国都承担着不作为、防止和容忍三种义务。

不作为就是自我制约,不从事或介入交战任何一方的行为。中立国不得直接或间接帮助交战国的任何一方,不得提供军队、供给、担保贷款或向交战国提供避难场所。交战国不得在中立国领土从事战争行为,不得在中立国领水或领空进行敌对行为,也不得将中立国领水或领空作为作战基地或军队远征的出发点。防止就是防止违反中立义务的行为发生。容忍就是容忍对方加于自己造成一定损害的行为。中立国容忍交战国对其船舶临检和搜索,对其船上载运的战时禁制品加以拿捕、审判和处罚。交战国容忍中立国与他方交战国保持外交和商务关系,容忍中立国把其港口提供给他方交战国为临时庇护或维修船舶之用。

4. 战争的结束及其法律后果

战争状态的结束通常包含两方面内容:一是停止敌对行动;二是结束战争状态。

(1) 停止敌对行动。停止敌对行动具有临时性和过渡性,往往是为最终实现和平做准备。战争和武装冲突中的敌对行动可因下列三种情况而停止:

① 停火。停火只是交战过程的一种暂时性或局部性的行动。

② 停战。停战是双方通过协议实行的。停战可能是全面的,也可能是局部的,全面的停战也可能导致军事行动的长期结束。

③ 投降。投降是交战一方承认战败而要求停止战斗的行为。投降可能是全面的也可能是局部的。全面的投降会导致战争的结束,但投降包括无条件投降本身并不是战争在法律上的结束标志。

(2) 结束战争状态。战争状态的结束是交战国间一切战争行动的终止和与战争有关的一切政治、经济、领土及其他问题全面的和最终的解决。在法律上结束战争状态的方式通常有三种:

① 缔结和平条约。缔结和平条约,是结束战争状态的最通常和最正式的一种形式。和约一旦缔结和生效,意味着战争双方不得再相互攻击、征用或进行没收等类似行为。和约一般由交战各国(含战胜国和战败国)在和平会议或外交会议上签订,是结束战争的重要国际文件。

② 单方面宣布战争结束。一般是由战胜国单方面宣布的,如"二战"后,直到 1955 年 4 月 7 日,中华人民共和国主席发布结束中德之间战争状态的命令,中德之间的战争状态才在法律上正式结束。

③ 发表联合声明。由交战双方发表联合声明,宣布结束战争状态,如 1972 年 9 月 29 日宣布的中日关于结束两国战争状态,恢复正常和平关系的联合声明。

(3) 战争结束的法律后果。战争结束的法律后果主要表现在以下几个方面:

① 外交关系恢复。两国派遣外交代表,恢复正常的外交关系。

② 条约关系恢复。战争发生后,两国的政治条约已失效,经济条约已停止生效。战争结束后,政治性条约可能经重订而恢复效力,经济性条约可能恢复效力。原交战双方所参加的多边条约又重新对它们发生效力。同时,双方还可能在正常的外交关系上签订新的条约。

③ 国际交往全面恢复。战争时期,交战国间的政治、经济、文化、军事等联系已经中断了,随着战争状态的结束,这些关系又重新恢复。

二、例题

1. 甲、乙国发生战争,两国发表声明表示恪守战时中立义务。对此,下列哪一做法不符合战争法?(2012 年真题,单选)

A. 甲、乙战争开始后,除条约另有规定外,两国间商务条约停止效力

B. 甲、乙不得对其境内敌国人民的私产予以没收
C. 甲、乙交战期间,丙可与其任一方保持正常外交和商务关系
D. 甲、乙交战期间,丙同意甲通过自己的领土过境运输军用装备

[释疑] 战争开始后,交战国间的双边政治、经贸条约终止,故 A 选项表述正确。交战国对于本国境内的敌国私人财产,原则上不得予以没收,故 B 选项表述正确。中立国宣布中立后,就承担容忍、防止、回避等方面的义务。中立国可以与交战国任何一方保持正常关系,但不得向交战国任何一方提供军事援助或使用本国的领土为交战国提供军事便利,C 选项表述正确、D 选项错误。(答案:D)

2. 甲、乙两国由于边界纠纷引发武装冲突,进而彼此宣布对方为敌国。目前乙国军队已突入甲国境内,占领了甲国边境的桑诺地区。根据与武装冲突相关的国际法规则,下列哪些选项符合国际法?(2008 年真题,多选)

A. 甲国对位于其境内的乙国国家财产,包括属于乙国驻甲国使馆的财产,不可以没收
B. 甲国对位于其境内的乙国国民的私有财产,可以没收
C. 乙国对桑诺地区的甲国公民的私有财产,可以没收
D. 乙国强令位于其境内的甲国公民在规定时间内进行敌侨登记

[释疑] 甲、乙两国在宣战后进入战争状态,从而对有关财产的地位产生一定的影响。甲国对位于其境内的乙国国家财产,除属于乙国驻甲国使馆的财产外,是可以没收的。A 选项的表述不够严谨,使人难以判断出题人究竟是想说使馆财产不可没收,还是所有国家财产都不能没收。标准答案认为 A 选项正确,但按照 A 选项的字面意思,是说甲国对位于其境内的所有乙国国家财产均不可没收,而事实上,除使馆之外的财产是可以没收的,希望以后的真题尽量避免出现这种明显的语法错误。不论是对本国境内还是对占领区内的敌国私人财产,一般均不得没收。B、C 选项错误。对占领区内的敌国国民私人财产不应以任何方式加以干涉,但如为了军事目的,则可以对该财产进行征用。乙国强令位于其境内的甲国公民在规定时间内进行敌侨登记,属于战争法所允许的一种对占领区内对方国民的限制措施,故 D 选项正确。(答案:AD)

三、提示与预测

由于战争在国际实践中仍然时有出现,对于战争开始和结束的标志、战争状态出现和结束的法律后果应当掌握。

考点 2 国际法对作战手段的限制或禁止

一、精讲

现代国际法对作战方法和手段的限制或禁止主要表现为:
(1) 禁止使用极度残酷的武器。武器的作用是使对方的战斗员丧失战争力,如果超越这一程度而使受害者受到极度痛苦甚至不可避免地死亡,此武器即为"极度残酷的武器"。
(2) 禁止使用有毒、化学和细菌(生物)武器。
(3) 限制使用原子武器、氢武器和核武器。这些武器都具有大规模杀伤力,但目前国际法还未对核武器的禁止使用作出全面明确的规定。国际法院在 1996 年就"使用核武器是否合

法"发表的咨询意见认为,一般情况下,使用和威胁使用核武器是违反关于战争和武装冲突的国际法规则的,但是,国家于危及其生死存亡的关头进行自卫的情况下,使用或威胁使用核武器是否合法,法院不能作出明确的结论。

（4）禁止使用不分皂白的作战手段和作战方法。为了保证平民、居民的安全和民用物体的免受破坏,战争法规强调冲突各方无论何时均应遵守区别原则,在普通居民和战斗员之间、民用物体和军事目标之间加以区别,禁止使用波及平民的不分皂白的作战手段和作战方法。1907年《海牙第四公约》附件第25条规定："禁止轰击不设防城镇、住所和建筑物。"1977年《日内瓦四公约第一附加议定书》第51条规定："不分皂白的攻击"是指：① 不以特定军事目标为对象的攻击；② 使用不能以特定军事目标为对象的作战方法或手段；③ 使用其效果不能按照本议定书的要求加以限制的作战方法或手段；④ 以平民或民用物体集中的城镇、乡村作为军事目标进行攻击,附带使平民生命受损害的攻击,作为报复对平民进行攻击,均属于不分皂白的攻击。

（5）禁止使用改变环境的作战手段和方法。

二、提示与预测

由于国际时事和舆论时常关注战争问题,国际法对作战手段的限制或禁止这一考点的相应规则也值得关注。

考点 3 人道主义保护规则

一、精讲

在战争与武装冲突中,交战各方要严格遵守各种战争的规范、原则,而且要遵守关于人道主义的保护规则,限制作战手段和作战方法,减少战斗员的损害和痛苦,并对战俘、伤病员、非战斗员和平民采取一定的保护措施。它是以"日内瓦公约体系"为主要渊源的,这类保护规则被称为"国际人道法"或"国际人道主义法"。

1. 对平民的保护

平民在传统战争法中指位于交战国领土而不属于交战者的和平居民；广义的平民应泛指交战者之外的所有和平居民,包括占领地和占领地以外的平民。然而现有公约中保护平民的规定往往限于占领区内的平民,对占领区之外的平民保护缺乏关注。在战争与武装冲突中,敌对行动应针对武装部队和战斗员,禁止或限制使用波及平民的武器和作战方法。

2. 对战争受难者的保护

战争受难者指在战争或武装冲突中遭受伤害的交战的战斗员及其他正式随军服务的人员,主要指战俘和伤病员。战俘也称俘虏,指在战争或武装冲突中落于敌方权力之下的战斗员。对于战俘,除了个别在战争中有破坏战争法规的罪行者外,不能惩罚,不能虐待,更不能杀害,而应给以他们适当的人道主义待遇。伤病员指战争或武装冲突中的病患或负伤者。依公约规定,凡交战的战斗员及其他正式随军服务的人员受伤或生病时,收容他们,应不分国籍、性别、种族、宗教和政治主张,一律予以尊重、保护并治疗。

3. 对交战者的保护

交战者包括正规军、非正规武装部队、军使、侦察兵,但不包括雇佣兵和间谍。交战者在战争或武装冲突中具有合法的地位,受到战争法规的保护。

二、例题

1. 甲、乙两国因边境冲突引发战争,甲国军队俘获数十名乙国战俘。依《日内瓦公约》,关于战俘待遇,下列哪些选项是正确的?(2009年真题,多选)

A. 乙国战俘应保有其被俘时所享有的民事权利
B. 战事停止后甲国可依乙国战俘的情形决定遣返或关押
C. 甲国不得将乙国战俘扣为人质
D. 甲国为使本国某地区免受乙国军事攻击可在该地区安置乙国战俘

[释疑] 根据1949年《关于战俘待遇之日内瓦公约》和1977年《日内瓦四公约第一附加议定书》,战俘应保有其民事权利,除可用于作战的武器等,其他财产不得没收。不得将战俘扣为人质,也不得将战俘安置于其生命受威胁的不安全地带。战争结束后战俘应予以遣返。(答案:AC)

2. 国际人道法中的区分对象原则(区分军事与非军事目标,区分战斗员与平民)是一项已经确立的国际习惯法原则,也体现在1977年《日内瓦四公约第一附加议定书》中。甲、乙、丙三国中,甲国是该议定书的缔约国,乙国不是,丙国曾是该议定书的缔约国,后退出该议定书。根据国际法的有关原理和规则,下列哪些选项是错误的?(2007年真题,多选)

A. 该原则对甲国具有法律拘束力,但对乙国没有法律拘束力
B. 丙国退出该议定书后,该议定书对丙国不再具有法律拘束力
C. 丙国退出该议定书后,该原则对丙国不再具有法律拘束力
D. 该原则对于甲、乙、丙三国都具有法律拘束力

[释疑] 国际人道法中的区分对象原则既是1977年《日内瓦四公约第一附加议定书》规定的原则,又是国际习惯法规则,因此即使乙国没有参加该议定书,也应当遵守。因此A选项错误、D选项正确。1977年《日内瓦四公约第一附加议定书》本属于条约,丙国退出该条约,则该条约从整体上讲不再对丙国具有拘束力,但区分对象原则作为国际习惯法规则仍然对丙国具有拘束力,故B选项正确、C选项错误。因此,错误的选项当选A、C。

国际习惯法规则原则上对各国均具有拘束力,其对某国的拘束力不以某国是否参加收录了该原则的条约为前提。(答案:AC)

三、提示与预测

《日内瓦公约》规定了平民、交战者和战俘的地位和待遇,其宗旨均在于追求人道主义,反对无谓的杀戮和虐待。

考点 4 惩罚战争犯罪的主要国际司法实践

一、精讲

"二战"后的纽伦堡审判和东京审判及20世纪90年代设立的联合国前南刑事法庭和联合国卢旺达国际法庭乃至国际刑事法院的成立,是国际社会惩罚战争犯罪的主要实践。

1. 欧洲国际军事法庭的"纽伦堡审判"

"二战"后,盟国在德国纽伦堡设立欧洲国际军事法庭,设立依据是《关于控诉和惩处欧洲轴心国主要战犯的协定》,《欧洲国际军事法庭宪章》是该协定的附件。

2. 远东国际军事法庭的"东京审判"

盟国于"二战"后在亚洲的日本东京设立远东国际军事法庭,依据是《远东国际军事法庭宪章》。

3. 联合国前南刑事法庭

1991年以来,前南斯拉夫境内发生了"种族清洗"、蓄意杀人、强奸、大规模屠杀等严重违反国际人道主义法的情事,国际社会震惊之余,通过联合国安理会827号决议成立联合国前南刑事法庭,作为安理会一个具有司法性质的附属机关,以追究对发生上述人道主义灾难负有责任的人员。

4. 联合国卢旺达国际法庭

该法庭设立于1994年11月,其性质同前南刑事法庭一样,也是为追究在卢旺达国内武装冲突中犯有严重违反人道主义法的行为人的刑事责任,由安理会通过决议而设立。

5. 国际刑事法院

1998年7月,《国际刑事法院规约》于罗马通过(故亦称《罗马规约》),该规约于2002年7月生效。国际刑事法院于2002年7月正式成立,总部在荷兰的海牙。

国际刑事法院是一个常设的国际刑事司法机构,其管辖范围限于种族灭绝罪、侵略罪、战争罪、反人类罪等,其管辖的罪行限于规约生效后的行为。根据规约,国际刑事法院在符合下列情形之一时可行使管辖权:

(1)罪行所涉一方或多方是缔约国;

(2)被告人是缔约国国民;

(3)犯罪是在缔约国境内实施;

(4)《国际刑事法院规约》非缔约国决定接受法院对其境内实施的或由其国民实施的一项具体犯罪的管辖权。

二、提示与预测

对战争罪犯的惩治属于国际法的热点问题,应注意区分前南国际刑事法庭、卢旺达国际刑事法庭与国际刑事法院的异同。国际刑事法院知识尚未考过,更应关注。

国际私法

第一章 导 论

本章知识体系：

国际私法概述 { 国际私法的概念 / 国际私法的规范 / 国际私法的渊源

考点 1 国际私法的调整对象及其调整方法

一、精讲

国际私法是以直接规范和间接规范相结合来调整平等主体之间的国际民商事法律关系并解决国际民商事法律冲突的法律部门。

1. 国际私法的调整对象

国际私法的调整对象就是具有国际因素的民商事法律关系，或称国际民商事法律关系，或称涉外民事关系，或称国际私法关系。就一国而言，国际民商事法律关系可称为涉外民商事法律关系，即其主体、客体、内容这三个要素中至少有一项涉外的民商事法律关系。《民通意见》第178条第1款规定："凡民事关系的一方或者双方当事人是外国人、无国籍人、外国法人的；民事关系的标的物在外国领域内的；产生、变更或者消灭民事权利义务关系的法律事实发生在外国的，均为涉外民事关系。"

最高人民法院《关于适用〈中华人民共和国涉外民事关系法律适用法〉若干问题的解释（一）》第1条规定："民事关系具有下列情形之一的，人民法院可以认定为涉外民事关系：（一）当事人一方或双方是外国公民、外国法人或者其他组织、无国籍人；（二）当事人一方或双方的经常居所地在中华人民共和国领域外；（三）标的物在中华人民共和国领域外；（四）产生、变更或者消灭民事关系的法律事实发生在中华人民共和国领域外；（五）可以认定为涉外民事关系的其他情形。"

2. 国际私法的调整方法

国际私法调整国际民商事法律关系的方法有两种：间接调整方法和直接调整方法。

（1）间接调整方法。间接调整方法是指在有关的国内法或国际条约中规定某类国际民商事法律关系受何种法律调整或支配，而不直接规定如何调整国际民商事法律关系当事人之间的实体权利与义务关系的一种方法。例如冲突规范的调整方法。

（2）直接调整方法。直接调整方法就是用直接规定当事人权利与义务的"实体规范"来直接调整国际民商事法律关系当事人之间的权利与义务关系的一种方法。国内法、国际条约和国际惯例中均存在这种直接调整国际民商事法律关系的规范。例如，《联合国国际货物销售合同公约》和《跟单信用证统一惯例》就是直接规定当事人权利与义务的实体法规则和惯例规则。

二、例题

在涉外民事关系中,依《涉外民事关系法律适用法》和司法解释,关于当事人意思自治原则,下列表述中正确的是:(2013年真题,不定选)

A. 当事人选择的法律应与所争议的民事关系有实际联系

B. 当事人仅可在具有合同性质的涉外民事关系中选择法律

C. 在一审法庭辩论终结前,当事人有权协议选择或变更选择适用的法律

D. 各方当事人援引相同国家的法律且未提出法律适用异议的,法院可以认定当事人已经就涉外民事关系适用的法律作出了选择

[释疑] 根据最高人民法院《关于适用〈中华人民共和国涉外民事关系法律适用法〉若干问题的解释(一)》的规定,不要求当事人选择的法律与争议有实际联系,A 选项错误。根据《涉外民事关系法律适用法》等法律和司法解释,除合同外,在侵权行为、知识产权、夫妻财产关系、动产物权等许多领域,均允许当事人选择法律,故 B 选项错误。C、D 选项符合相关法律的规定。(答案:CD)

三、提示与预测

国际私法的调整对象是理解国际私法的基础,应掌握国际民商事关系的"三要素说",并了解在我国涉港澳台的民商事关系也比照涉外民事关系处理。

考点 2　国际私法的规范

一、精讲

国际私法应包括外国人的民商事法律地位规范、冲突规范、国际统一实体私法规范和国际民商事争议解决规范。

1. 外国人的民商事法律地位规范

外国人的民商事法律地位规范是确定外国的自然人、法人甚至外国国家和国际组织在内国民商事领域享有权利与承担义务的资格和状况的规范。

2. 冲突规范

冲突规范是指明某种国际民商事法律关系应适用何种法律的规范。例如,我国《民法通则》第 146 条第 1 款前半段规定,"侵权行为的损害赔偿,适用侵权行为地法律"。

3. 国际统一实体私法规范

国际统一实体私法规范是指国际条约和国际惯例中具体规定国际民商事法律关系当事人的实体权利与义务的规范。

4. 国际民商事争议解决的规范

国际民商事争议解决的规范主要指国际民事诉讼程序规范和国际商事仲裁规范,也包括解决国际民商事争议的其他规范,如和解和调解规范等。

二、提示与预测

注意国际私法与冲突规范是包含与被包含的关系,不能简单地把二者等同起来。

考点 3 国际私法的渊源

国际私法的渊源是指国际私法的表现形式,主要包括国内法渊源和国际法渊源两方面。

1. 国际私法的国内法渊源

国际私法的国内法渊源主要包括国内立法、国内判例等。值得注意的是,在我国,判例不是法律的渊源,当然也不是国际私法的渊源。另外,我国最高人民法院的司法解释,由于其对法院的审判活动具有约束力,实际上已成为我国法律的一种渊源。

2. 国际私法的国际法渊源

国际私法的国际法渊源包括国际条约和国际惯例两方面。

就国际条约而言,目前,我国已经加入了大量涉及外国人的法律地位、国际统一实体私法、国际民事诉讼程序和国际商事仲裁的国际公约,但尚未加入任何专门的冲突法国际公约。

就国际惯例而言,我国《民法通则》第142条第3款规定,中华人民共和国法律和中华人民共和国缔结或者参加的国际条约没有规定的,可以适用国际惯例。《民法通则》第150条还规定,适用外国法律或者国际惯例"不得违背中华人民共和国的社会公共利益",也就是说,不得违背我国的公共秩序。

第二章 国际私法的主体

本章知识体系:

国际私法的主体
- 自然人的国籍、住所(属人法的连结点)等的积极和消极冲突及其解决
- 法人的国籍、住所、营业所的积极和消极冲突及其解决
- 国家及其财产豁免
- 政府间国际组织的豁免权
- 被告或第三人享有特权与豁免的情况下立案的报审程序

考点 1 自然人国籍和住所冲突的解决

一、精讲

自然人国籍的积极冲突是指一个人同时具有两个或两个以上的国籍,其解决分为两种情形:

1. 各国在实践中解决自然人国籍的积极冲突的一般做法

(1)在当事人所具有的两个或两个以上国籍中有一个是内国国籍时,国际上通行的做法是以内国国籍为准,即以内国法作为其本国法。

(2)在当事人所具有的两个或两个以上的国籍均为外国国籍时,各国实践有如下几种做法:① 以当事人最后取得的国籍为准;② 以当事人住所或惯常居所所在国籍为准;③ 以与当事人有最密切联系的国籍为准。

(3) 对当事人所具有的两个或两个以上国籍不作内国国籍和外国国籍的区分,为确定应适用的法律,只以与当事人有最密切联系的国籍为准。

2. 我国关于解决自然人国籍的积极冲突的规定

《涉外民事关系法律适用法》第 19 条规定:依照本法适用国籍国法律,自然人具有两个以上国籍的,适用有经常居所的国籍国法律;在所有国籍国均无经常居所的,适用与其有最密切联系的国籍国法律。自然人无国籍或者国籍不明的,适用其经常居所地法律。

《涉外民事关系法律适用法》第 20 条规定:依照本法适用经常居所地法律,自然人经常居所地不明的,适用其现在居所地法律。

住所,即一个人以久住的意思而居住的某一处所。自然人住所的冲突与国籍冲突一样,包括积极冲突和消极冲突两种情况。住所的积极冲突指一个人同时在两个或两个以上国家或法域有住所;而住所的消极冲突则指一个人无任何法律意义上的住所。住所的冲突,主要由于各国有关住所的法律规定不同而产生。

《民通意见》第 183 条规定,当事人的住所不明或者不能确定的,以其经常居住地为住所。当事人有几个住所的,以与产生纠纷的民事关系有最密切联系的住所为住所。

最高人民法院《关于适用〈中华人民共和国涉外民事关系法律适用法〉若干问题的解释(一)》第 15 条规定:"自然人在涉外民事关系产生或者变更、终止时已经连续居住一年以上且作为其生活中心的地方,人民法院可以认定为涉外民事关系法律适用法规定的自然人的经常居所地,但就医、劳务派遣、公务等情形除外。"

二、例题

张某居住在深圳,2008 年 3 月被深圳某公司劳务派遣到马来西亚工作,2010 年 6 月回深圳,转而受雇于香港某公司,其间每周一到周五在香港上班,周五晚上回深圳与家人团聚。2012 年 1 月,张某离职到北京治病,2013 年 6 月回深圳,现居该地。依《涉外民事关系法律适用法》(不考虑该法生效日期的因素)和司法解释,关于张某经常居所地的认定,下列哪一表述是正确的?(2013 年真题,单选)

A. 2010 年 5 月,在马来西亚
B. 2011 年 12 月,在香港
C. 2013 年 4 月,在北京
D. 2008 年 3 月至今,一直在深圳

[释疑] 根据最高人民法院《关于适用〈中华人民共和国涉外民事关系法律适用法〉若干问题的解释(一)》第 15 条的规定:"自然人在涉外民事关系产生或者变更、终止时已经连续居住一年以上且作为其生活中心的地方,人民法院可以认定为涉外民事关系法律适用法规定的自然人的经常居所地,但就医、劳务派遣、公务等情形除外。"故应选 D 选项。(答案:D)

三、提示与预测

我国有关自然人国籍积极冲突的解决的法条规定是高频考点,应注意掌握。

考点 2　法人国籍、住所和营业所的确定及外国法人的认可

一、精讲

（一）各国确定法人国籍的一般做法

1. 对于如何确定一个法人的国籍，主要有如下几种不同的主张：

（1）法人成员国籍主义或称资本控制主义，即根据法人资本控制者的国籍来确定法人的国籍；

（2）设立地主义，或称成立地主义或登记地主义；

（3）住所地主义；

（4）准据法主义；

（5）法人设立地和法人住所地并用主义。

2. 我国的相关规定

《涉外民事关系法律适用法》第14条规定：法人及其分支机构的民事权利能力、民事行为能力、组织机构、股东权利义务等事项，适用登记地法律。

法人的主营业地与登记地不一致的，可以适用主营业地法律。法人的经常居所地，为其主营业地。

（二）法人住所的确定

1. 各国的一般做法

许多国家主张以法人的住所地法作为法人的属人法。但对法人的住所有不同理解：

（1）主事务所所在地说，或称管理中心所在地说；

（2）营业中心所在地说；

（3）章程指定住所说；

（4）主要办事机构所在地说。

2. 我国的相关规定

《民法通则》第39条规定："法人以它的主要办事机构所在地为住所。"《公司法》第10条规定："公司以其主要办事机构所在地为住所。"

（三）法人营业所的确定

法人的营业所，即法人从事经营活动的场所。法人的营业所所在地可能同法人的住所所在地是一致的，但也可能不一致。在实际生活中，一个法人可能有两个或两个以上的营业所，也可能没有营业所，从而导致营业所的积极冲突或消极冲突。

《民通意见》第185条规定：当事人有二个以上营业所的，应以与产生纠纷的民事关系有最密切联系的营业所为准；当事人没有营业所的，以其住所或者经常居住地为准。

《涉外民事关系法律适用法》第14条规定：法人及其分支机构的民事权利能力、民事行为能力、组织机构、股东权利义务等事项，适用登记地法律。

法人的主营业地与登记地不一致的，可以适用主营业地法律。法人的经常居所地，为其主营业地。

（四）外国法人的认可

外国法人的认可是指内国对外国法人的法律人格的认许。外国法人一经内国认可，即表明该外国法人所具有的权利能力和行为能力在该内国得到确认，有资格并可以有效地在该内

国从事民商事活动。外国法人在内国法律上是否被认可是各国的内政事项。

1. 国际立法认可和国内立法认可

外国法人认可的方式分为国际立法认可（即通过条约规定认可的条件）和国内立法认可两种。

国内立法认可包括：

(1) 一般认可，即内国对于外国法人，不问其属于何国，一般都加以认可。

(2) 概括认可，即内国对属于某一外国之特定的法人概括地加以认可。

(3) 特别认可，即内国对外国法人通过特别登记或批准程序加以认可。

2. 我国的相关规定

《公司法》第192条第1款规定："外国公司在中国境内设立分支机构，必须向中国主管机关提出申请，并提交其公司章程、所属国的公司登记证书等有关文件，经批准后，向公司登记机关依法办理登记，领取营业执照。"

二、提示与预测

涉外民事关系当事人的属人法是近几年司考每年都涉及的考点，因此对我国法律关于自然人和法人的国籍、住所、营业所的冲突规范的规定，必须牢固掌握。

第三章 法律冲突、冲突规范和准据法

本章知识体系：

冲突规范与准据法 { 民商事法律冲突；冲突规范 { 特点；结构：范围 + 系属 }；冲突规范的四种基本类型：单边、双边、重叠适用、选择适用冲突规范；准据法 }

考点 1 国际民商事法律冲突、冲突规范

一、精讲

（一）国际民商事法律冲突

法律冲突是指调整同一社会关系或解决同一问题的不同法律制度由于各自内容的差异和位阶的高低而导致相互在效力上的抵触。法律冲突的主要类型包括：① 公法冲突和私法冲突；② 空间法律冲突、时际法律冲突和人际法律冲突；③ 平面冲突和垂直冲突。

国际私法上所讲的法律冲突，就是国际民商事法律冲突，即同一民商事关系因所涉各国民商事法律规定不同而发生的法律适用上的冲突，属于跨国的、空间的、私法的、平面的冲突。

1. 国际民商事法律冲突的产生

国际民商事法律冲突产生的主要原因：

(1) 各国民商事法律制度互不相同；

(2) 各国人民之间存在着正常的民商事交往,并结成国际民商事法律关系;
(3) 各国承认外国人在内国享有平等的民商事法律地位;
(4) 各国在一定条件下承认外国民商事法律在内国的域外效力。
2. 国际民商事法律冲突的解决方法

(1) 冲突法解决方法。冲突法解决方法是指运用冲突规范来指定应适用的法律的方法,即通过制定内国或国际的冲突规范来确定各种不同性质的国际民商事法律关系应适用何种法律,从而解决国际民商事法律冲突。冲突法解决方法可分为内国冲突法解决方法和国际冲突法解决方法。

(2) 实体法解决方法。实体法解决方法即通过制定国内或国际的民商事实体法规范来直接确定当事人的权利与义务,调整国际民商事法律关系,以避免或消除国际民商事法律冲突的方法。国际统一实体私法解决方法可分为国际条约解决方法和国际惯例解决方法。理论上,由于从根本上起到了避免和消除民商事法律冲突的作用,国际统一实体私法解决方法优于冲突法解决方法。

(二) 冲突规范的概念、特征与结构
1. 冲突规范的概念

冲突规范是由内国法或国际条约规定的,指明某种国际民商事法律关系应适用何种法律的规范。

2. 冲突规范具有以下特性
(1) 冲突规范是法律适用规范;
(2) 冲突规范不是实体规范而是间接规范;
(3) 冲突规范是结构独特的法律规范。
3. 冲突规范的结构

冲突规范由"范围""系属""关联词"三部分构成。

(1) "范围"或"连接对象"。"范围"或"连接对象"是指冲突规范所要调整的民商事法律关系或所要解决的法律问题。通过冲突规范的"范围"可以判断该规范适用于调整哪一类民商事法律关系。

(2) "系属"或"冲突原则"。"系属"或"冲突原则"规定冲突规范中"范围"所应适用的法律。例如在"共同海损的理算,适用理算地法律"这一冲突规范中,"理算地法律"即为系属。

"系属"还包含冲突规范的"连结点"。连结点也称为联结因素,是指冲突规范借以确定某一法律关系应适用什么法律的根据。根据冲突规范对法律的选择,实际上也是一种对连结点的确定。连结点还可分为静态的连结点和动态的连结点。静态的连结点就是固定不变的连结点,主要指不动产所在地以及涉及过去的行为或事件的连结点,如婚姻举行地、合同缔结地、法人登记地、侵权发生地。动态的连结点就是可变的连结点,主要有国籍、住所、居所、动产所在地等。

冲突规范的一些系属在长期的实践过程中逐渐固定化起来,形成系属公式。最常见的系属公式有属人法、物之所在地法、行为地法、当事人合意选择的法律、法院地法、旗国法、最密切联系地法等。

(3) "关联词"。"关联词"是指从语法结构上把"范围"和"系属"联系起来的词。例如

"适用""依据"等。

（4）相关图示。冲突规范 = 范围 + 系属（包含连结点——动态、静态连结点的区分及其意义），见下图：

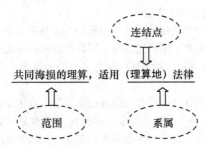

4. 冲突规范的类型

冲突规范一般分为单边冲突规范、双边冲突规范、重叠适用的冲突规范和选择适用的冲突规范。

（1）单边冲突规范，是指直接规定适用某一特定国家法律的冲突规范。它既可以明确规定适用内国法，也可以直接规定只适用某一特定的外国法。例如"在中华人民共和国境内履行的中外合资经营企业合同、中外合作经营企业合同、中外合作勘探开发自然资源合同，适用中国法律"。

（2）双边冲突规范，是指冲突规范的系属并不直接规定适用内国法还是外国法，而只是规定一个可推定的系属，再根据这个系属并结合民商事法律关系的具体情况去推定应适用某法律的冲突规范。例如"不动产的所有权，适用不动产所在地法律"。

（3）重叠适用的冲突规范，是指其有两个或两个以上的系属，并且依据这些系属所确定的法律应同时适用于某种民商事法律关系的冲突规范。例如"离婚的理由应适用夫妻本国法及法院地法"。

（4）选择适用的冲突规范，是指其有两个或两个以上，但只选择其中之一来调整民商事法律关系的冲突规范。由于允许选择的方式和条件的不同，这种规范又可以分为两类：

① 无条件选择适用的冲突规范。在此种规范中，各系属所提供的可供选择的法律具有同等地位，并无优先秩序之分，受理案件的法院可以自由地选择其中一种法律予以适用。例如"法律行为的方式适用行为完成地的法律，也可以适用调整行为效力的法律"即是。

② 有条件选择适用的冲突规范。在此种规范中，各系属所提供的可供选择的法律具有优先次序之分，受理案件的法院应先适用某种法律，只有在符合特定条件的情况下才可以适用其中另一种法律。例如，根据《民法通则》第145条的规定，涉外合同的当事人可以选择处理合同争议所适用的法律，法律另有规定的除外；涉外合同的当事人没有选择的，适用与合同有最密切联系的国家的法律。

二、例题

《涉外民事关系法律适用法》规定：结婚条件，适用当事人共同经常居所地法律；没有共同经常居所地的，适用共同国籍国法律；没有共同国籍，在一方当事人经常居所地或者国籍国缔结婚姻的，适用婚姻缔结地法律。该规定属于下列哪一种冲突规范？（2007年真题，单选）

A. 单边冲突规范　　　　　　　　B. 重叠适用的冲突规范
C. 无条件选择适用的冲突规范　　D. 有条件选择适用的冲突规范

[释疑]　单边冲突规范是指系属直接指向应适用内国法或只适用外国法的法律适用规范。重叠性冲突规范是指对某些涉外民事法律关系的调整在系属中规定必须同时适用两个或两个以上国家的法律适用规范。选择性冲突规范是指它的系属指向两个或两个以上可以适用的法律,仅选择其中一个加以适用的法律适用规范。依据选择适用是否有条件,又可分为有条件的选择性冲突规范和无条件的选择性冲突规范。有条件的选择性冲突规范是指对系属中指出的几种法律进行选择时有顺序之别,选择适用后一法律必须以前一法律不能适用为前提的法律适用规范。无条件的选择性冲突规范是指对系属中指出的几种法律进行选择时没有主次之分,法院、仲裁机构或有关当事人可以任选其中一个法律而适用。本题关于结婚条件法律适用的冲突规范中,有几种法律均有适用的可能,但存在优先顺序,故属于有条件的选择性冲突规范,D 选项正确。(答案:D)

三、提示与预测

冲突规范的类型一度是常考的考点,但该考点相对简单,考生应理解四种冲突规范各自的特征,注意区分其不同即可。

考点 2　准据法

一、精讲

1. 准据法的概念与特点

准据法是指经冲突规范指定援用来具体确定民商事法律关系当事人权利义务的特定实体法。作为国际私法上的特殊法律范畴,准据法具有以下特点:

(1)准据法必须是通过冲突规范所援引的法律,未经冲突规范的指定而直接适用于涉外民商事法律关系的法律,无论是国际统一实体私法规范还是国内法中的实体私法规范,都不能称作准据法。

(2)准据法是能够具体确定国际民商事法律关系当事人的权利义务关系的实体法,虽经冲突规范的指定,但不能用来直接确定当事人权利义务的法律,如在采用冲突法的反致、转致等特殊制度时,内国冲突规范所援用的外国冲突规范就不是准据法。

(3)准据法一般是依据冲突规范中的系属并结合有关国际民商事案件的具体情况来确定。

2. 区际法律冲突与准据法的确定

一个国家内部不同地区的法律制度之间的冲突,为区际法律冲突。

我国《涉外民事关系法律适用法》第 6 条规定:涉外民事关系适用外国法律,该国不同区域实施不同法律的,适用与该涉外民事关系有最密切联系区域的法律。

二、例题

1. 中国某法院受理一涉外民事案件后,依案情确定应当适用甲国法。但在查找甲国法时

发现甲国不同州实施不同的法律。关于本案,法院应当采取下列哪一做法?(2011年真题,单选)

A. 根据意思自治原则,由当事人协议决定适用甲国哪个州的法律
B. 直接适用甲国与该涉外民事关系有最密切联系的州的法律
C. 首先适用甲国区际冲突法确定准据法,如甲国没有区际冲突法,适用中国法律
D. 首先适用甲国区际冲突法确定准据法,如甲国没有区际冲突法,适用与案件有最密切联系的州的法律

[释疑] 依据《涉外民事关系法律适用法》第6条的规定,显然应选B选项。应注意,我国《民通意见》第192条规定:依法应当适用的外国法律,如果该外国不同地区实施不同的法律的,依据该国法律关于调整国内法律冲突的规定,确定应适用的法律。该国法律未作规定的,直接适用与该民事关系有最密切联系的地区的法律。这一规定由于与《涉外民事关系法律适用法》第6条的规定有冲突而归于无效。(答案:B)

2. 关于冲突规范和准据法,下列哪一判断是错误的?(2010年真题,单选)

A. 冲突规范与实体规范相似
B. 当事人的属人法包括当事人的本国法和住所地法
C. 当事人的本国法指的是当事人国籍所国的法律
D. 准据法是经冲突规范指引、能够具体确定国际民事法律关系当事人权利义务的实体法

[释疑] 冲突规范是指明某种国际民商事法律关系应适用何种法律的规范,属于间接规范,实体规范直接确定当事人的权利和义务,属于直接规范,二者不同,故A选项错误。属人法在大陆法系的一些国家或地区是指本国或地区法,即当事人的所属国法,在英美法系一些国家是指住所地法,故B、C选项正确。D选项关于准据法的界定正确。(答案:A)

三、提示与预测

准据法的特征和确定是本节中另一个重要内容,考生应准确记忆,并着重掌握区际冲突的解决。应注意准据法是一个法律范畴,并非法律规范中独立的一种。准据法不属于冲突规范的范畴,而是实体法律。实体法律只要经过冲突规范的指引,并能确定当事人之间的具体权利义务关系都可成为准据法。国内实体私法与国际统一实体私法都可成为准据法,只要其经过特定冲突规范的援引。

第四章 适用冲突规范的制度

本章知识体系:

适用冲突规范的制度 ⎰ 识别
⎱ 反致
⎱ 外国法的查明
⎱ 公共秩序保留
⎱ 法律规避

第四章 适用冲突规范的制度

考点 1 识别

一、精讲

1. 识别的定义

识别又称定性或归类,是指在适用冲突规范时,依照某一法律观念对有关的事实或问题进行分析,将其归入一定的法律范畴,并对有关的冲突规范的范围或对象进行解释,从而确定何种冲突规范适用何种事实或问题的过程。

二级识别是指在准据法确定之后,依准据法再次进行识别。

2. 识别的依据

在国际私法的理论和实践中,对依据什么法律进行识别的问题,主要有如下几种不同的主张:

(1) 依法院地法识别说;

(2) 依准据法识别说;

(3) 分析法学与比较法说;

(4) 个案识别说;

(5) 二级识别说。

一国法院在处理国际民商事案件时,一方面,应该依据法院地法对有关的事实或问题进行识别,对自己的冲突规范加以解释;另一方面,必要时也应该适当考虑依据与有关案件有最密切联系的法律进行识别。

我国《涉外民事关系法律适用法》第8条规定:涉外民事关系的定性,适用法院地法律。

最高人民法院《关于适用〈中华人民共和国涉外民事关系法律适用法〉若干问题的解释(一)》第13条规定:"案件涉及两个或者两个以上的涉外民事关系时,人民法院应当分别确定应当适用的法律。"

二、提示与预测

识别是处理涉外民商事纠纷的前提,应掌握识别的依据一般为法院地法。

考点 2 先决问题

一、精讲

先决问题又称附带问题,是指在国际私法中有的争诉问题的解决,以首先解决另一个问题为条件。

最高人民法院《关于适用〈中华人民共和国涉外民事关系法律适用法〉若干问题的解释(一)》第12条规定:"涉外民事争议的解决须以另一涉外民事关系的确认为前提时,人民法院应当根据该先决问题自身的性质确定其应当适用的法律。"

二、提示与预测

先决问题属于近几年的次新考点,应掌握其概念及上述相关法条的规定。

考点 3 反致

一、精讲

1. 反致的类型

一般讲的反致是广义的反致,是一个总括性概念,包括直接反致、转致、间接反致、包含直接反致的转致、完全反致。

(1) 直接反致,即狭义的反致,是指对某一案件,法院按照自己的冲突规范本应适用外国法,而该外国法的冲突规范却指定此种法律关系应适用法院地法,于是该法院最终适用了法院地法。

(2) 转致又称"二级反致",是指对某一案件,甲国或甲地区法院根据本国或本地区的冲突规范指定应适用乙国或乙地区的法律,而乙国或乙地区的冲突规范指定应适用丙国或丙地区的法律,结果甲国或甲地区的法院适用了丙国或丙地区的法律。

(3) 间接反致,是指对某一案件,甲国或甲地区的法院根据本国或本地区的冲突规范指定应适用乙国或乙地区的法律,但依乙国或乙地区的冲突规范的指定应适用丙国或丙地区的法律,而依丙国或丙地区的冲突规范的指定却应适用甲国或甲地区的法律,结果甲国或甲地区的法院适用了自己的实体法。

(4) 包含直接反致的转致,是指对某一案件,甲国或甲地区法院根据本国或本地区的冲突规范指定应适用乙国或乙地区的法律,而乙国或乙地区的冲突规范指定应适用丙国或丙地区的法律,但丙国或丙地区的冲突规范反向指定应适用乙国或乙地区的法律,最后甲国或甲地区的法院适用乙国或乙地区的实体法律处理了案件。

(5) 完全反致又称双重反致,是指英国法院的法官在处理某一案件时,如果依英国法而应适用某外国法,则应假定将自己置身于该外国法律体系,像该外国法官依据自己的法律裁断案件一样,再依该外国对反致所持的立场,决定最终应适用的法律。

2. 反致产生的原因

反致问题的产生必须具备如下三个条件:

(1) 不同国家或不同地区的冲突规范对同一民商事法律关系或民商事法律问题的法律适用作出了不同的规定或不同的解释。

(2) 审理案件的法院将本国或本地区的冲突规范所指定的外国法或外域法视为包括冲突规范在内的全部法律。

(3) 法院地法律接受反致制度。

归根结底,反致是冲突规范的冲突的一种表现形式。

3. 我国的相关规定

我国《涉外民事关系法律适用法》第 9 条规定:涉外民事关系适用的外国法律,不包括该国的法律适用法。

显然,根据上述规定,既然依冲突规范直接确定应适用的外国实体法,就没有反致产生的可能性了,因此这一规定意味着我国排除反致制度。

二、提示与预测

反致属于高频考点,应能够区分直接反致、间接反致、转致及我国对反致的态度。

考点 4 外国法的查明

一、精讲

（一）外国法的查明方法和无法查明外国法的解决办法

外国法的查明是指一国法院根据本国冲突规范指定应适用外国法时，如何查明该外国法的存在和内容。

1. 实践中各国一般用以查明外国法的方法
(1) 当事人举证证明。
(2) 法官依职权查明，无须当事人举证。
(3) 法官依职权查明，但当事人亦负有协助的义务。

2. 实践中各国在无法查明外国法的情况下的解决办法

如无法查明该外国法，通常采取以下解决办法：以内国法取而代之、驳回当事人的诉讼请求或抗辩、适用同本应适用的外国法相近似或类似的法律、适用一般法理。

根据《民通意见》第193条的规定，对于应当适用的外国法律……通过以上途径仍不能查明的，适用中华人民共和国法律。

（二）外国法的错误适用

可能发生的外国法的错误适用有两种情况：

(1) 适用内国冲突规范的错误，指法官在适用内国冲突规范进行法律选择时，本应适用某一外国法，却适用了另一外国或内国法，或者本应适用内国法，却适用外国法而发生的错误。对于这种错误，一般认为和违反内国其他法律具有相同的性质，允许当事人依法上诉，以便纠正错误。

(2) 适用外国法本身的错误，指法官在依内国冲突规范适用某一外国法时，对该外国法的内容作了错误的解释，或者本应适用该外国法的甲法而适用了该外国法的乙法，并据此作出错误判决的情形。对于这种外国法的错误适用，有不允许当事人上诉和允许上诉两种不同的主张。

我国《民事诉讼法》规定，民事案件实行两审终审制，无法律审与事实审的区别。根据"有错必纠"的原则，对我国法院在审理国际民商事案件时发生的适用外国法的错误，无论是适用内国冲突规范的错误，还是适用外国法本身的错误，当事人均可对之提起上诉。

（三）我国关于外国法的查明的规定

(1) 查明的主体	《涉外民事关系法律适用法》第10条规定："涉外民事关系适用的外国法律，由人民法院、仲裁机构或者行政机关查明。当事人选择适用外国法律的，应当提供该国法律。不能查明外国法律或者该国法律没有规定的，适用中华人民共和国法律。"
(2) 查明的途径	《民通意见》第193条规定：对于应当适用的外国法律，可通过下列途径查明：① 由当事人提供；② 由与我国订立司法协助协定的缔约对方的中央机关提供；③ 由我国驻该国使领馆提供；④ 由该国驻我国使馆提供；⑤ 由中外法律专家提供。通过以上途径仍不能查明的，适用中华人民共和国法律。

	(续表)
(3)"不能查明"的认定标准	最高人民法院《关于适用〈中华人民共和国涉外民事关系法律适用法〉若干问题的解释(一)》第17条规定:人民法院通过由当事人提供、已对中华人民共和国生效的国际条约规定的途径、中外法律专家提供等合理途径仍不能获得外国法律的,可以认定为不能查明外国法律。根据《涉外民事关系法律适用法》第10条第1款的规定,当事人应当提供外国法律,其在人民法院指定的合理期限内无正当理由未提供该外国法律的,可以认定为不能查明外国法律。
(4)外国法的理解与适用	最高人民法院《关于适用〈中华人民共和国涉外民事关系法律适用法〉若干问题的解释(一)》第18条规定:人民法院应当听取各方当事人对应当适用的外国法律的内容及其理解与适用的意见,当事人对该外国法律的内容及其理解与适用均无异议的,人民法院可予以确认;当事人有异议的,由人民法院审查认定。
(5)适用外国法的错误	对我国法院在审理国际民商事案件时发生的适用外国法的错误,无论是适用内国冲突规范的错误,还是适用外国法本身的错误,当事人均可对之提起上诉。

二、例题

1. 根据《涉外民事关系法律适用法》和司法解释,关于外国法律的查明问题,下列哪一表述是正确的?(2013年真题,单选)

   A. 行政机关无查明外国法律的义务

   B. 查明过程中,法院应当听取各方当事人对应当适用的外国法律的内容及其理解与适用的意见

   C. 无法通过中外法律专家提供的方式获得外国法律的,法院应认定为不能查明

   D. 不能查明的,应视为相关当事人的诉讼请求无法律依据

   [释疑] 根据最高人民法院《关于适用〈中华人民共和国涉外民事关系法律适用法〉若干问题的解释(一)》第17条、第18条的规定,B选项正确。(答案:B)

2. 在某涉外合同纠纷案件审判中,中国法院确定应当适用甲国法律。关于甲国法的查明和适用,下列哪一说法是正确的?(2011年真题,单选)

   A. 当事人选择适用甲国法律的,法院应当协助当事人查明该国法律

   B. 该案适用的甲国法包括该国的法律适用法

   C. 不能查明甲国法的,适用中华人民共和国法律

   D. 不能查明甲国法的,驳回当事人的诉讼请求

   [释疑] 我国《涉外民事关系法律适用法》第10条规定,涉外民事关系适用的外国法律,由人民法院、仲裁机构或者行政机关查明。当事人选择适用外国法律的,应当提供该国法律。不能查明外国法律或者该国法律没有规定的,适用中华人民共和国法律。对于应当适用的外国法律,可通过下列途径查明:①由当事人提供;②由与我国订立司法协助协定的缔约对方的中央机关提供;③由我国驻该国使领馆提供;④由该国驻我国使馆提供;⑤由中外法律专家提供。通过以上途径仍不能查明的,适用中华人民共和国法律。故C选项正确。(答案:C)

三、提示与预测

外国法查明这一考点在真题中经常出现,应注意《民通意见》第 193 条规定了外国法查明的五种方法,但这五种方法的采用并无优先顺序,可以在审判实践中选择任意一种。

考点 5 公共秩序保留与"直接适用的法"

一、精讲

1. 公共秩序保留的概念及其实践

公共秩序又称为公共政策,是指关系一国的国家和社会的重大利益或法律和道德的基本原则。通常在一国依内国冲突规范的指定应对某一国际民商事法律关系适用外国法时,如其适用将与自己的公共秩序相抵触,便可排除该外国法的适用。此外,凡基于公共秩序,认为自己的某些法律是具有直接适用于国际民商事法律关系的效力的,也可以排除外国法的适用。

应注意各国在立法中对公共秩序保留这一制度的表述可能并不完全相同,例如"公共政策"或"社会公共利益"等。

2. 我国关于公共秩序制度的规定

我国《民法通则》第 150 条规定:"依照本章规定适用外国法律或者国际惯例的,不得违背中华人民共和国的社会公共利益。"

《涉外民事关系法律适用法》第 5 条规定:"外国法律的适用将损害中华人民共和国社会公共利益的,适用中华人民共和国法律。"

3. 公共秩序保留与"直接适用的法"

公共秩序保留与"直接适用的法"既有联系,又有区别。二者都与维护国家重大利益相关。但另一方面,二者又有区别。"直接适用的法"不同于公共秩序保留之处在于,在法律适用领域,公共秩序保留发生在某一涉外民事关系根据法院地冲突规范的指引应受某一外国法支配,但该外国法的适用将违背法院地公序良俗,从而排除该外国法的适用,转而适用法院地法的情形,而"直接适用的法"抛开法院地冲突规范的指引,直接适用于涉外民事关系。

我国《涉外民事关系法律适用法》第 4 条规定:"中华人民共和国法律对涉外民事关系有强制性规定的,直接适用该强制性规定。"

最高人民法院《关于适用〈中华人民共和国涉外民事关系法律适用法〉若干问题的解释(一)》第 10 条规定:"有下列情形之一,涉及中华人民共和国社会公共利益、当事人不能通过约定排除适用、无需通过冲突规范指引而直接适用于涉外民事关系的法律、行政法规的规定,人民法院应当认定为涉外民事关系法律适用法第四条规定的强制性规定:(一)涉及劳动者权益保护的;(二)涉及食品或公共卫生安全的;(三)涉及环境安全的;(四)涉及外汇管制等金融安全的;(五)涉及反垄断、反倾销的;(六)应当认定为强制性规定的其他情形。"

二、例题

1. 沙特某公司在华招聘一名中国籍雇员张某。为规避中国法律关于劳动者权益保护的强制性规定,劳动合同约定排他性地适用菲律宾法。后因劳动合同产生纠纷,张某向中国法院提起诉讼。关于该劳动合同的法律适用,下列哪一选项是正确的?(2015 年真题,单选)

A. 适用沙特法

B. 因涉及劳动者权益保护,直接适用中国的强制性规定

C. 在沙特法、中国法与菲律宾法中选择适用对张某最有利的法律

D. 适用菲律宾法

[释疑] 最高人民法院《关于适用〈中华人民共和国涉外民事关系法律适用法〉若干问题的解释(一)》第10条规定:"有下列情形之一,涉及中华人民共和国社会公共利益、当事人不能通过约定排除适用、无需通过冲突规范指引而直接适用于涉外民事关系的法律、行政法规的规定,人民法院应当认定为涉外民事关系法律适用法第四条规定的强制性规定:(一) 涉及劳动者权益保护的;(二) 涉及食品或公共卫生安全的;(三) 涉及环境安全的;(四) 涉及外汇管制等金融安全的;(五) 涉及反垄断、反倾销的;(六) 应当认定为强制性规定的其他情形。"故 B 选项正确,其他选项错误。(答案:B)

2. 根据我国法律和司法解释,关于涉外民事关系适用的外国法律,下列说法正确的是:(2014年真题,不定选)

A. 不能查明外国法律,适用中国法律

B. 如果中国法有强制性规定,直接适用该强制性规定

C. 外国法律的适用将损害中方当事人利益的,适用中国法

D. 外国法包括该国法律适用法

[释疑] 根据《涉外民事关系法律适用法》的规定,外国法不能查明的,适用中国法,故 A 选项正确。中国法的强制性规定,应予直接适用,故 B 选项正确。外国法的适用将损害中国社会公共利益(而非中方当事人的利益)的,则不予适用,故 C 选项错误。依法应当适用的外国法,不包括其法律适用法,故 D 选项错误。(答案:AB)

3. 中国甲公司与德国乙公司进行一项商事交易,约定适用英国法律。后双方发生争议,甲公司在中国法院提起诉讼。关于该案的法律适用问题,下列哪一选项是错误的?(2013年真题,单选)

A. 如案件涉及食品安全问题,该问题应适用中国法

B. 如案件涉及外汇管制问题,该问题应适用中国法

C. 应直接适用的法律限于民事性质的实体法

D. 法院在确定应当直接适用的中国法律时,无需再通过冲突规范的指引

[释疑] 根据最高人民法院《关于适用〈中华人民共和国涉外民事关系法律适用法〉若干问题的解释(一)》第10条的规定,食品安全、外汇管制(金融安全)、环境安全等方面的法律规定均属于"直接适用的法",故 A、B 选项表述本身正确。直接适用的法既包括涉外民事关系的法律,也包括行政法规的规定,故 C 选项表述错误。对于"直接适用的法",当事人不能通过约定排除适用、无需通过冲突规范指引而直接适用,故 D 选项表述正确。(答案:C)

4. 世界各国都将公共秩序保留作为捍卫本国根本利益的一项重要法律制度。关于这一制度,下列哪项判断是错误的?(2006年真题,单选)

A. 我国的公共秩序保留制度仅在适用外国法律违反我国社会公共利益的情况下才可以适用,其结果为排除相关外国法律的适用

B. 在英美普通法系国家中,"公共秩序"的概念一般表述为"公共政策"

C. 公共秩序保留制度已经为国际条约所规定

D. 我国法律中常常采用"社会公共利益"来表述"公共秩序"的概念

[释疑] 我国除规定适用外国法律或者国际惯例不能违背我国的社会公共利益外,在承认和执行外国法院或外国仲裁裁决方面,也以该判决或仲裁裁决不违反我国的社会公共利益为前提之一。例如,《民事诉讼法》第 274 条规定,对中华人民共和国涉外仲裁机构作出的裁决,被申请人提出证据证明仲裁裁决有下列情形之一的,经人民法院组成合议庭审查核实,裁定不予执行……人民法院认定执行该裁决违背社会公共利益的,裁定不予执行。第 282 条也规定:"人民法院对申请或者请求承认和执行的外国法院作出的发生法律效力的判决、裁定,依照中华人民共和国缔结或者参加的国际条约,或者按照互惠原则进行审查后,认为不违反中华人民共和国法律的基本原则或者国家主权、安全、社会公共利益的,裁定承认其效力,需要执行的,发出执行令,依照本法的有关规定执行。违反中华人民共和国法律的基本原则或者国家主权、安全、社会公共利益的,不予承认和执行。"因此,A 选项错误。在英美法系国家中,"公共秩序"的概念一般表述为"公共政策",目前,公共秩序保留制度已经可以见诸许多国际条约的规定。我国《民法通则》第 150 条作为一条通则性的公共秩序条款,没有使用"公共秩序"这样的措辞,而是规定"依照本章规定适用外国法律或者国际惯例的,不得违背中华人民共和国的社会公共利益"。因此,B、C、D 选项本身正确,故答案应为 A 选项。(答案:A)

三、提示与预测

公共秩序保留制度是冲突法的基本制度之一,它不仅可能在适用外国法的场合被援用,在决定是否承认外国的司法判决和仲裁裁决时也可能被援用。我国《民法通则》第 150 条所针对的,不仅包括依我国冲突规范本应适用但却违背我国社会公共利益的外国法律,而且还包括那些违背我国社会公共利益的国际惯例。

考点 6 法律规避

一、精讲

1. 法律规避的概念与效力

法律规避是指国际民商事法律关系的当事人故意制造某种连结点,以避开本应适用的对其不利的法律,从而使对自己有利的法律得以适用的一种行为。一般来说,在实践中,大多数国家都认为法律规避是非法的,不承认其效力。

法律规避包括以下构成要件:
(1) 主观条件:直接故意;
(2) 规避对象:当事人本应适用的法律;
(3) 行为方式:通过改变连结点来实现;
(4) 客观结果:规避行为已经完成。

连结点有静态的连结点和动态的连结点之分。静态的连结点是固定不变的连结点,主要是指不动产所在地以及过去行为或事件的连结点,如婚姻举行地、合同缔结地、侵权发生地等。静态连结点是不可能经由当事人的行为而发生改变的。通过改变连结点而达到规避法律的目的,改变的是动态连结点。动态的连结点就是可变的连结点,主要有国籍、住所、居所、动产所在地等。因为有动态连结点的存在,当事人即可利用冲突规范的漏洞,达到规避法律的目的,这实际上即是当事人滥用冲突规范的表现。

2. 中国关于法律规避的规定

我国《民通意见》第 194 条规定:"当事人规避我国强制性或者禁止性法律规范的行为,不发生适用外国法律的效力。"

《涉外民事关系法律适用法》第 4 条规定:"中华人民共和国法律对涉外民事关系有强制性规定的,直接适用该强制性规定。"

从上述规定可以看出,我国在司法实践中主张,法律规避是指规避我国的强制性或禁止性的法律,而非任何法律;而且,当事人规避我国的强制性或禁止性的法律的行为无效,不发生适用外国法的效力。至于对规避外国法律的行为如何处理的问题,我国法律尚无明确的规定。

二、提示与预测

应注意我国禁止当事人规避的是我国的禁止性或强制性法律,不包括任意法或外国法。

第五章　国际民商事法律适用

本章知识体系:

国际民商事法律适用
- 法律适用的一般原则
- 权利能力和行为能力的法律适用
- 涉外诉讼时效的法律适用
- 涉外物权的法律适用
- 涉外债权的法律适用
- 涉外知识产权的法律适用
- 涉外商事关系的法律适用
  - 涉外票据关系的法律适用
  - 涉外海事关系的法律适用
  - 涉外民航关系的法律适用
  - 涉外代理和信托的法律适用
- 婚姻、家庭的法律适用
  - 涉外结婚的法律适用
  - 涉外离婚的法律适用
  - 夫妻关系的法律适用
  - 涉外父母子女关系的法律适用
  - 涉外收养关系的法律适用
  - 涉外监护关系的法律适用
  - 涉外扶养关系的法律适用
  - 涉外继承关系的法律适用

考点 1 法律适用的一般原则

一、精讲

1. 《涉外民事关系法律适用法》有关法律适用的一般原则

2010年10月28日,第十一届全国人大常委会第十七次会议通过了《涉外民事关系法律适用法》,自2011年4月1日起施行。《涉外民事关系法律适用法》共计八章52条,该法就民事主体、婚姻家庭、继承、物权、债权和知识产权等涉外民事关系的法律适用作了全面、系统的规定,第一次将冲突规则集中规定在同一部单行法律中。该法一方面弥补了我国原来立法在不少法律适用问题上的漏洞,另一方面也体现出了一些新的特点,例如,将经常居所作为主要连结点,注重法律适用的灵活性,重视保护弱者的利益等。《涉外民事关系法律适用法》在法律适用方面的规定主要体现出以下几个原则:

(1) 意思自治原则。《涉外民事关系法律适用法》允许当事人意思自治的范围比以前有所扩展,例如明确规定在侵权行为、动产物权、夫妻财产关系等方面允许当事人意思自治等。

根据《涉外民事关系法律适用法》及其司法解释,涉及意思自治原则的有关规定的主要内容如下:

① 选择的方式。《涉外民事关系法律适用法》第3条规定:"当事人依照法律规定可以明示选择涉外民事关系适用的法律。"

② 我国禁止当事人选择适用法律的情形。最高人民法院《关于适用〈中华人民共和国涉外民事关系法律适用法〉若干问题的解释(一)》第6条规定:"中华人民共和国法律没有明确规定当事人可以选择涉外民事关系适用的法律,当事人选择适用法律的,人民法院应认定该选择无效。"

③ 可以选择的法律之范围——无须实际联系,允许选择尚未对我国生效的条约。最高人民法院《关于适用〈中华人民共和国涉外民事关系法律适用法〉若干问题的解释(一)》第7条规定:"一方当事人以双方协议选择的法律与系争的涉外民事关系没有实际联系为由主张选择无效的,人民法院不予支持。"第9条规定:"当事人在合同中援引尚未对中华人民共和国生效的国际条约的,人民法院可以根据该国际条约的内容确定当事人之间的权利义务,但违反中华人民共和国社会公共利益或中华人民共和国法律、行政法规强制性规定的除外。"

④ 作出选择的时间限制。最高人民法院《关于适用〈中华人民共和国涉外民事关系法律适用法〉若干问题的解释(一)》第8条规定:"当事人在一审法庭辩论终结前协议选择或者变更选择适用的法律的,人民法院应予准许。各方当事人援引相同国家的法律且未提出法律适用异议的,人民法院可以认定当事人已经就涉外民事关系适用的法律做出了选择。"

(2) 最密切联系原则。值得注意的是,《涉外民事关系法律适用法》对该法与其他法律的关系作了规定,并将"最密切联系原则"作为一般性的补充原则。该法第2条规定:"涉外民事关系适用的法律,依照本法确定。其他法律对涉外民事关系法律适用另有特别规定的,依照其规定。本法和其他法律对涉外民事关系法律适用没有规定的,适用与该涉外民事关系有最密切联系的法律。"

(3) 保护弱者的利益原则。在涉外监护、涉外抚养和涉外父母子女关系等方面,《涉外民事关系法律适用法》都明确规定,应适用有利于保护弱者权益的法律。

2. 涉台法律适用的有关规定

最高人民法院《关于审理涉台民商事案件法律适用问题的规定》(2010年4月26日最高人民法院审判委员会第1486次会议通过)的主要内容：

(1)人民法院审理涉台民商事案件，应当适用法律和司法解释的有关规定。根据法律和司法解释中选择适用法律的规则，确定适用台湾地区民事法律的，人民法院予以适用。

(2)台湾地区当事人在人民法院参与民事诉讼，与大陆当事人有同等的诉讼权利和义务，其合法权益受法律平等保护。

(3)根据本规定确定适用有关法律违反国家法律的基本原则或者社会公共利益的，不予适用。

二、例题

1. 在某合同纠纷中，中国当事方与甲国当事方协议选择适用乙国法，并诉至中国法院。关于该合同纠纷，下列哪些选项是正确的？(2015年真题，多选)

A. 当事人选择的乙国法，仅指该国的实体法，既不包括其冲突法，也不包括其程序法

B. 如乙国不同州实施不同的法律，人民法院应适用该国首都所在地的法律

C. 在庭审中，中国当事方以乙国与该纠纷无实际联系为由主张法律选择无效，人民法院不应支持

D. 当事人在一审法庭辩论即将结束时决定将选择的法律变更为甲国法，人民法院不应支持

[释疑] 《涉外民事关系法律适用法》第9条规定："涉外民事关系适用的外国法律，不包括该国的法律适用法。"而作为国际惯例，法院地国一般不会适用外国的程序法，故A选项正确。《涉外民事关系法律适用法》第6条规定："涉外民事关系适用外国法律，该国不同区域实施不同法律的，适用与该涉外民事关系有最密切联系区域的法律。"故B选项错误。《关于适用〈中华人民共和国涉外民事关系法律适用法〉若干问题的解释(一)》第7条规定："一方当事人以双方协议选择的法律与争议的涉外民事关系没有实际联系为由主张选择无效的，人民法院不予支持。"故C选项正确。第8条第1款规定："当事人在一审法庭辩论终结前协议选择或者变更选择适用的法律的，人民法院应予准许。"故D选项错误。(答案：AC)

2. 根据我国有关法律规定，关于涉外民事关系的法律适用，下列哪些领域采用当事人意思自治原则？(2011年真题，多选)

A. 合同 B. 侵权
C. 不动产物权 D. 诉讼离婚

[释疑] 《涉外民事关系法律适用法》第41条规定：当事人可以协议选择合同适用的法律。当事人没有选择的，适用履行义务最能体现该合同特征的一方当事人经常居所地法律或者其他与该合同有最密切联系的法律。A选项正确。第44条规定：侵权责任，适用侵权行为地法律，但当事人有共同经常居所地的，适用共同经常居所地法律。侵权行为发生后，当事人协议选择适用法律的，按照其协议。B选项正确。第36条规定：不动产物权，适用不动产所在地法律。C选项错误。第27条规定：诉讼离婚，适用法院地法律。D选项错误。(答案：AB)

三、提示与预测

对于《涉外民事关系法律适用法》有关原则的把握,有利于在学习有关具体法条时做好归纳总结。真题中有时也会考查例如哪些领域允许当事人意思自治之类的问题(例如上述 2011 年真题)。

考点 2 权利能力和行为能力、时效、代理和信托

一、精讲

(一)自然人的权利能力和行为能力的法律适用

1. 自然人权利能力的法律适用

(1)对自然人权利能力的法律适用,国际上一般有三种做法:① 适用有关法律关系的准据法;② 适用法院地法;③ 适用当事人的属人法。

(2)多数国家采取适用当事人的属人法做法,但由于各国对属人法的理解不同,具体做法有三种:① 大陆法系国家适用当事人的国籍国法或本国法;② 普通法系国家适用当事人的住所地法;③ 有一些国家对在内国的外国人适用其住所地法,对在外国的本国人适用其本国法。

2. 自然人行为能力的法律适用

国际上关于自然人行为能力的法律适用的通行做法是原则上适用当事人的属人法,但有两个例外或限制:一是处理不动产的当事人的行为能力适用不动产所在地法;二是有关商务活动的当事人的行为能力可以适用行为地法,即只要其属人法或行为地法认为自然人有行为能力,就应认为其有行为能力。

3. 我国有关自然人权利能力和行为能力的法律适用的相关规定

我国《涉外民事关系法律适用法》第 11 条规定:自然人的民事权利能力,适用经常居所地法律。

《涉外民事关系法律适用法》第 12 条第 1 款规定:自然人的民事行为能力,适用经常居所地法律。

4. 宣告失踪、宣告死亡及人格权的法律适用

我国《民法通则》规定,公民死亡是公民民事权利能力终止的法定事由。公民死亡的方式有自然死亡和宣告死亡两种。宣告死亡导致公民民事权利能力终止;而宣告失踪并不导致公民民事权利能力终止,仅发生财产方面的法律后果。不同国家对于宣告失踪或者宣告死亡规定了不同的前提条件。

我国《涉外民事关系法律适用法》第 13 条规定:宣告失踪或者宣告死亡,适用自然人经常居所地法律。

此外,关于人格权,一般是指作为一个人不能被剥夺的与生俱来的权利。我国《民法通则》所规定的人格权包括:生命权、健康权、姓名权(名称权)、肖像权、名誉权、荣誉权、婚姻自主权(所谓的配偶权)等。

我国《涉外民事关系法律适用法》第 15 条规定:人格权的内容,适用权利人经常居所地法律。

(二) 法人权利能力和行为能力的法律适用

解决法人权利能力和行为能力的法律冲突问题,国际上的通行做法是适用法人的属人法,即法人的国籍所属国法或住所地法。但实际上,外国法人在内国活动,其在内国的权利能力、行为能力的范围,受到本国法和内国法的双重限制和制约,即一般要重叠适用其本国法和内国法。我国《民通意见》第 184 条第 2 款规定:外国法人在我国领域内进行的民事活动,必须符合我国的法律规定。

我国《涉外民事关系法律适用法》第 14 条规定:法人及其分支机构的民事权利能力、民事行为能力、组织机构、股东权利义务等事项,适用登记地法律。法人的主营业地与登记地不一致的,可以适用主营业地法律。法人的经常居所地,为其主营业地。

(三) 时效的法律适用

我国《民通意见》第 195 条规定:涉外民事法律关系的诉讼时效,依冲突规范确定的民事法律关系的准据法确定。

我国《涉外民事关系法律适用法》第 7 条规定:诉讼时效,适用相关涉外民事关系应当适用的法律。

(四) 代理

我国《涉外民事关系法律适用法》第 16 条规定:代理适用代理行为地法律,但被代理人与代理人的民事关系,适用代理关系发生地法律。当事人可以协议选择委托代理适用的法律。

(五) 信托

信托是指委托人基于对受托人的信任,将其财产权委托给受托人,由受托人按委托人的意愿以自己的名义,为受益人的利益或者特定目的进行管理或者处分的行为。

我国《涉外民事关系法律适用法》第 17 条规定:当事人可以协议选择信托适用的法律。当事人没有选择的,适用信托财产所在地法律或者信托关系发生地法律。

二、例题

1. 新加坡公民王颖与顺捷国际信托公司在北京签订协议,将其在中国的财产交由该公司管理,并指定受益人为其幼子李力。在管理信托财产的过程中,王颖与顺捷公司发生纠纷,并诉至某人民法院。关于该信托纠纷的法律适用,下列哪些选项是正确的:(2017 年真题,多选)

A. 双方可协议选择适用瑞士法
B. 双方可协议选择适用新加坡法
C. 如双方未选择法律,法院应适用中国法
D. 如双方未选择法律,法院应在中国法与新加坡法中选择适用有利于保护李力利益的法律

[释疑] 《涉外民事关系法律适用法》第 17 条规定:"当事人可以协议选择信托适用的法律。当事人没有选择的,适用信托财产所在地法律或者信托关系发生地法律。"故本题中双方可协议选择法律,在未选择的情况下,由于信托财产所在地或信托关系发生地均在中国,因而应适用中国法,A、B、C 选项正确,D 选项错误。(答案:ABC)

2. 经常居所同在上海的越南公民阮某与中国公民李某结伴乘新加坡籍客轮从新加坡到印度游玩。客轮在公海遇风暴沉没,两人失踪。现两人亲属在上海某法院起诉,请求宣告两人失踪。依中国法律规定,下列哪一选项是正确的?(2016 年真题,单选)

A. 宣告两人失踪,均应适用中国法
B. 宣告阮某失踪,可适用中国法或越南法
C. 宣告李某失踪,可适用中国法或新加坡法
D. 宣告阮某与李某失踪,应分别适用越南法与中国法

[释疑] 本题考点为自然人宣告失踪的法律适用。《涉外民事关系法律适用法》第13条规定:"宣告失踪或者宣告死亡,适用自然人经常居所地法律。"本案中,两人的经常居所地均在上海,故均应适用中国法,只有A选项正确。(答案:A)

3. 韩国公民金某在新加坡注册成立一家公司,主营业地设在中国香港地区。依中国法律规定,下列哪些选项是正确的? (2016年真题,多选)
A. 该公司为新加坡籍
B. 该公司拥有韩国与新加坡双重国籍
C. 该公司的股东权利义务适用中国内地法
D. 该公司的民事权利能力与行为能力可适用香港地区法或新加坡法

[释疑] 本题考点为外国法人的国籍之确定及其能力的法律适用。《民通意见》第184条规定,外国法人以其注册登记地国家的法律为其本国法,法人的民事行为能力依其本国法确定。本题中该公司在新加坡注册,故应为新加坡国籍,A选项正确、B选项错误。《涉外民事关系法律适用法》第14条规定:"法人及其分支机构的民事权利能力、民事行为能力、组织机构、股东权利义务等事项,适用登记地法律。法人的主营业地与登记地不一致的,可以适用主营业地法律。法人的经常居所地,为其主营业地。"本题中,该公司的登记地为新加坡,主营业地在中国香港地区,主营业地与登记地并不一致,故该公司的股东权利义务、民事权利能力、民事行为能力等事项,可以适用香港地区法律或者新加坡法,故C选项错误、D选项正确。(答案:AD)

4. 甲国公民琼斯的经常居住地在乙国,其在中国居留期间,因合同纠纷在中国法院参与民事诉讼。关于琼斯的民事能力的法律适用,下列哪一选项是正确的? (2012年真题,单选)
A. 民事权利能力适用甲国法
B. 民事权利能力适用中国法
C. 民事行为能力应重叠适用甲国法和中国法
D. 依照乙国法琼斯为无民事行为能力,依照中国法为有民事行为能力的,其民事行为能力适用中国法

[释疑] 自然人的民事行为能力适用其经常居所地法,自然人从事民事活动,依照经常居所地法律为无民事行为能力的,依照行为地法律为有民事行为能力的,适用行为地法律,但涉及婚姻家庭、继承的除外,故应选D选项。(答案:D)

5. 甲国A公司和乙国B公司共同出资组建了C公司,C公司注册地和主营业地均在乙国,同时在甲国、乙国和中国设有分支机构,现涉及中国某项业务诉诸中国某法院。根据我国相关法律规定,该公司的民事行为能力应当适用哪国法律? (2011年真题,单选)
A. 甲国法
B. 乙国法
C. 中国法
D. 乙国法或者中国法

[释疑] 我国《涉外民事关系法律适用法》第14条规定:法人及其分支机构的民事权利能力、民事行为能力、组织机构、股东权利义务等事项,适用登记地法律。法人的主营业地与登记地不一致的,可以适用主营业地法律。法人的经常居所地,为其主营业地。本题中公司注册

地和主营业地均在乙国,该公司的民事行为能力应当适用乙国法,故答案应为 B 选项。(答案:B)

6. 甲国人特里长期居于乙国,丙国人王某长期居于中国,两人在北京经营相互竞争的同种产品。特里不时在互联网上发布不利于王某的消息,王某在中国法院起诉特里侵犯其名誉权、肖像权和姓名权。关于该案的法律适用,根据我国相关法律规定,下列哪些选项是错误的?(2011年真题,多选)

A. 名誉权的内容应适用中国法律,因为权利人的经常居住地在中国
B. 肖像权的侵害适用甲国法律,因为侵权人是甲国人
C. 姓名权的侵害适用乙国法律,因为侵权人的经常居所地在乙国
D. 网络侵权应当适用丙国法律,因为被侵权人是丙国人

[释疑] 《涉外民事关系法律适用法》第 15 条规定:人格权的内容,适用权利人经常居所地法律。A 选项表述本身正确。第 46 条规定:通过网络或者采用其他方式侵害姓名权、肖像权、名誉权、隐私权等人格权的,使用被侵权人经常居所地法律。故 B、C、D 选项错误。(答案:BCD)

三、提示与预测

《民通意见》第 195 条关于诉讼时效法律适用的规定在司考中反复出现过,应重点把握。代理、信托的法律适用规定是新法增加的内容,也值得关注。

考点 3 物权

一、精讲

1. 物之所在地法原则

物之所在地法即物权关系客体物所在地的法律,它是目前国际私法上用来解决物权关系法律冲突的一项基本原则。对于物权关系的法律适用,一般将动产物权和不动产物权区分开来。不动产物权适用不动产所在地法是各国普遍采用、基本没有争议的规则;但关于动产物权,有的主张适用物之所在地法,有的主张适用当事人住所地法,有的主张适用行为地法,有的主张适用支配转让行为的自体法。

通常情况下,物之所在地法的适用范围及例外:

(1) 从有关实践来看,通常情况下物之所在地法适用于:①动产与不动产的区分;②决定物权客体的范围;③决定物权的种类和内容;④决定物权的取得、转移、变更和消灭的方式及条件;⑤决定物权的保护方法。

(2) 由于某些物的特殊性或处于特殊状态,物之所在地法的适用有如下例外:①运送中的物品的物权关系一般适用送达地法或发送地法。②船舶、飞行器等运输工具的物权关系一般适用登记注册地法或船旗国法。③外国法人终止或解散时,有关物权关系一般适用法人属人法。④遗产继承目前主要有单一制和区别制两种做法,采取单一制的国家有时根本不考虑遗产所在地法;采取区别制的国家对动产一般适用被继承人的属人法。

2. 我国关于物权关系法律适用的有关规定

(1) 不动产物权和动产物权

《涉外民事关系法律适用法》第 36 条规定:"不动产物权,适用不动产所在地法律。"

《涉外民事关系法律适用法》第37条规定："当事人可以协议选择动产物权适用的法律。当事人没有选择的,适用法律事实发生时动产所在地法律。"

《涉外民事关系法律适用法》第38条规定："当事人可以协议选择运输中动产物权发生变更适用的法律。当事人没有选择的,适用运输目的地法律。"

《民法通则》第144条规定："不动产的所有权,适用不动产所在地法律。"

《民通意见》第186条规定："土地、附着于土地的建筑物及其他定着物、建筑物的固定附属设备为不动产。不动产的所有权、买卖、租赁、抵押、使用等民事关系,均应适用不动产所在地法律。"

（2）船舶物权

① 船舶所有权。《海商法》第270条规定："船舶所有权的取得、转让和消灭,适用船旗国法律。"

② 船舶抵押权。《海商法》第271条规定："船舶抵押权适用船旗国法律。船舶在光船租赁以前或者光船租赁期间,设立船舶抵押权的,适用原船舶登记国的法律。"

③ 船舶优先权。《海商法》第272条规定："船舶优先权,适用受理案件的法院所在地法律。"

（3）民用航空器物权

① 航空器所有权。《民用航空法》第185条规定："民用航空器所有权的取得、转让和消灭,适用民用航空器国籍登记国法律。"

② 航空器抵押权。《民用航空法》第186条规定："民用航空器抵押权适用民用航空器国籍登记国法律。"

③ 航空器优先权。《民用航空法》第187条规定："民用航空器优先权适用受理案件的法院所在地法律。"

（4）权利质权和有价证券

《涉外民事关系法律适用法》第40条规定:权利质权,适用质权设立地法律。

《涉外民事关系法律适用法》第39条规定:有价证券,适用有价证券权利实现地法律或者其他与该有价证券有最密切联系的法律。

二、例题

A公司和B公司于2011年5月20日签订合同,由A公司将一批平板电脑售卖给B公司。A公司和B公司营业地分别位于甲国和乙国,两国均为《联合国国际货物销售合同公约》缔约国。合同项下的货物由丙国C公司的"潇湘"号商船承运,装运港是甲国某港口,目的港是乙国某港口。在运输途中,B公司与中国D公司就货物转卖达成协议。B公司与D公司就运输途中平板电脑的所有权产生了争议,D公司将争议诉诸中国某法院。根据我国有关法律适用的规定,关于平板电脑所有权的法律适用,下列选项正确的是：(2011年真题,不定选)

A. 当事人有约定的,可以适用当事人选择的法律,也可以适用乙国法

B. 当事人有约定的,应当适用当事人选择的法律

C. 当事人没有约定的,应当适用甲国法

D. 当事人没有约定的,应当适用乙国法

[释疑] 根据《涉外民事关系法律适用法》第38条之规定,当事人可以协议选择运输中

动产物权发生变更适用的法律。当事人没有选择的,适用运输目的地法律。故 B、C 选项正确。(答案:BC)

三、提示与预测

动产物权的法律适用是《涉外民事关系法律适用法》新增加的规定,值得关注。船舶物权的法律适用是司考的重点。船舶物权与航空器物权都是较为特殊的物权,在法律适用上也存在很多共性,应该类比记忆。船舶与民用航空器所有权的相关问题都适用其国籍国法律,抵押权也适用国籍国法律(船舶的光船租赁比较特殊,应特别记忆),优先权都适用受理案件的法院地法律。

考点 4 债权

一、精讲

(一)合同的法律适用的理论及我国的相关规定

合同的法律适用是指合同的法律选择或合同准据法的确定。

1. 确定合同准据法的两对基本概念

(1)单一论与分割论。单一论主张对于不同性质的合同应不分类型,统一确定其准据法,对于同一合同应就整个合同适用同一法律。分割论主张,对于不同性质的合同应适用不同的准据法,对于同一合同应就合同的不同方面适用不同的法律。

(2)主观论与客观论。主观论主张,合同当事人有权选择适用于合同的法律。客观论则主张,合同的准据法应根据合同与某一国家有最密切联系的客观标志来确定。

2. 确定合同准据法的通常方法

(1)当事人意思自治原则。

(2)最密切联系说。

(3)客观标志说。客观标志说即认为某一合同准据法应当是在客观上最适合支配该合同的法律,如合同签订地、合同履行地、当事人住所地、船旗国等。

(4)特征性履行方法。特征性履行方法是指涉外合同当事人未选择合同应适用的法律时,根据合同的特殊性质,基于"特征性履行行为"而确定合同准据法的理论。特征性履行又称为特征性给付,是指双务合同中代表合同本质特征的当事人履行合同的行为,如买卖合同中卖方交付货物的行为,即属特征性履行;而买方支付货款的行为属金钱给付,这种行为仅仅体现了双务合同的共性,不能反映买卖合同的本质特征,因而属于非特征性履行。按照特征性履行方法,合同准据法应为担负特征性履行义务的当事人的住所地法,或惯常居所地法,或营业所所在地法。

(5)合同自体法。合同自体法一般是指涉外合同当事人明示选择的法律。该理论主张,在当事人未作明示选择,而且也无法推知当事人的意图时,应适用与该涉外合同有最密切、最真实联系的法律。

3. 我国关于涉外合同法律适用的规定

《涉外民事关系法律适用法》第 41 条规定:当事人可以协议选择合同适用的法律。当事人没有选择的,适用履行义务最能体现该合同特征的一方当事人经常居所地法律或者其他与该合同有最密切联系的法律。

《合同法》第126条规定,涉外合同的当事人可以选择处理合同争议所适用的法律,但法律另有规定的除外。涉外合同的当事人没有选择的,适用与合同有最密切联系的国家的法律。在中华人民共和国境内履行的中外合资经营企业合同、中外合作经营企业合同、中外合作勘探开发自然资源合同,适用中华人民共和国法律。

最高人民法院《关于审理涉外民事或商事合同纠纷案件法律适用若干问题的规定》这一司法解释尽管已经被废止,但其中关于最密切联系地的判断仍然作为我国司法实践中被沿用的做法继续适用。

关于最密切联系原则,该司法解释规定,当事人未选择合同争议应适用的法律的,适用与合同有最密切联系的国家或者地区的法律。人民法院根据最密切联系原则确定合同争议应适用的法律时,应根据合同的特殊性质,以及某一方当事人履行的义务最能体现合同的本质特性等因素,确定与合同有最密切联系的国家或者地区的法律作为合同的准据法:① 买卖合同,适用合同订立时卖方住所地法;如果合同是在买方住所地谈判并订立的,或者合同明确规定卖方须在买方住所地履行交货义务的,适用买方住所地法。② 来料加工、来件装配以及其他各种加工承揽合同,适用加工承揽人住所地法。③ 成套设备供应合同,适用设备安装地法。④ 不动产买卖、租赁或者抵押合同,适用不动产所在地法。⑤ 动产租赁合同,适用出租人住所地法。⑥ 动产质押合同,适用质权人住所地法。⑦ 借款合同,适用贷款人住所地法。⑧ 保险合同,适用保险人住所地法。⑨ 融资租赁合同,适用承租人住所地法。⑩ 建设工程合同,适用建设工程所在地法。⑪ 仓储、保管合同,适用仓储、保管人住所地法。⑫ 保证合同,适用保证人住所地法。⑬ 委托合同,适用受托人住所地法。⑭ 债券的发行、销售和转让合同,分别适用债券发行地法、债券销售地法和债券转让地法。⑮ 拍卖合同,适用拍卖举行地法。⑯ 行纪合同,适用行纪人住所地法。⑰ 居间合同,适用居间人住所地法。如果上述合同明显与另一国家或者地区有更密切联系的,适用该另一国家或者地区的法律。

适用外国法律违反中华人民共和国社会公共利益的,该外国法律不予适用,而应当适用中华人民共和国法律。

在中华人民共和国领域内履行的下列合同,适用中华人民共和国法律:① 中外合资经营企业合同。② 中外合作经营企业合同。③ 中外合作勘探开发自然资源合同。④ 中外合资经营企业、中外合作经营企业、外商独资企业股份转让合同。⑤ 外国自然人、法人或者其他组织承包经营在中华人民共和国领域内设立的中外合资经营企业、中外合作经营企业的合同。⑥ 外国自然人、法人或者其他组织购买中华人民共和国领域内的非外商投资企业股东的股权的合同。⑦ 外国自然人、法人或者其他组织认购中华人民共和国领域内的非外商投资有限责任公司或者股份有限公司增资的合同。⑧ 外国自然人、法人或者其他组织购买中华人民共和国领域内的非外商投资企业资产的合同。⑨ 中华人民共和国法律、行政法规规定应适用中华人民共和国法律的其他合同。

4. 特殊合同法律适用的有关规定

《涉外民事关系法律适用法》第42条规定:消费者合同,适用消费者经常居所地法律;消费者选择适用商品、服务提供地法律或者经营者在消费者经常居所地没有从事相关经营活动的,适用商品、服务提供地法律。

《涉外民事关系法律适用法》第43条规定:劳动合同,适用劳动者工作地法律;难以确定劳动者工作地的,适用用人单位主营业地法律。劳务派遣,可以适用劳务派出地法律。

(二) 侵权行为的法律适用

1. 对侵权行为的法律适用的一般做法

① 适用侵权行为地法,但有的国家以加害行为地作为侵权行为地,有的国家把损害发生地作为侵权行为地,还有的国家认为两者均为侵权行为地。② 选择适用侵权行为地法和当事人共同属人法。③ 重叠适用侵权行为地法和法院地法。④ 选择适用侵权行为地法、法院地法和当事人共同属人法。

但自20世纪中期以来,侵权行为的法律适用出现了如下新发展:① 侵权行为自体法与最密切联系原则的产生;② 当事人意思自治开始进入侵权法领域;③ 对受害人有利的法律有时影响侵权行为的法律适用。另外,现在各国一般对一些特殊的侵权行为,如交通事故、产品责任、不正当竞争、海上侵权等,单独解决其法律选择问题。

2. 我国关于侵权行为的法律适用的规定

我国的有关规定可以归纳如下:

侵权法律适用原则	我国相关法条
(1) 侵权行为地法原则	①《民法通则》第146条第1款规定:侵权行为的损害赔偿,适用侵权行为地法律。 ②《海商法》第273条关于船舶碰撞的法律适用和《民用航空法》第189条关于民用航空器对地面第三人的损害赔偿,都规定适用侵权行为地法。 ③ 关于侵权行为地的确定,《民通意见》第187条规定:侵权行为地法律包括侵权行为实施地法律和侵权结果发生地法律;如果两者不一致,由人民法院选择适用。
(2) 共同属人法原则	《民法通则》第146条第1款规定:当事人双方国籍相同或者在同一个国家有住所的,也可以适用当事人本国法律或者住所地法律。
(3) 重叠适用侵权行为地法和法院地法原则	《民法通则》第146条第2款规定:中华人民共和国法律不认为在中华人民共和国领域外发生的行为是侵权行为的,不作为侵权行为处理。
(4) 法院地法原则	①《海商法》第273条第2款规定:船舶在公海上发生碰撞的损害赔偿,适用受理案件的法院所在地法律。 ②《海商法》第275条规定:海事赔偿责任限制,适用受理案件的法院所在地法律。 ③《民用航空法》第189条第2款规定:民用航空器在公海上空对水面第三人的损害赔偿,适用受理案件的法院所在地法律。
(5) 船旗国法原则	《海商法》第273条第3款规定:同一国籍的船舶,不论碰撞发生在何地,碰撞船舶之间的损害赔偿适用船旗国法律。

侵权行为	我国相关法条
(1) 一般侵权行为	①《涉外民事关系法律适用法》第44条规定:侵权责任,适用侵权行为地法律,但当事人有共同经常居所地的,适用共同经常居所地法律。侵权行为发生后,当事人协议选择适用法律的,按照其协议。 ②关于侵权行为地的确定,《民通意见》第187条规定:侵权行为地的法律包括侵权行为实施地法律和侵权结果发生地法律。如果两者不一致时,人民法院可以选择适用。
(2) 产品责任侵权	《涉外民事关系法律适用法》第45条规定:产品责任,适用被侵权人经常居所地法律;被侵权人选择适用侵权人主营业地法律、损害发生地法律的,或者侵权人在被侵权人经常居所地没有从事相关经营活动的,适用侵权人主营业地法律或者损害发生地法律。
(3) 侵犯人格权	《涉外民事关系法律适用法》第46条规定:通过网络或者采用其他方式侵害姓名权、肖像权、名誉权、隐私权等人格权的,适用被侵权人经常居所地法律。
(4) 船舶碰撞侵权	①《海商法》第273条规定:船舶碰撞的损害赔偿,适用侵权行为地法律。船舶在公海上发生碰撞的损害赔偿,适用受理案件的法院所在地法律。同一国籍的船舶,不论碰撞发生于何地,碰撞船舶之间的损害赔偿适用船旗国法律。 ②《海商法》第275条规定:海事赔偿责任限制,适用受理案件的法院所在地法律。
(5) 民用航空器侵权	《民用航空法》第189条规定:民用航空器对地面第三人的损害赔偿,适用侵权行为地法律。民用航空器在公海上空对水面第三人的损害赔偿,适用受理案件的法院所在地法律。
(6) 知识产权侵权	《涉外民事关系法律适用法》第50条规定:知识产权的侵权责任,适用被请求保护地法律,当事人也可以在侵权行为发生后协议选择适用法院地法律。

(三) 不当得利、无因管理之债的法律适用

关于不当得利、无因管理之债的法律适用,我国《涉外民事关系法律适用法》第47条规定:不当得利、无因管理,适用当事人协议选择适用的法律。当事人没有选择的,适用当事人共同经常居所地法律;没有共同经常居所地的,适用不当得利、无因管理发生地法律。

二、例题

1. 经常居所在广州的西班牙公民贝克,在服务器位于西班牙的某网络论坛上发帖诽谤经常居所在新加坡的中国公民王某。现王某将贝克诉至广州某法院,要求其承担侵害名誉权的责任。关于该纠纷的法律适用,下列哪一选项是正确的?(2017年真题,单选)

   A. 侵权人是西班牙公民,应适用西班牙法
   B. 被侵权人的经常居所在新加坡,应适用新加坡法
   C. 被侵权人是中国公民,应适用中国法
   D. 论坛服务器在西班牙,应适用西班牙法

   [释疑] 《涉外民事关系法律适用法》第46条规定:"通过网络或者采用其他方式侵害姓名权、肖像权、名誉权、隐私权等人格权的,适用被侵权人经常居所地法律。"故B选项正确。

(答案:B)

2. 中国甲公司将其旗下的东方号货轮光船租赁给韩国乙公司,为便于使用,东方号的登记国由中国变更为巴拿马。现东方号与另一艘巴拿马籍货轮在某海域相撞,并被诉至中国某海事法院。关于本案的法律适用,下列哪一选项是正确的?(2017年真题,单选)

  A. 两船碰撞的损害赔偿应适用中国法
  B. 如两船在公海碰撞,损害赔偿应适用《联合国海洋法公约》
  C. 如两船在中国领海碰撞,损害赔偿应适用中国法
  D. 如经乙公司同意,甲公司在租赁期间将东方号抵押给韩国丙公司,该抵押权应适用中国法

  [释疑] 《海商法》第273条规定:"船舶碰撞的损害赔偿,适用侵权行为地法律。船舶在公海上发生碰撞的损害赔偿,适用受理案件的法院所在地法律。同一国籍的船舶,不论碰撞发生在何地,碰撞船舶之间的损害赔偿适用船旗国法律。"故本题中两船不论在何处碰撞,均应适用巴拿马法,故A、B、C选项错误。《海商法》第271条规定:"船舶抵押权适用船旗国法律。船舶在光船租赁以前或者光船租赁期间,设立船舶抵押权的,适用原船舶登记国的法律。"本题中原船舶登记国为中国,故该船舶抵押权应适用中国法,D选项正确。(答案:D)

3. 英国公民苏珊来华短期旅游,因疏忽多付房费1 000元,苏珊要求旅店返还遭拒后,将其诉至中国某法院。关于该纠纷的法律适用,下列哪一选项是正确的?(2016年真题,单选)

  A. 因与苏珊发生争议的旅店位于中国,因此只能适用中国法
  B. 当事人可协议选择适用瑞士法
  C. 应适用中国法和英国法
  D. 应在英国法与中国法中选择适用对苏珊有利的法律

  [释疑] 本题考点为不当得利的法律适用。《涉外民事关系法律适用法》第47条规定:"不当得利、无因管理,适用当事人协议选择适用的法律。当事人没有选择的,适用当事人共同经常居所地法律;没有共同经常居所地的,适用不当得利、无因管理发生地法律。"本案中,双方当事人可以协议选择适用的法律,如果没有协议,由于双方并无共同经常居所地,则应适用不当得利发生地法中国法。因此答案应为B选项,其他选项错误。(答案:B)

4. 甲国游客杰克于2015年6月在北京旅游时因过失导致北京居民孙某受重伤。现孙某在北京以杰克为被告提起侵权之诉。关于该侵权纠纷的法律适用,下列哪一选项是正确的?(2015年真题,单选)

  A. 因侵权行为发生在中国,应直接适用中国法
  B. 如当事人在开庭前协议选择适用乙国法,应予支持,但当事人应向法院提供乙国法的内容
  C. 因本案仅与中国、甲国有实际联系,当事人只能在中国法与甲国法中进行选择
  D. 应在中国法与甲国法中选择适用更有利于孙某的法律

  [释疑] 普通侵权允许当事人协议选择法律适用,当事人在一审法庭辩论前选择均可,当事人如果选择了外国法,就应当提供该外国法的内容,故B选项正确。(答案:B)

5. 甲国公民大卫被乙国某公司雇佣,该公司主营业地在丙国,大卫工作内容为巡回于东亚地区进行产品售后服务,后双方因劳动合同纠纷诉诸中国某法院。关于该纠纷应适用的法律,下列哪一选项是正确的?(2014年真题,单选)

A. 中国法　　　　　　　　　　B. 甲国法
C. 乙国法　　　　　　　　　　D. 丙国法

[释疑]　《涉外民事关系法律适用法》第43条规定:劳动合同,适用劳动者工作地法律;难以确定劳动者工作地的,适用用人单位主营业地法律。劳务派遣,可以适用劳务派出地法律。本题中,属于难以确定劳动者工作地的情形,故应适用用人单位主营业地法丙国法。答案为D选项。(答案:D)

6. 中国甲公司与巴西乙公司因合同争议在中国法院提起诉讼。关于该案的法律适用,下列哪些选项是正确的?(2014年真题,多选)
　　A. 双方可协议选择合同争议适用的法律
　　B. 双方应在一审开庭前通过协商一致,选择合同争议适用的法律
　　C. 因法院地在中国,本案的时效问题应适用中国法
　　D. 如案件涉及中国环境安全问题,该问题应适用中国法

[释疑]　一般的合同允许当事人意思自治,故A选项正确。协议选择适用的法律应在第一次法庭辩论终结时而不是开庭前,故B选项错误。诉讼时效适用相关涉外民事关系应当适用的法律,故C选项错误。环境安全方面的法律,属于我国强制性的必须直接适用的法律,故D选项正确。(答案:AD)

7. 甲国公民A与乙国公民B的经常居住地均在中国,双方就在丙国境内发生的侵权纠纷在中国法院提起诉讼。关于该案的法律适用,下列哪些选项是正确的?(2012年真题,多选)
　　A. 如侵权行为发生后双方达成口头协议,就纠纷的法律适用做出了选择,应适用协议选择的法律
　　B. 如侵权行为发生后双方达成书面协议,就纠纷的法律适用做出了选择,应适用协议选择的法律
　　C. 如侵权行为发生后双方未选择纠纷适用的法律,应适用丙国法
　　D. 如侵权行为发生后双方未选择纠纷适用的法律,应适用中国法

[释疑]　《涉外民事关系法律适用法》第3条规定:"当事人依照法律规定可以明示选择涉外民事关系适用的法律。"此处明示协议应该如何理解?官方答案认为A、B选项都正确,即认为书面协议和口头协议均为明示协议。《涉外民事关系法律适用法》第44条规定:侵权责任,适用侵权行为地法律,但当事人有共同经常居所地的,适用共同经常居所地法律。侵权行为发生后,当事人协议选择适用法律的,按照其协议。因此,在当事人未协议选择适用何种法律的情况下,本案应适用共同经常居所地(本题中当事人的共同经常居所地为中国)法律,D选项也正确。(答案:ABD)

三、提示与预测

涉外合同和侵权的法律适用是高频考点,可能与实践中这类争端较多有关。关于涉外合同,除《合同法》第126条的规定之外,还应掌握最高人民法院《关于审理涉外民事或商事合同纠纷案件法律适用若干问题的规定》。关于涉外侵权,建议理清思路,分别掌握我国关于一般侵权的法律适用规定、船舶和航空器侵权的法律适用规定等。

考点 5　涉外知识产权的法律适用

一、精讲

知识产权,指权利人对其所创作的智力劳动成果所享有的专有权利,如专利权、商标权、著作权等。我国《涉外民事关系法律适用法》对于涉外知识产权的法律适用作了如下规定:

	我国相关法条
知识产权的归属和内容	《涉外民事关系法律适用法》第 48 条规定:知识产权的归属和内容,适用被请求保护地法律。
知识产权的转让和许可使用	《涉外民事关系法律适用法》第 49 条规定:当事人可以协议选择知识产权转让和许可使用适用的法律。当事人没有选择的,适用本法对合同的有关规定。
知识产权的侵权责任	《涉外民事关系法律适用法》第 50 条规定:知识产权的侵权责任,适用被请求保护地法律,当事人也可以在侵权行为发生后协议选择适用法院地法律。

二、例题

1. 韩国甲公司为其产品在中韩两国注册了商标。中国乙公司擅自使用该商标生产了大量仿冒产品并销售至中韩两国。现甲公司将乙公司诉至中国某法院,要求其承担商标侵权责任。关于乙公司在中韩两国侵权责任的法律适用,依中国法律规定,下列哪些选项是正确的?(2016 年真题,多选)

　　A. 双方可协议选择适用中国法

　　B. 均应适用中国法

　　C. 双方可协议选择适用韩国法

　　D. 如双方无法达成一致,则应分别适用中国法与韩国法

　　[释疑]　本题考点为涉外知识产权侵权的法律适用。《涉外民事关系法律适用法》第 50 条规定:"知识产权的侵权责任,适用被请求保护地法律,当事人也可以在侵权行为发生后协议选择适用法院地法律。"本题中,权利人在韩国和中国均注册了商标,对于侵犯商标权的指控,应适用被请求保护地法,但也可以协议选择法院地法(本题中法院地在中国,即可以选择中国法)。故 A 选项正确,B、C 选项错误。在本案中,由于乙公司在中国和韩国均存在销售仿冒产品的行为,被请求保护地分别为中国和韩国,故如果双方无法达成一致,则应分别适用中国法和韩国法,故 D 选项正确。(答案:AD)

2. 德国甲公司与中国乙公司签订许可使用合同,授权乙公司在英国使用甲公司在英国获批的某项专利。后因相关纠纷诉诸中国法院。关于该案的法律适用,下列哪些选项是正确的?(2014 年真题,多选)

　　A. 关于本案的定性,应适用中国法

　　B. 关于专利权归属的争议,应适用德国法

　　C. 关于专利权内容的争议,应适用英国法

　　D. 关于专利权侵权的争议,双方可以协议选择法律,不能达成协议,应适用与纠纷有最密切联系的法律

　　[释疑]　涉外民事关系的定性,适用法院地法,故 A 选项正确。专利权的内容和归属,适

用被请求保护地法,本案中被请求保护地为英国,故 B 选项错误、C 选项正确。知识产权侵权,适用被请求保护地法,当事人也可以协议适用法院地法,故 D 选项错误。(答案:AC)

三、提示与预测

我国《涉外民事关系法律适用法》对涉外知识产权的法律适用的规定属于新增法条,复习时应作为重点关注。

考点 6 涉外商事关系的法律适用

一、精讲

(一) 我国涉外票据关系法律适用的规定

根据我国《票据法》第 94 条第 2 款的规定,涉外票据是指"出票、背书、承兑、保证、付款等行为中,既有发生在中华人民共和国国内又有发生在中华人民共和国国境外的票据"。

1. 票据当事人能力

《票据法》第 96 条规定:票据债务人的民事行为能力,适用其本国法律。票据债务人的民事行为能力,依照其本国法律为无民事行为能力或者为限制民事行为能力而依照行为地法律为完全民事行为能力的,适用行为地法律。

2. 票据行为方式

(1)《票据法》第 97 条规定:汇票、本票出票时的记载事项,适用出票地法律。支票出票时的记载事项,适用出票地法律,经当事人协议,也可以适用付款地法律。

(2)《票据法》第 98 条规定:票据的背书、承兑、付款和保证行为,适用行为地法律。

3. 票据追索权行使期限

《票据法》第 99 条规定:票据追索权的行使期限,适用出票地法律。

4. 持票人责任

《票据法》第 100 条规定:票据的提示期限、有关拒绝证明的方式、出具拒绝证明的期限,适用付款地法律。

5. 票据丧失时权利保全程序

《票据法》第 101 条规定:票据丧失时,失票人请求保全票据权利的程序,适用付款地法律。

(二) 我国关于海事关系法律适用的规定

1. 意思自治与最密切联系原则

《海商法》第 269 条规定:合同当事人可以选择合同适用的法律,法律另有规定的除外。合同当事人没有选择的,适用与合同有最密切联系的国家的法律。

2. 船旗国法原则

(1)《海商法》第 270 条规定:船舶所有权的取得、转让和消灭,适用船旗国法律。

(2)《海商法》第 271 条规定:船舶抵押权适用船旗国法律。船舶在光船租赁以前或者光船租赁期间,设立船舶抵押权的,适用原船舶登记国的法律。

(3)《海商法》第 273 条第 3 款规定:同一国籍的船舶,不论碰撞发生在何地,碰撞船舶之间的损害赔偿适用船旗国法律。

3. 侵权行为地法原则

《海商法》第 273 条第 1 款规定：船舶碰撞的损害赔偿，适用侵权行为地法律。

4. 法院地法原则

（1）《海商法》第 272 条规定：船舶优先权，适用受理案件的法院所在地法律。

（2）《海商法》第 273 条第 2 款规定：船舶在公海上发生碰撞的损害赔偿，适用受理案件的法院所在地法律。

（3）《海商法》第 275 条规定：海事赔偿责任限制，适用受理案件的法院所在地法律。

5. 理算地法原则

《海商法》第 274 条规定：共同海损理算，适用理算地法律。

（三）我国关于民用航空关系法律适用的规定

1. 航空器国籍国法原则

（1）《民用航空法》第 185 条规定：民用航空器所有权的取得、转让和消灭，适用民用航空器国籍登记国法律。

（2）《民用航空法》第 186 条规定：民用航空器抵押权适用民用航空器国籍登记国法律。

2. 法院地法原则

（1）《民用航空法》第 187 条规定：民用航空器优先权适用受理案件的法院所在地法律。

（2）《民用航空法》第 189 条第 2 款规定：民用航空器在公海上空对水面第三人的损害赔偿，适用受理案件的法院所在地法律。

3. 意思自治与最密切联系原则

《民用航空法》第 188 条规定：民用航空运输合同当事人可以选择合同适用的法律，但是法律另有规定的除外；合同当事人没有选择的，适用与合同有最密切联系的国家的法律。

4. 侵权行为地法原则

《民用航空法》第 189 条第 1 款规定：民用航空器对地面第三人的损害赔偿，适用侵权行为地法律。

二、例题

1. 中国公民李某在柏林签发一张转账支票给德国甲公司用于支付货款，付款人为中国乙银行北京分行；甲公司在柏林将支票背书转让给中国丙公司，丙公司在北京向乙银行请求付款时被拒。关于该支票的法律适用，依中国法律规定，下列哪一选项是正确的？（2017 年真题，单选）

A. 如李某依中国法为限制民事行为能力人，依德国法为完全民事行为能力人，应适用德国法

B. 甲公司对该支票的背书行为，应适用中国法

C. 丙公司向甲公司行使票据追索权的期限，应适用中国法

D. 如丙公司不慎将该支票丢失，其请求保全票据权利的程序，应适用德国法

[释疑]　《票据法》第 96 条规定：票据债务人的民事行为能力，适用其本国法律。票据债务人的民事行为能力，依照其本国法律为无民事行为能力或者为限制民事行为能力而依照行为地法律为完全民事行为能力的，适用行为地法律。本题中中国人李某出票的行为地在德国，

故 A 选项正确。《票据法》第 98 条规定:"票据的背书、承兑、付款和保证行为,适用行为地法律。"故背书应适用德国法,B 选项错误。《票据法》第 99 条规定:"票据追索权的行使期限,适用出票地法律。"故本题中票据追索权应适用德国法,C 选项错误。《票据法》第 101 条规定:"票据丧失时,失票人请求保全票据权利的程序,适用付款地法律。"请求保全票据权利的程序,本题中应适用中国法,故 D 选项错误。(答案:A)

2. 甲国人罗得向希姆借了一笔款。罗得在乙国给希姆开具了一张 5 万美元的支票,其记载的付款人是罗得开立账户的丙国银行。后丙国银行拒绝向持有支票的希姆付款。因甲国战乱,希姆和罗得移居中国经商并有了住所,希姆遂在中国某法院起诉罗得,要求其支付 5 万美元。关于此案的法律适用,下列哪一选项是正确的?(2009 年真题,单选)

A. 该支票的追索应适用当事人选择的法律
B. 该支票追索权的行使期限应适用甲国法律
C. 该支票的记载事项适用乙国法律
D. 该支票记载的付款人是丙国银行,罗得的行为能力应适用丙国法

[释疑] 根据《票据法》第 99 条的规定,票据追索权的行使期限,适用出票地法律,故在本题中该支票的追索权应适用出票地乙国法。根据《票据法》第 97 条的规定,汇票、本票出票时的记载事项,适用出票地法律。支票出票时的记载事项,适用出票地法律,经当事人协议,也可以适用付款地法律,本题中的支票当事人并未约定适用付款地法,故应适用出票地法乙国法。(答案:C)

三、提示与预测

涉外商事关系问题,我国的规定并不复杂,无非就是票据、海商和民航三个方面的几个法条,特别应注意涉外票据法律适用的几个法条,应注意区分什么情况下适用行为地、出票地、付款地法,以免混淆。

考点 7 家庭

一、精讲

(一) 我国关于涉外结婚法律适用的规定

我国《涉外民事关系法律适用法》第 21 条规定:结婚条件,适用当事人共同经常居所地法律;没有共同经常居所地的,适用共同国籍国法律;没有共同国籍,在一方当事人经常居所地或者国籍国缔结婚姻的,适用婚姻缔结地法律。

第 22 条规定:结婚手续,符合婚姻缔结地法律、一方当事人经常居所地法律或者国籍国法律的,均为有效。

此外,在条约或互惠的基础上,我国也承认具有相同国籍的外国人双方在其本国驻华使领馆成立的婚姻为有效婚姻。

(二) 夫妻关系的法律适用

夫妻关系是合法有效的婚姻产生的特定男女之间的一种法律关系,包括夫妻人身关系和夫妻财产关系。各国国际私法一般区分夫妻人身关系和夫妻财产关系,分别确定其准据法。

1. 夫妻人身关系包括姓氏权、同居义务、忠贞及扶助义务、住所决定权、从事职业和社会活动的权利、夫妻之间的代理权等内容

解决其法律适用问题的做法主要有：

(1) 适用当事人的属人法。

(2) 适用属人法和行为地法。

我国《涉外民事关系法律适用法》第 23 条规定：夫妻人身关系，适用共同经常居所地法律；没有共同经常居所地的，适用共同国籍国法律。

2. 夫妻财产关系的法律适用

夫妻财产关系又称夫妻财产制，是指具有合法婚姻关系的男女双方对家庭财产的权利义务，主要包括婚姻对双方当事人婚前财产发生什么效力，婚姻存续期间的财产归属，以及夫妻对财产的管理、处分和债务承担等方面的制度。解决夫妻财产关系的法律冲突主要有意思自治原则或属人法原则。

我国《涉外民事关系法律适用法》第 24 条规定：夫妻财产关系，当事人可以协议选择适用一方当事人经常居所地法律、国籍国法律或者主要财产所在地法律。当事人没有选择的，适用共同经常居所地法律；没有共同经常居所地的，适用共同国籍国法律。

(三) 父母子女间的人身关系和财产关系的法律适用

父母子女间的人身关系和财产关系的相关规定，都是以对子女的利益保护为目的的，两者在内容上很难清晰区分，例如对子女的法定代理权，既可以体现在父母子女的人身关系中，也可以体现在其财产关系中。

我国《涉外民事关系法律适用法》第 25 条规定：父母子女人身、财产关系，适用共同经常居所地法律；没有共同经常居所地的，适用一方当事人经常居所地法律或者国籍国法律中有利于保护弱者权益的法律。

(四) 离婚案件的管辖权和离婚的法律适用

1. 我国关于涉外离婚案件管辖权的规定

根据《民事诉讼法》第 21 条、第 22 条第(1)项的规定，只要被告在我国有住所或居所，我国法院就有管辖权；同时，对于被告不在我国境内居住的离婚案件，如原告在我国境内有住所或居所，则原告住所地或居所地法院也有管辖权。

最高人民法院《关于适用〈中华人民共和国民事诉讼法〉的解释》对涉外离婚案件的管辖权作了比较详细的规定：

第 13 条规定：在国内结婚并定居国外的华侨，如定居国法院以离婚诉讼须由婚姻缔结地法院管辖为由不予受理，当事人向人民法院提出离婚诉讼的，由婚姻缔结地或者一方在国内的最后居住地人民法院管辖。

第 14 条规定：在国外结婚并定居国外的华侨，如定居国法院以离婚诉讼须由国籍所属国法院管辖为由不予受理，当事人向人民法院提出离婚诉讼的，由一方原住所地或者在国内的最后居住地人民法院管辖。

第 15 条规定：中国公民一方居住在国外，一方居住在国内，不论哪一方向人民法院提起离婚诉讼，国内一方住所地人民法院都有权管辖。国外一方在居住国法院起诉，国内一方向人民法院起诉的，受诉人民法院有权管辖。

第 16 条规定：中国公民双方在国外但未定居，一方向人民法院起诉离婚的，应由原告或者

被告原住所地人民法院管辖。

2. 我国关于涉外离婚案件法律适用的规定

《涉外民事关系法律适用法》第 26 条规定：协议离婚，当事人可以协议选择适用一方当事人经常居所地法律或者国籍国法律。当事人没有选择的，适用共同经常居所地法律；没有共同经常居所地的，适用共同国籍国法律；没有共同国籍的，适用办理离婚手续机构所在地法律。

《涉外民事关系法律适用法》第 27 条规定：诉讼离婚，适用法院地法律。

（五）我国关于涉外收养的法律适用的规定

对收养成立的形式要件，大都主张适用收养成立地法，也有主张适用与解除收养实质要件相同的准据法。但对收养成立的实质要件，有适用法院地法、收养人属人法、收养发生地法等不同的主张。

根据 1999 年我国国务院批准的《外国人在中华人民共和国收养子女登记办法》第 3 条和 1998 年修订的《收养法》第 21 条的规定，外国人在华收养子女应符合《收养法》的规定，并不得违背收养人经常居所地法律。这说明外国人在我国收养子女，必须重叠适用我国《收养法》和收养人经常居所地法律。

上述规定只是针对外国人在我国收养子女作了单边规定，对于中国人在外国收养子女的问题，以及收养的条件、效力和解除是否适用不同法律的问题，则未明确。我国《涉外民事关系法律适用法》第 28 条则作了比较全面的规定：收养的条件和手续，适用收养人和被收养人经常居所地法律。收养的效力，适用收养时收养人经常居所地法律。收养关系的解除，适用收养时被收养人经常居所地法律或者法院地法律。

关于外国人在我国收养子女的条件和手续，《收养法》第 21 条第 2、3 款规定：外国人在中华人民共和国收养子女，应当经其所在国主管机关依照该国法律审查同意。收养人应当提供由其所在国有权机构出具的有关收养人的年龄、婚姻、职业、财产、健康、有无受过刑事处罚等状况的证明材料，该证明材料应当经其所在国外交机关或者外交机关授权的机构认证，并经中华人民共和国驻该国使领馆认证。该收养人应当与送养人订立书面协议，亲自向省级人民政府民政部门登记。收养关系当事人各方或者一方要求办理收养公证的，应当到国务院司法行政部门认定的具有办理涉外公证资格的公证机构办理收养公证。《外国人在中华人民共和国收养子女登记办法》第 8 条规定，夫妻共同收养的，应当共同来华办理收养手续；一方因故不能来华的，应当书面委托另一方。委托书应当经所在国公证和认证。

（六）我国关于涉外监护法律适用的规定

监护是监护人对未成年人或禁治产人的人身和财产利益依法实行监督和保护的一种法律制度。承担监督义务的人为监护人，受监护人监督和保护的人为被监护人。

我国《涉外民事关系法律适用法》第 30 条规定：监护，适用一方当事人经常居所地法律或者国籍国法律中有利于保护被监护人权益的法律。

（七）我国关于涉外扶养的法律适用的规定

扶养是指特定亲属间一方对他方给予生活上的扶助。多数国家只对扶养作了笼统规定，有的规定适用扶养义务人的属人法，有的规定适用扶养权利人的属人法。

我国《涉外民事关系法律适用法》第 29 条规定：扶养，适用一方当事人经常居所地法律、国籍国法律或者主要财产所在地法律中有利于保护被扶养人权益的法律。

二、例题

1. 中国公民王某将甲国公民米勒诉至某人民法院,请求判决两人离婚、分割夫妻财产并将幼子的监护权判决给她。王某与米勒的经常居所及主要财产均在上海,其幼子为甲国籍。关于本案的法律适用,下列哪些选项是正确的?(2017年真题,多选)

   A. 离婚事项,应适用中国法
   B. 夫妻财产的分割,王某与米勒可选择适用中国法或甲国法
   C. 监护权事项,在甲国法与中国法中选择适用有利于保护幼子利益的法律
   D. 夫妻财产的分割与监护权事项均应适用中国法

   [释疑] 《涉外民事关系法律适用法》第27条规定:"诉讼离婚,适用法院地法律。"故A选项正确。第24条规定:"夫妻财产关系,当事人可以协议选择适用一方当事人经常居所地法律、国籍国法律或者主要财产所在地法律。当事人没有选择的,适用共同经常居所地法律;没有共同经常居所地的,适用共同国籍国法律。"本案中当事人选择任何一方的国籍国法或者主要财产所在地法是可以的,故B选项正确。《涉外民事关系法律适用法》第30条规定:"监护,适用一方当事人经常居所地法律或者国籍国法律中有利于保护被监护人权益的法律。"故C选项正确、D选项错误。(答案:ABC)

2. 经常居所在汉堡的德国公民贝克与经常居所在上海的中国公民李某打算在中国结婚。关于贝克与李某结婚,依《涉外民事关系法律适用法》,下列哪一选项是正确的?(2016年真题,单选)

   A. 两人的婚龄适用中国法
   B. 结婚的手续适用中国法
   C. 结婚的所有事项均适用中国法
   D. 结婚的条件同时适用中国法与德国法

   [释疑] 本题考点为涉外结婚的法律适用。《涉外民事关系法律适用法》第21条规定:"结婚条件,适用当事人共同经常居所地法律;没有共同经常居所地的,适用共同国籍国法律;没有共同国籍,在一方当事人经常居所地或者国籍国缔结婚姻的,适用婚姻缔结地法律。"具体到本题,结婚年龄属于实质要件即结婚的条件问题,由于双方并无共同经常居所地和共同国籍国,且在其中一方的国籍国中国缔结婚姻,故适用中国法。结婚的手续属于形式要件,即结婚的手续问题,《涉外民事关系法律适用法》第22条规定:"结婚手续,符合婚姻缔结地法律、一方当事人经常居所地法律或者国籍国法律的,均为有效。"故符合中国法或德国法均为有效,B选项错误。C、D选项为干扰项,显然错误。(答案:A)

3. 韩国公民金某与德国公民汉森自2013年1月起一直居住于上海,并于该年6月在上海结婚。2015年8月,二人欲在上海解除婚姻关系。关于二人财产关系与离婚的法律适用,下列哪些选项是正确的?(2015年真题,多选)

   A. 二人可约定其财产关系适用韩国法
   B. 如诉讼离婚,适用中国法
   C. 如协议离婚,二人没有选择法律的,应适用中国法
   D. 如协议离婚,二人可以在中国法、韩国法及德国法中进行选择

   [释疑] 《涉外民事关系法律适用法》第24条规定:"夫妻财产关系,当事人可以协议选

择适用一方当事人经常居所地法律、国籍国法律或者主要财产所在地法律。当事人没有选择的,适用共同经常居所地法律;没有共同经常居所地的,适用共同国籍国法律。"故 A 选项中选择一方当事人的国籍国法韩国法是正确的。《涉外民事关系法律适用法》第 26 条规定:"协议离婚,当事人可以协议选择适用一方当事人经常居所地法律或者国籍国法律。当事人没有选择的,适用共同经常居所地法律;没有共同经常居所地的,适用共同国籍国法律;没有共同国籍的,适用办理离婚手续机构所在地法律。"故 B、C、D 选项正确。(答案:ABCD)

4. 经常居住于英国的法国籍夫妇甲和乙,想来华共同收养某儿童。对此,下列哪一说法是正确的?(2014 年真题,单选)

A. 甲、乙必须共同来华办理收养手续

B. 甲、乙应与送养人订立书面收养协议

C. 收养的条件应重叠适用中国法和法国法

D. 若发生收养效力纠纷,应适用中国法

[释疑] 《外国人在中华人民共和国收养子女登记办法》第 8 条规定:外国人来华收养子女,应当亲自来华办理登记手续。夫妻共同收养的,应当共同来华办理收养手续;一方因故不能来华的,应当书面委托另一方。委托书应当经所在国公证和认证。第 9 条规定:外国人来华收养子女,应当与送养人订立书面收养协议。协议一式三份,收养人、送养人各执一份,办理收养登记手续时收养登记机关收存一份。书面协议订立后,收养关系当事人应当共同到被收养人常住户口所在地的省、自治区、直辖市人民政府民政部门办理收养登记。故 A 选项错误,B 选项正确。《涉外民事关系法律适用法》第 28 条规定:收养的条件和手续,适用收养人和被收养人经常居所地法律。收养的效力,适用收养时收养人经常居所地法律。收养关系的解除,适用收养时被收养人经常居所地法律或者法院地法律。本题中收养人的经常居所地在英国,被收养人的经常居所地在中国,故收养的手续应适用英国法和中国法,收养的效力适用英国法,C、D 选项均错误。(答案:B)

5. 某甲国公民经常居住地在甲国,在中国收养了长期居住于北京的中国儿童,并将其带回甲国生活。根据中国关于收养关系法律适用的规定,下列哪一选项是正确的?(2012 年真题,单选)

A. 收养的条件和手续应同时符合甲国法和中国法

B. 收养的条件和手续符合中国法即可

C. 收养效力纠纷诉至中国法院的,应适用中国法

D. 收养关系解除的纠纷诉至中国法院的,应适用甲国法

[释疑] 《涉外民事关系法律适用法》第 28 条规定:收养的条件和手续,适用收养人和被收养人经常居所地法律。收养的效力,适用收养时收养人经常居所地法律。收养关系的解除,适用收养时被收养人经常居所地法律或者法院地法律。故只有 A 选项正确。(答案:A)

三、提示与预测

涉外婚姻家庭的法律适用(包括涉外离婚的管辖权)是在法律适用这一部分考查最频繁的考点,应掌握前述有限的几个法条,区别涉外结婚、离婚、收养、扶养、监护情况下的具体法律适用规定。

考点 8　继承

一、精讲

1. 法定继承的法律适用

法定继承是指继承人的范围、继承顺序和遗产的分配由法律予以规定的继承方式。概括说来，适用于法定继承的冲突规则不外乎被继承人的本国法、被继承人的住所地法和遗产所在地法。

根据是否将遗产中的动产和不动产区别开来分别确定法定继承的准据法，人们将法定继承的法律适用归纳为区别制和同一制。区别制，也称分割制，就是将遗产区分为动产和不动产，分别确定继承的准据法，即动产适用被继承人的属人法，不动产适用物之所在地法。同一制，也称单一制，是指不管遗产是动产还是不动产，继承关系作为一个整体适用同一冲突规范所指定的准据法，通常为被继承人的属人法(本国法或住所地法)。

我国《涉外民事关系法律适用法》明确将动产法定继承的连结点界定为"经常居所地法"，该法第 31 条规定：法定继承，适用被继承人死亡时经常居所地法律，但不动产法定继承，适用不动产所在地法律。

2. 遗嘱的法律适用

关于遗嘱内容和效力的法律适用，通常有以下几种主张：

(1) 适用立遗嘱人立遗嘱时或死亡时的本国法；

(2) 适用立遗嘱人立遗嘱时或死亡时的住所地法；

(3) 有关动产的遗嘱适用被继承人的属人法，有关不动产的遗嘱则适用物之所在地法；

(4) 适用遗产所在地法；

(5) 适用被继承人选择的法律。

我国《涉外民事关系法律适用法》第 32 条规定：遗嘱方式，符合遗嘱人立遗嘱时或者死亡时经常居所地法律、国籍国法律或者遗嘱行为地法律的，遗嘱均为成立。

《涉外民事关系法律适用法》第 33 条规定：遗嘱效力，适用遗嘱人立遗嘱时或者死亡时经常居所地法律或者国籍国法律。

3. 遗产管理的法律适用

遗产管理是指根据遗嘱的指定，或特定情况下由法院指定受托人在一定期限内代继承人管理遗产。

我国《涉外民事关系法律适用法》第 34 条规定：遗产管理等事项，适用遗产所在地法律。

4. 无人继承财产及其归属问题的法律适用

无人继承财产是指继承尽管已经开始，但在法定期限内，没有人接受继承或受领遗赠。解决无人继承财产归属问题的冲突规则有两种：

(1) 适用被继承人的属人法，这为主张继承取得的国家所采用；

(2) 适用财产所在地法，这为主张先占取得的国家所采用。

我国《涉外民事关系法律适用法》第 35 条规定：无人继承遗产的归属，适用被继承人死亡时遗产所在地法律。

在我国境内死亡的外国人，对其遗产无人继承又无人受遗赠的处理，我国也作了专门规定。

我国《继承法》第32条规定:"无人继承又无人受遗赠的遗产,归国家所有;死者生前是集体所有制组织成员的,归所在集体所有制组织所有。"《民通意见》第191条规定:"在我国境内死亡的外国人,遗留在我国境内的财产如果无人继承又无人受遗赠的,依照我国法律处理,两国缔结或者参加的国际条约另有规定的除外。"

二、例题

1. 经常居所在上海的瑞士公民怀特未留遗嘱死亡,怀特在上海银行存有100万元人民币,在苏黎世银行存有10万欧元,且在上海与巴黎各有一套房产。现其继承人因遗产分割纠纷诉至上海某法院。依中国法律规定,下列哪些选项是正确的?(2016年真题,多选)

A. 100万元人民币存款应适用中国法
B. 10万欧元存款应适用中国法
C. 上海的房产应适用中国法
D. 巴黎的房产应适用法国法

[释疑] 本题考点为涉外法定继承的法律适用。《涉外民事关系法律适用法》第31条规定:"法定继承,适用被继承人死亡时经常居所地法律,但不动产法定继承,适用不动产所在地法律。"本案中,被继承人的存款属于动产,均应适用被继承人死亡时的经常居所地法中国法,故A、B选项正确。被继承人的房产为不动产,应适用不动产所在地法,本案中,被继承人在上海的房产应适用中国法,在巴黎的房产应适用法国法,故C、D选项也正确。答案应为全选。(答案:ABCD)

2. 中国人李某定居甲国,后移居乙国,数年后死于癌症,未留遗嘱。李某在中国、乙国分别有住房和存款,李某养子和李某妻子的遗产之争在中国法院审理。关于该遗产继承案的法律适用,下列哪些选项是正确的?(2010年真题,多选)

A. 李某动产的继承应适用甲国法
B. 李某动产的继承应适用乙国法
C. 李某动产的继承应适用中国法
D. 李某所购房屋的继承应适用房屋所在国的法律

[释疑] 李某定居甲国,后移居乙国,其死亡时的最后住所地在乙国,根据《民法通则》第149条的规定,动产的继承应适用李某死亡时的住所地法,也就是乙国法。李某所购房屋为不动产,应适用不动产所在地法。故B、D选项正确。本题为2010年真题,即使根据2011年4月1日开始实施的《涉外民事关系法律适用法》第31条的规定,法定继承,适用被继承人死亡时经常居所地法律,但不动产法定继承,适用不动产所在地法律。本题答案仍然应选B、D选项。(答案:BD)

三、提示与预测

涉外继承问题也是常考的考点,根据有无合法遗嘱,涉外继承分为遗嘱继承和法定继承。作为涉外继承标的的财产分为动产和不动产。涉及这一考点的案例题往往要求考生能够区分继承标的的性质(动产还是不动产)以及判断被继承人死亡时的经常居住地。此外,应注意有人继承遗产与无人继承遗产的法律适用是截然不同的。

第六章 国际民商事争议的解决

本章知识体系：

国际民商事争议的解决
- 国际商事仲裁
  - 涉外仲裁协议的效力
  - 涉外仲裁中的财产或证据保全
  - 涉外仲裁裁决的承认与执行
- 国际民事诉讼
  - 外国人的民事诉讼地位及诉讼代理
  - 国际民事案件管辖权
  - 国际民事司法协助

考点 1 国际民商事争议的解决方式及协商和调解

一、精讲

1. 国际民商事争议的解决方式

国际民商事争议是指国际民商事交往中各方当事人之间在权利义务方面所发生的各种纠纷。根据争议是否通过裁判解决，国际民商事争议解决方式可分为非裁判性的解决方式（包括和解或协商、调解）和裁判性的解决方式（包括仲裁和司法诉讼）。根据争议的解决是否有第三人介入，国际民商事争议解决方式可分为当事人自行解决争议的方式（如和解或协商）和第三人参与解决争议的方式（包括调解、仲裁和司法诉讼等）。通常使用的争议解决方式主要有和解、调解、仲裁和司法诉讼等。司法诉讼以外的解决争议的各种方式又被称为"替代争议解决方式"。替代争议解决方式一般是以当事人自愿为基础的，主要包括和解、协商、调解、仲裁、无约束力仲裁、调解仲裁、小型审判、借用法官、私人法官、附属法院的仲裁以及简易陪审团审判等。

2. 协商和调解

（1）协商的概念和原则。协商又称为谈判，是争议当事人在自愿互谅的基础上，按照有关法律和合同规定，直接进行磋商，自行达成协议，从而解决争议的一种方式。由于这种方式是通过协商或谈判达成和解，故这种方式又称为和解。采取协商方式解决国际民商事争议时应遵循如下五个原则：自愿原则、平等原则、合法原则、协商一致原则、公平合理原则。

（2）调解的概念、原则和类型。调解是当事人自愿将争议提交第三者，并在第三者的主持和促使下达成和解协议，解决争议的一种方法。调解人可以由当事人指定，也可以由调解机构指定。在一般情况下，如果调解后达成的协议上仅有当事人签字，该协议称为和解书或和解协议。如果调解人也在协议上签字，该协议称为调解书或调解协议。和解书和调解书具有合同的法律效力，如果一方当事人反悔或不履行协议，应视为违约。根据《中华人民共和国仲裁法》（以下简称《仲裁法》）第51条的规定，在仲裁中，当事人达成调解协议时，仲裁庭应当制作调解书或根据协议的结果制作裁决书；调解书与裁决书具有同等的法律效力，此种调解书具有强制执行的法律效力。在我国，调解大体上可分为人民调解、民间调解、调解机构调解、仲裁机构调解和法院调解等几种不同的方式。

2015年1月30日发布的最高人民法院《关于适用〈中华人民共和国民事诉讼法〉的解释》第530条规定:"涉外民事诉讼中,经调解双方达成协议,应当制发调解书。当事人要求发给判决书的,可以依协议的内容制作判决书送达当事人。"

二、例题

我国G公司与荷兰H公司正就签订一项商务合同进行谈判。针对该合同可能产生的争议,H公司提出,如发生争议应尽量协商调解解决,不成再提请仲裁或进行诉讼。在决定如何回应此方案之前,G公司向其律师请教。该律师关于涉外民商事纠纷调解的下列哪一表述是错误的?(2006年真题,单选)

A. 调解是有第三人介入的争议解决方式
B. 当事人双方在调解人的斡旋下达成的和解协议不具有强制执行的效力
C. 在涉外仲裁程序中进行的调解,仲裁庭无须先行确定双方当事人对调解的一致同意即可直接主持调解
D. 在涉外诉讼中,法官也可以对有关纠纷进行调解

[释疑] 调解是当事人自愿将争议提交第三者,并在第三者的主持和促使下达成和解协议,解决争议的一种方法,故A选项正确。一般来说,当事人双方在调解人的斡旋下达成的和解协议不具有强制执行的效力,不能以和解书或调解书为依据向法院申请强制执行(但和解书和调解书具有合同的法律效力,如果一方当事人反悔或不履行协议,应视为违约,另一方当事人可以寻求新的途径解决争议),所以B选项亦属正确。关于C选项,在涉外仲裁程序中进行的调解,仲裁庭主持调解前仍需先行确定双方当事人对调解的一致同意,故该选项错误。《关于适用〈中华人民共和国民事诉讼法〉的解释》第530条规定:"涉外民事诉讼中,经调解双方达成协议,应当制发调解书。当事人要求发给判决书的,可以依协议的内容制作判决书送达当事人。"可见,在涉外诉讼中,法官也可以对有关纠纷进行调解,故D选项正确。(答案:C)

考点 2 国际商事仲裁

一、精讲

1. 仲裁的类型和机构

仲裁的类型包括国际仲裁、国内仲裁和国际商事仲裁等。根据其组织形式的不同,国际商事仲裁机构可分为临时仲裁庭和常设仲裁机构两种。《关于适用〈中华人民共和国民事诉讼法〉的解释》第545条规定:"对临时仲裁庭在中华人民共和国领域外作出的仲裁裁决,一方当事人向人民法院申请承认和执行的,人民法院应当依照民事诉讼法第二百八十三条规定处理。"我国的常设涉外仲裁机构有中国国际经济贸易仲裁委员会和中国海事仲裁委员会。

常设仲裁机构包括国际性常设仲裁机构和国内常设仲裁机构。国际性常设仲裁机构是依据国际公约或一国国内法成立的,有固定名称、地址、人员及办事机构设置、组织章程、行政管理制度及程序规则,解决国际民商事争议的仲裁组织。国际性常设仲裁机构可分为全球性的常设仲裁机构和区域性的常设仲裁机构。前者如1923年成立,设在法国巴黎的"国际商会仲裁院"(ICCICA)和根据1965年《关于解决国家与他国国民之间的投资争端的公约》设立的"解决投资争端国际中心"(ICSID);后者如1939年设立的"美洲国家间商事仲裁委员会"等。

2. 我国关于国际商事仲裁中"涉外""商事"的确定

国际商事仲裁是含有国际因素或涉外因素的仲裁,是解决国际、跨国或涉外商事争议的仲裁,有时也称为国际经济贸易仲裁、涉外仲裁、国际仲裁或跨国仲裁。

关于"涉外仲裁",在我国,凡仲裁协议的一方或双方当事人为外国人、无国籍人或外国企业或实体,或者仲裁协议订立时双方当事人的住所或营业地位于不同的国家,或者即使位于相同的国家,但仲裁地位于该国之外,或者仲裁协议中涉及的商事法律关系的设立、变更或终止的法律事实发生在国外,或者争议标的位于国外等,都应视为涉外仲裁。实践中,中国仲裁机构对涉及中国香港、澳门和台湾地区的仲裁案件,比照涉外案件处理。

关于"商事"的界定,我国最高人民法院1987年《关于执行我国加入的〈承认与执行外国仲裁裁决公约〉的通知》第2条作了一个解释:根据我国加入该公约时所作的商事保留声明,我国仅对按照我国法律属于契约性和非契约性商事法律关系所引起的争议适用公约。所谓"契约性和非契约性商事法律关系",具体指由于合同、侵权或者根据有关法律规定而产生的经济上的权利义务关系,例如货物买卖、财产租赁、工程承包、加工承揽、技术转让、合资经营、合作经营、勘探开发自然资源、保险、信贷、代理、咨询服务和海上、民用航空、铁路、公路的客货运输以及产品责任、环境污染、海上事故和所有权争议等,但不包括外国投资者与东道国政府之间的争端。

3. 仲裁协议及其效力的认定标准

仲裁协议的类型包括仲裁条款、仲裁协议书或仲裁特别约定。我国《仲裁法》第16条第2款规定:仲裁协议应当具备下列内容:① 请求仲裁的意思表示;② 仲裁事项;③ 选定的仲裁委员会。

《仲裁法》第3条规定:下列纠纷不能仲裁:① 婚姻、收养、监护、扶养、继承纠纷;② 依法应当由行政机关处理的行政争议。

关于仲裁协议的效力问题,《仲裁法》第17条规定:有下列情形之一的,仲裁协议无效:① 约定的仲裁事项超出法律规定的范围;② 无民事行为能力人或者限制民事行为能力人订立的仲裁协议;③ 一方采取胁迫手段,迫使对方订立仲裁协议。第18条规定:仲裁协议对仲裁事项或者仲裁委员会没有约定或者约定不明确的,当事人可以补充协议;达不成补充协议的,仲裁协议无效。

2006年最高人民法院《关于适用〈中华人民共和国仲裁法〉若干问题的解释》(以下简称《仲裁法解释》)规定了仲裁协议约定不明确的具体处理办法:

(1) 仲裁协议约定的仲裁机构名称不准确,但能够确定具体的仲裁机构的,应当认定选定了仲裁机构。

(2) 仲裁协议仅约定纠纷适用的仲裁规则的,视为未约定仲裁机构,但当事人达成补充协议或者按照约定的仲裁规则能够确定仲裁机构的除外。

(3) 仲裁协议约定两个以上仲裁机构的,当事人可以协议选择其中的一个仲裁机构申请仲裁;当事人不能就仲裁机构选择达成一致的,仲裁协议无效。

(4) 仲裁协议约定由某地的仲裁机构仲裁且该地仅有一个仲裁机构的,该仲裁机构视为约定的仲裁机构。该地有两个以上仲裁机构的,当事人可以协议选择其中的一个仲裁机构申请仲裁;当事人不能就仲裁机构选择达成一致的,仲裁协议无效。

(5) 当事人约定争议可以向仲裁机构申请仲裁也可以向人民法院起诉的,仲裁协议无效。

但一方向仲裁机构申请仲裁,另一方未在《仲裁法》第 20 条第 2 款规定的期间内提出异议的除外。

涉外仲裁协议所涉及仲裁事项争议可能是买卖合同争议、运输合同争议或者其他争议,对此,我国《涉外民事关系法律适用法》第 18 条规定:当事人可以协议选择仲裁协议适用的法律。当事人没有选择的,适用仲裁机构所在地法律或者仲裁地法律。

4. 涉外仲裁协议效力认定的主体

我国《仲裁法》第 20 条规定:当事人对涉外仲裁协议的效力有异议的,可以请求仲裁委员会作出决定或者请求人民法院作出裁定。一方请求仲裁委员会作出决定,另一方请求人民法院作出裁定的,由人民法院裁定。根据 1998 年 10 月 21 日通过的最高人民法院《关于确认仲裁协议效力几个问题的批复》的规定,如果仲裁机构先于人民法院接受申请并已就管辖权异议作出决定,人民法院不再受理当事人的申请。如果仲裁机构接受申请后尚未作出决定,人民法院应予受理,同时通知仲裁机构终止仲裁。当事人对仲裁协议的效力有异议的,应当在仲裁庭首次开庭前提出。

根据 1995 年 8 月 28 日颁发的最高人民法院《关于人民法院处理与涉外仲裁及外国仲裁事项有关问题的通知》的规定,凡起诉到人民法院的涉外、涉港澳和涉台经济、海事海商纠纷案件,如果当事人在合同中订有仲裁条款或者事后达成仲裁协议,人民法院认为该仲裁条款或者仲裁协议无效、失效或者内容不明确无法执行的,在决定受理一方当事人起诉之前,必须报请本辖区所属高级人民法院进行审查;如果高级人民法院同意受理,应将其审查意见报最高人民法院。在最高人民法院未作答复前,可暂不予受理。

5. 涉外仲裁中的财产保全

关于涉外仲裁中的财产保全,2015 年最高人民法院《关于适用〈中华人民共和国民事诉讼法〉的解释》第 542 条规定:"依照民事诉讼法第二百七十二条规定,中华人民共和国涉外仲裁机构将当事人的保全申请提交人民法院裁定的,人民法院可以进行审查,裁定是否进行保全。裁定保全的,应当责令申请人提供担保,申请人不提供担保的,裁定驳回申请。当事人申请证据保全,人民法院经审查认为无需提供担保的,申请人可以不提供担保。"

6. 涉外仲裁裁决的承认与执行

(1) 我国仲裁机构涉外仲裁裁决在我国的执行、撤销及不予执行

① 我国仲裁机构涉外仲裁裁决在我国的执行。根据《民事诉讼法》第 273 条,《仲裁法》第 70、71 条以及最高人民法院有关司法解释的规定,凡败诉方不自动履行裁决,胜诉方可以向败诉方住所地或财产所在地的中级人民法院申请强制执行。

② 我国仲裁机构涉外仲裁裁决的撤销及不予执行的理由。申请撤销或不予执行涉外仲裁裁决的理由,《仲裁法》第 70 条规定:当事人提出证据证明涉外仲裁裁决有《民事诉讼法》第 274 条第 1 款规定的情形之一的,经人民法院组成合议庭审查核实,裁定撤销。

《民事诉讼法》第 274 条第 1 款规定:"对中华人民共和国涉外仲裁机构作出的裁决,被申请人提出证据证明仲裁裁决有下列情形之一的,经人民法院组成合议庭审查核实,裁定不予执行:(一) 当事人在合同中没有订有仲裁条款或者事后没有达成书面仲裁协议的;(二) 被申请人没有得到指定仲裁员或者进行仲裁程序的通知,或者由于其他不属于被申请人负责的原因未能陈述意见的;(三) 仲裁庭的组成或者仲裁的程序与仲裁规则不符的;(四) 裁决的事项不属于仲裁协议的范围或者仲裁机构无权仲裁的。"

《仲裁法解释》第 19 条还对仲裁协议的超裁问题作了规定:"当事人以仲裁裁决事项超出仲裁协议范围为由申请撤销仲裁裁决,经审查属实的,人民法院应当撤销仲裁裁决中的超裁部分。但超裁部分与其他裁决事项不可分的,人民法院应当撤销仲裁裁决。"

③ 申请撤销我国涉外仲裁裁决的上报审查程序及裁定撤销后能否上诉问题。关于申请撤销我国涉外仲裁裁决的上报审查程序,最高人民法院《关于人民法院撤销涉外仲裁裁决有关事项的通知》规定:凡一方当事人按照仲裁法的规定向人民法院申请撤销我国涉外仲裁裁决,如果人民法院经审查认为涉外仲裁裁决具有现行《民事诉讼法》第 274 条规定的情形之一的,在裁定撤销裁决或通知仲裁庭重新仲裁之前,须报请本辖区所属高级人民法院进行审查。如果高级人民法院同意撤销裁决或通知仲裁庭重新仲裁,应将其审查意见报最高人民法院。待最高人民法院答复后,方可裁定撤销裁决或通知仲裁庭重新仲裁。

关于我国法院裁定撤销我国仲裁机构作出的涉外仲裁裁决后能否上诉问题,最高人民法院 1997 年 4 月 23 日发布的《关于人民法院裁定撤销仲裁裁决或驳回当事人申请后当事人能否上诉问题的批复》规定:对人民法院依法作出的撤销仲裁裁决或驳回当事人申请的裁定,当事人无权上诉。人民法院依法裁定撤销仲裁裁决的,当事人可以根据双方重新达成的仲裁协议申请仲裁,也可以向人民法院起诉。

(2) 我国仲裁机构涉外仲裁裁决在外国的承认与执行

我国仲裁机构的涉外仲裁裁决需要在外国承认与执行的,可分为两种情况:① 如果该外国为 1958 年《纽约公约》的成员国,则当事人应根据公约规定的程序和条件,直接向该外国有管辖权的法院提出请求承认与执行的申请,然后由该国法院对裁决进行审查,作出是否承认与执行的裁定。② 如果该外国为非《纽约公约》的成员国,则当事人应当直接向有管辖权的外国法院申请承认与执行,由该国法院根据有关司法协助条约或其本国法律裁定是否承认与执行。

(3) 外国仲裁裁决在我国的承认与执行

《纽约公约》已于 1987 年 4 月 22 日对我国生效,该公约规定缔约国应相互承认仲裁裁决具有约束力,并应依照承认与执行地的程序规则予以执行,执行时不应在实质上比承认与执行本国的仲裁裁决规定更繁琐的条件或更高昂的费用。

根据《纽约公约》第 5 条第 1 款的规定,凡外国仲裁裁决有下列情形之一时,被请求承认与执行的国家的主管机关可依被执行人的申请,拒绝承认与执行:① 签订仲裁协议的当事人,根据对他们适用的法律,当时是处于某种无行为能力的情况下;或者根据仲裁协议所选定的准据法,或在未选定准据法时依裁决地法,该仲裁协议无效;② 被执行人未接到关于指派仲裁员或关于仲裁程序的适当通知,或者由于其他情况未能在案件中进行申辩;③ 裁决所处理的事项不是当事人交付仲裁的事项,或者不包括在仲裁协议规定之内,或者超出了仲裁协议的范围;④ 仲裁庭的组成或仲裁程序与当事人之间的协议不符,或者当事人之间没有这种协议时,与仲裁地所在国法律不符;⑤ 裁决尚未发生法律效力,或者裁决已经由作出裁决的国家或根据其法律作出裁决的国家的主管机关撤销或停止执行。

按照公约第 5 条第 2 款的规定,如果被请求承认与执行地的主管机关依职权主动查明有下列情形之一时,也可以拒绝承认与执行:① 依照执行地国的法律,争议事项不可以用仲裁的方式加以解决(例如根据我国《仲裁法》第 3 条的规定,婚姻、收养、监护、扶养、继承纠纷以及依法应当由行政机关处理的行政争议不能用仲裁的方式加以解决)。② 承认与执行该裁决违反承认与执行地国的公共政策。

在适用《纽约公约》的规定时,应注意我国提出的两项保留——互惠保留和商事保留。① 互惠保留,即我国只对在另一缔约国领土内作出的裁决适用该公约。我国《民事诉讼法(试行)》与公约有不同规定的,按公约的规定办理。② 商事保留,即我国仅对那些按照我国法律属于契约性或非契约性商事法律关系所引起的争议所作的裁决适用公约的规定。

最高人民法院《关于执行我国加入的〈承认及执行外国仲裁裁决公约〉的通知》第 2 条规定,我国适用该公约承认和执行的争端中"不包括外国投资者与东道国政府之间的争端"。该通知第 3 条还规定,仲裁裁决的一方当事人申请我国法院承认和执行在另一缔约国领土内作出的仲裁裁决,应由我国下列地点的中级人民法院受理:① 被执行人为自然人的,为其户籍所在地或者居所地;② 被执行人为法人的,为其主要办事机构所在地;③ 被执行人在我国无住所、居所或者主要办事机构,但有财产在我国境内的,为其财产所在地。

最高人民法院《关于执行我国加入的〈承认及执行外国仲裁裁决公约〉的通知》第 4 条规定,我国有管辖权的人民法院接到一方当事人的申请后,应对申请承认及执行的仲裁裁决进行审查,如果认为不具有 1958 年《纽约公约》第 5 条第 1、2 款所列的情形,应当裁定承认其效力,并且依照《民事诉讼法(试行)》规定的程序执行;如果认定具有第 5 条第 2 款所列的情形之一的(即被我国法律禁止仲裁或违反我国社会公共秩序的),或者根据被执行人提供的证据证明具有第 5 条第 1 款所列情形之一的(即《纽约公约》第 5 条第 1 款列举的 5 种情形),应当裁定驳回申请,拒绝承认及执行。

此外,还应注意《纽约公约》对于"外国仲裁裁决"的判断标准是根据"仲裁地点",而非仲裁当事人的国籍。该公约第 1 条第 1 款规定:仲裁裁决,因自然人或法人间之争议而产生且在申请承认及执行地所在国以外之国家领土内作成者,其承认及执行适用本公约。

当事人依照 1958 年《纽约公约》规定的条件申请承认与执行外国仲裁裁决的,受理申请的人民法院决定予以承认与执行的,应在受理申请之日起两个月内作出裁定,如无特殊情况,应在裁定后 6 个月内执行完毕;决定不予承认和执行的,须按最高人民法院 1995 年 8 月 28 日《关于人民法院处理与涉外仲裁及外国仲裁事项有关问题的通知》的有关规定,在裁定不予执行或者拒绝承认和执行之前,必须报请本辖区所属高级人民法院进行审查;如果高级人民法院同意不予执行或者拒绝承认和执行,应将其审查意见报最高人民法院,待最高人民法院答复后,方可裁定不予执行或者拒绝承认和执行。该审查意见应在受理申请之日起两个月内上报最高人民法院。

如果作出仲裁裁决的仲裁机构所在地国与我国既没有缔结也没有共同参加的国际条约,当事人向我国法院提出承认与执行仲裁裁决的申请时,当事人应该以该裁决为依据向有管辖权的人民法院起诉,由法院作出判决,予以执行。

二、例题

1. 2015 年 3 月,甲国公民杰夫欲向中国法院申请承认并执行一项在甲国境内作出的仲裁裁决。中国与甲国均为《承认与执行外国仲裁裁决公约》成员国。关于该裁决的承认和执行,下列哪一选项是正确的?(2015 年真题,单选)

A. 杰夫应通过甲国法院向被执行人住所地或其财产所在地的中级人民法院申请

B. 如该裁决系临时仲裁庭作出的裁决,人民法院不应承认与执行

C. 如承认和执行申请被裁定驳回,杰夫可向人民法院起诉

D. 如杰夫仅申请承认而未同时申请执行该裁决,人民法院可以对是否执行一并作出裁定

[释疑] 就外国仲裁在中国申请承认和执行,应由当事人自己而非外国法院向被执行人住所地或其财产所在地的中级人民法院申请,故 A 选项错误。对于临时仲裁,我国原则上要求在我国境内应由常设仲裁机构进行仲裁,即原则上不认可在我国境内的临时仲裁。但对于临时仲裁庭在我国境外作出的仲裁,我国也允许当事人到我国境内申请承认与执行。《关于适用〈中华人民共和国民事诉讼法〉的解释》第 545 条规定:"对临时仲裁庭在中华人民共和国领域外作出的仲裁裁决,一方当事人向人民法院申请承认和执行的,人民法院应当依照民事诉讼法第二百八十三条规定处理。"故 B 选项错误。如果外国仲裁裁决的承认与执行被拒绝,则当事人可以重新在中国起诉,故 C 选项正确。当事人仅仅申请承认而未同时申请执行该裁决,则人民法院仅对是否承认作出裁决,故 D 选项错误。(答案:C)

2. 法国某公司依 1958 年联合国《承认与执行外国仲裁裁决公约》,请求中国法院承认与执行一项国际商会国际仲裁院的裁决。依据该公约及中国相关司法解释,下列哪一表述是正确的?(2013 年真题,单选)

A. 法院应依职权主动审查该仲裁过程中是否存在仲裁程序与仲裁协议不符的情况
B. 该公约第 5 条规定的拒绝承认与执行外国仲裁裁决的理由是穷尽性的
C. 如该裁决内含有对仲裁协议范围以外事项的决定,法院应拒绝承认执行该裁决
D. 如该裁决所解决的争议属于侵权性质,法院应拒绝承认执行该裁决

[释疑] 《承认与执行外国仲裁裁决公约》第 5 条明确规定了成员国可以拒绝承认和执行在其他缔约国境内作出的仲裁裁决的 7 个理由,因此属于穷尽性的规定,故应选 B 选项。(答案:B)

3. 中国 A 公司与甲国 B 公司签订货物买卖合同,约定合同争议提交中国 C 仲裁委员会仲裁,仲裁地在中国,但对仲裁条款应适用的法律未作约定。后因货物质量问题双方发生纠纷,中国 A 公司依仲裁条款向 C 仲裁委提起仲裁,但 B 公司主张仲裁条款无效。根据我国相关法律规定,关于本案仲裁条款的效力审查问题,下列哪些判断是正确的?(2012 年真题,多选)

A. 对本案仲裁条款的效力,C 仲裁委无权认定,只有中国法院有权审查
B. 对本案仲裁条款的效力,如 A 公司请求 C 仲裁委作出决定,B 公司请求中国法院作出裁定的,由中国法院裁定
C. 对本案仲裁条款效力的审查,应适用中国法
D. 对本案仲裁条款效力的审查,应适用甲国法

[释疑] 法院和仲裁机构均可认定涉外仲裁协议是否有效,二者如果冲突,则法院优先,但仲裁机构已经作出裁决的除外,A 选项错误,B 选项正确。《涉外民事关系法律适用法》第 18 条规定:当事人可以协议选择仲裁协议适用的法律。当事人没有选择的,适用仲裁机构所在地法律或者仲裁地法律。故 C 选项正确,D 选项错误。(答案:BC)

4. 中国和甲国均为《承认与执行外国仲裁裁决公约》缔约国。现甲国某申请人向中国法院申请承认和执行在甲国作出的一项仲裁裁决。对此,下列哪一选项是正确的?(2010 年真题,单选)

A. 我国应对该裁决的承认与执行适用公约,因为该申请人具有公约缔约国国籍
B. 有关中国投资者与甲国政府间投资争端的仲裁裁决不适用公约

C. 中国有义务承认公约缔约国所有仲裁裁决的效力

D. 被执行人为中国法人的,应由该法人营业所所在地法院管辖

[释疑] 《纽约公约》对于"外国仲裁裁决"的判断标准是根据仲裁地点,而非仲裁当事人的国籍,故 A 选项错误。根据最高人民法院的司法解释,我国适用《纽约公约》承认和执行的争端中"不包括外国投资者与东道国政府之间的争端",故 B 选项正确。根据《纽约公约》第 5 条的规定,我国对于 7 种情形下的其他缔约国仲裁裁决可以不予承认和执行,C 选项错误。根据最高人民法院《关于执行我国加入的〈承认及执行外国仲裁裁决公约〉的通知》第 3 条的规定,被执行人为中国法人的,应由其主要办事机构所在地中级人民法院管辖,D 选项错误。(答案:B)

5. 某国甲公司与中国乙公司订立买卖合同,概括性地约定有关争议由"中国贸仲"仲裁,也可以向法院起诉。后双方因违约责任产生争议。关于该争议的解决,依我国相关法律规定,下列哪一选项是正确的?(2009 年真题,单选)

A. 违约责任不属于可仲裁的范围

B. 应认定合同已确定了仲裁机构

C. 仲裁协议因约定不明而在任何情况下均无效

D. 如某国甲公司不服仲裁机构对仲裁协议效力作出的决定,向我国法院申请确认协议效力,我国法院可以受理

[释疑] 根据我国《仲裁法》第 3 条的规定:下列纠纷不能仲裁:婚姻、收养、监护、扶养、继承纠纷;依法应当由行政机关处理的行政争议。合同纠纷属于可仲裁的事项,故 A 选项错误。2006 年最高人民法院《关于适用〈中华人民共和国仲裁法〉若干问题的解释》第 3 条规定:仲裁协议约定的仲裁机构名称不准确,但能够确定具体的仲裁机构的,应当认定选定了仲裁机构,故 B 选项正确。仲裁协议如果约定不明,双方还可以通过达成补充协议等方式使之有效,因而认为仲裁协议因约定不明而在任何情况下都无效是错误的,C 选项错误。根据最高人民法院《关于确认仲裁协议效力几个问题的批复》的规定,如果仲裁机构先于人民法院接受申请并已就管辖权异议作出决定,人民法院不再受理当事人的申请,故 D 选项错误。(答案:B)

6. 我国甲公司与瑞士乙公司订立仲裁协议,约定由某地仲裁机构仲裁,但约定的仲裁机构名称不准确。根据最高人民法院《关于适用〈中华人民共和国仲裁法〉若干问题的解释》,下列哪些选项是正确的?(2007 年真题,多选)

A. 仲裁机构名称不准确,但能确定具体的仲裁机构的,应认定选定了仲裁机构

B. 如仲裁协议约定的仲裁地仅有一个仲裁机构,该仲裁机构应视为约定的仲裁机构

C. 如仲裁协议约定的仲裁地有两个仲裁机构,成立较早的仲裁机构应视为约定的仲裁机构

D. 仲裁协议仅约定纠纷适用的仲裁规则的,不得视为约定了仲裁机构

[释疑] 依《仲裁法解释》第 3 条的规定,A 选项正确。依据第 6 条第 1 款的规定,B 选项也正确,但 C 选项错误。即如果该地有两个以上仲裁机构的,当事人可以协议选择其中一个仲裁机构申请仲裁;当事人不能就仲裁机构选择达成一致的,仲裁协议无效。根据《仲裁法解释》第 4 条的规定,仲裁协议仅约定纠纷适用的仲裁规则的,视为未约定仲裁机构,但当事人达成补充协议或者按照约定的仲裁规则能够确定仲裁机构的除外。即仲裁协议仅约定纠纷

适用的仲裁规则的,也可能因为达成补充协议或者按照约定的仲裁规则能够确定仲裁机构,从而被认定为有效,因此 D 选项错误。(答案:AB)

7. 关于我国涉外仲裁法律规则,下列哪些表述不符合我国《仲裁法》的规定?(2007 年真题,多选)

A. 只要是有关当事人可以自由处分的权利的纠纷,就可以通过仲裁解决
B. 如果当事人有协议约定,仲裁案件可以不开庭审理
C. 仲裁庭在中国内地进行仲裁时,无权对当事人就仲裁协议有效性提出的异议作出决定
D. 由三人组成仲裁庭审理的案件,裁决有可能根据一个仲裁员的意见作出

[释疑] 根据我国《仲裁法》第 3 条第(1)项的规定,婚姻、收养、监护、扶养、继承纠纷不能仲裁,而前述的纠纷涉及的民事权利,在一定范围内当事人是可以自由处分的,故 A 选项的说法错误。《仲裁法》第 39 条规定:仲裁应当开庭进行。当事人协议不开庭的,仲裁庭可以根据仲裁申请书、答辩书以及其他材料作出裁决,故 B 选项的说法正确。《仲裁法》第 20 条第 1 款规定,当事人对仲裁协议的效力有异议的,可以请求仲裁委员会作出决定或者请求人民法院作出裁定。因仲裁委员会只是仲裁程序的管理机构,对每个案件的具体案情事实并不全面了解,故一般授权由仲裁庭对仲裁管辖权问题作出决定,所以仲裁庭在中国内地进行仲裁时,有权对当事人就仲裁协议有效性提出的异议作出决定,故 C 选项的说法错误。《仲裁法》第 53 条规定:裁决应当按照多数仲裁员的意见作出,少数仲裁员的不同意见可以记入笔录。仲裁庭不能形成多数意见时,裁决应当按照首席仲裁员的意见作出,故 D 选项的说法本身正确。题干要求选择不符合我国《仲裁法》规定的选项,答案为 A、C 选项。(答案:AC)

三、提示与预测

涉外仲裁方面,我国除《仲裁法》对一般的仲裁协议和程序作了规定之外,《民事诉讼法》(第 274 条)和有关的司法解释,以及我国参加的《纽约公约》(第 5 条),还对仲裁的撤销和不予执行,以及外国仲裁裁决的承认和执行的前提条件等作了规定,对此也应掌握。

此外,就涉外仲裁而言,要求大家理解和掌握的内容主要是涉外仲裁协议的效力的认定、涉外仲裁裁决的承认和执行两方面的法条规定。

考点 3 国际民事诉讼——外国人在中国的民事诉讼地位

一、精讲

(1)给予外国人以对等为条件的国民待遇原则。

(2)关于当事人的民事诉讼权利能力与民事诉讼行为能力,我国对此无明文规定,一般认为,当事人的民事诉讼权利能力应依法院地法,至于当事人是否具有民事诉讼行为能力,则应由当事人的属人法决定,但根据其属人法无民事诉讼行为能力,如果依法院地所在国的法律却有民事诉讼行为能力的,应认定为有民事诉讼行为能力,即此时应依法院地法。

(3)诉讼费用担保。诉讼费用担保是指审理国际民事案件的法院依据本国诉讼法的规定,为防止原告滥用其诉讼权利或防止其败诉后不支付诉讼费用,要求作为原告的外国人或者在内国无住所的人,在起诉时提供以后可能由他负担的诉讼费用的担保。

对于诉讼费用担保,我国经历了从要求外国人提供担保到实行在互惠前提下免除诉讼费用担保的过程。

(4) 诉讼代理。根据我国《民事诉讼法》及有关司法解释的规定,外国人在我国法院参与诉讼时,可以亲自进行,也有权通过一定程序委托我国的律师或我国其他公民代为进行。

《民事诉讼法》第263条规定:外国人、无国籍人、外国企业和组织在人民法院起诉、应诉,需要委托律师代理诉讼的,必须委托中华人民共和国的律师。

《关于适用〈中华人民共和国民事诉讼法〉的解释》第528条规定:涉外民事诉讼中的外籍当事人,可以委托本国人为诉讼代理人,也可以委托本国律师以非律师身份担任诉讼代理人;外国驻华使领馆官员,受本国公民的委托,可以个人名义担任诉讼代理人,但在诉讼中不享有外交特权和豁免权。

关于涉外民事诉讼代理授权委托书的认证手续,《民事诉讼法》第264条规定:在中华人民共和国领域内没有住所的外国人、无国籍人、外国企业和组织委托中华人民共和国律师或者其他人代理诉讼,从中华人民共和国领域外寄交或者托交的授权委托书,应当经所在国公证机关证明,并经中华人民共和国驻该国使领馆认证,或者履行中华人民共和国与该所在国订立的有关条约中规定的证明手续后,才具有效力。

(5) 司法豁免。依据《民事诉讼法》第261条的规定,对享有外交特权与豁免的外国人、外国组织或者国际组织提起的民事诉讼,应当依照中华人民共和国有关法律和中华人民共和国缔结或者参加的国际条约的规定办理。

(6) 涉外民事案件应使用的诉讼语言文字。《民事诉讼法》第262条规定:人民法院审理涉外民事案件,应当使用中华人民共和国通用的语言、文字。当事人要求提供翻译的,可以提供,费用由当事人承担。

《民事诉讼法》第5条规定:"外国人、无国籍人、外国企业和组织在人民法院起诉、应诉,同中华人民共和国公民、法人和其他组织有同等的诉讼权利义务。外国法院对中华人民共和国公民、法人和其他组织的民事诉讼权利加以限制的,中华人民共和国人民法院对该国公民、企业和组织的民事诉讼权利,实行对等原则。"

我国涉外民事诉讼程序中的诉讼代理等问题的具体规定总结如下:

(1) 涉外民事诉讼程序中的身份证明、诉讼代理等

① 外国人及外国企业或者组织的诉讼代表在中国民事诉讼程序中的身份证明	最高人民法院《关于适用〈中华人民共和国民事诉讼法〉的解释》第523条规定:外国人参加诉讼,应当向人民法院提交护照等用以证明自己身份的证件。外国企业或者组织参加诉讼,向人民法院提交的身份证明文件,应当经所在国公证机关公证,并经中华人民共和国驻该国使领馆认证,或者履行中华人民共和国与该所在国订立的有关条约中规定的证明手续。代表外国企业或者组织参加诉讼的人,应当向人民法院提交其有权作为代表人参加诉讼的证明,该证明应当经所在国公证机关公证,并经中华人民共和国驻该国使领馆认证,或者履行中华人民共和国与该所在国订立的有关条约中规定的证明手续。本条所称的"所在国",是指外国企业或者组织的设立登记地国,也可以是办理了营业登记手续的第三国。

（续表）

② 外国人在中国民事诉讼程序中的诉讼代理	代理人范围	《民事诉讼法》第263条规定：外国人、无国籍人、外国企业和组织在人民法院起诉、应诉，需要委托律师代理诉讼的，必须委托中华人民共和国的律师。 最高人民法院《关于适用〈中华人民共和国民事诉讼法〉的解释》第528条规定：涉外民事诉讼中的外籍当事人，可以委托本国人为诉讼代理人，也可以委托本国律师以非律师身份担任诉讼代理人；外国驻华使领馆官员，受本国公民的委托，可以以个人名义担任诉讼代理人，但在诉讼中不享有外交或者领事特权和豁免。 第529条规定：涉外民事诉讼中，外国驻华使领馆授权其本馆官员，在作为当事人的本国国民不在中华人民共和国领域内的情况下，可以以外交代表身份为其本国国民在中华人民共和国聘请中华人民共和国律师或者中华人民共和国公民代理民事诉讼。
	授权委托的公证、见证程序	最高人民法院《关于适用〈中华人民共和国民事诉讼法〉的解释》第525条规定：外国人、外国企业或者组织的代表人在人民法院法官的见证下签署授权委托书，委托代理人进行民事诉讼的，人民法院应予认可。 第526条规定：外国人、外国企业或者组织的代表人在中华人民共和国境内签署授权委托书，委托代理人进行民事诉讼，经中华人民共和国公证机构公证的，人民法院应予认可。

(2) 涉外民事诉讼的材料翻译、调解、诉讼期间、审判语言等其他问题

① 书面材料的翻译	最高人民法院《关于适用〈中华人民共和国民事诉讼法〉的解释》第527条规定：当事人向人民法院提交的书面材料是外文的，应当同时向人民法院提交中文翻译件。当事人对中文翻译件有异议的，应当共同委托翻译机构提供翻译文本；当事人对翻译机构的选择不能达成一致的，由人民法院确定。
② 涉外民事诉讼的诉讼期间	最高人民法院《关于适用〈中华人民共和国民事诉讼法〉的解释》第538条规定：不服第一审人民法院判决、裁定的上诉期，对在中华人民共和国领域内有住所的当事人，适用《民事诉讼法》第164条规定的期限（注意：即送达判决15日内，裁定10日内上诉）；对在中华人民共和国领域内没有住所的当事人，适用《民事诉讼法》第269条规定的期限（即判决、裁定送达后30日内上诉，被上诉人收到上诉状副本后30日内答辩）。当事人的上诉期均已届满没有上诉的，第一审人民法院的判决、裁定即发生法律效力。 第539条规定：人民法院对涉外民事案件的当事人申请再审进行审查的期间，不受《民事诉讼法》第204条规定的限制（注意：不受"自收到再审申请书之日起三个月内审查"的限制）。

(续表)

③ 涉外民事诉讼中的调解	最高人民法院《关于适用〈中华人民共和国民事诉讼法〉的解释》第530条规定：涉外民事诉讼中，经调解双方达成协议，应当制发调解书。当事人要求发给判决书的，可以依协议的内容制作判决书送达当事人。
④ 涉外民事诉讼的审判语言	《民事诉讼法》第262条规定：人民法院审理涉外民事案件，应当使用中华人民共和国通用的语言、文字。当事人要求提供翻译的，可以提供，费用由当事人承担。

二、例题

1. 某外国公民阮某因合同纠纷在中国法院起诉中国公民张某。关于该民事诉讼，下列哪一选项是正确的？（2012年真题，单选）

A. 阮某可以委托本国律师以非律师身份担任诉讼代理人

B. 受阮某委托，某该国驻华使馆官员可以以个人名义担任诉讼代理人，并在诉讼中享有外交特权和豁免权

C. 阮某和张某可用明示方式选择与争议有实际联系的地点的法院管辖

D. 中国法院和外国法院对该案都有管辖权的，如张某向外国法院起诉，阮某向中国法院起诉，中国法院不能受理

[释疑] 根据最高人民法院《关于适用〈中华人民共和国民事诉讼法〉的解释》第528条的规定，涉外民事诉讼中的外籍当事人，可以委托本国律师以非律师身份担任诉讼代理人，也可以委托外国驻华使领馆官员，以个人名义担任诉讼代理人，但后者在诉讼中不享有外交特权和豁免权，故A选项正确、B选项错误。涉外民事诉讼不必遵循一事不再理原则，即使外国法院受理，中国法院仍然有权受理，故D选项错误。关于C选项，《民事诉讼法》第34条规定：合同或者其他财产权益纠纷的当事人可以书面协议选择被告住所地、合同履行地、合同签订地、原告住所地、标的物所在地等与争议有实际联系的地点的人民法院管辖，但不得违反本法对级别管辖和专属管辖的规定。第266条规定：因在中华人民共和国履行中外合资经营企业合同、中外合作经营企业合同、中外合作勘探开发自然资源合同发生纠纷提起的诉讼，由中华人民共和国人民法院管辖。官方答案认为C选项错误，其理由大概是题干中并未说明是何种合同纠纷，如果阮某和张某的合同属于专属管辖的合同，当事人协议外国法院管辖则无效。对于本题，我们也可以靠做题技巧，基于本题属于单项选择，而A选项显然正确，用排除法把其他几个选项排除掉。（答案：A）

2. 普拉克是外国公民，在一起由中国法院审理的涉外侵权案件中为原告。普拉克请求使用其本国语言进行诉讼。关于中国法院对该请求的处理，下列哪一选项是正确的？（2008年真题，单选）

A. 尊重普拉克的这一请求，使用其本国语言审理

B. 驳回普拉克的这一请求，使用中文审理，告知由其自行解决翻译问题

C. 驳回普拉克的这一请求，以中文审理，但在其要求并承担费用的情况下，应为其提供翻译

D. 驳回普拉克的这一请求，使用中文审理，但可为其提供免费翻译

[**释疑**] 本题中,在该起由中国法院审理的涉外侵权案件中,原告是外国人,根据《民事诉讼法》第 262 条的规定,本案应以中文审理,但在当事人要求提供翻译并承担费用的情况下,可以提供翻译,故 C 选项正确。(答案:C)

三、提示与预测

外国人在我国的民事诉讼地位主要涉及待遇、委托代理人的程序和范围、审理过程中所适用的语言等比较具体的问题,由于这几个问题在实践中经常会遇到,考试中也时常出现,所以应掌握其相应的法条规定。

考点 4 国际民事诉讼——国际民事案件管辖权

一、精讲

1. 确定国际民事案件管辖权的原则

确定国际民事案件管辖权的原则包括属地管辖原则、属人管辖原则、协议管辖原则(又称为合意管辖原则)、专属管辖原则(是指一国主张其法院对某些国际民事案件具有独占的或排他的管辖权,不承认其他国家法院对这些案件的管辖权)、平行管辖原则(又称为选择管辖原则,是指一国在主张自己对某些案件有管辖权的同时,并不否认其他国家法院对这些案件行使管辖权)等。一般来说,各国主要是依据属地或属人原则,同时采用平行管辖、专属管辖和协议管辖等原则。

在国际民事诉讼中,一些国家并不禁止一事再理或一事两诉,也就是说,一些国家对依据本国法律有管辖权的案件会加以受理,而不会因一国法院已经受理或者正在审理相同当事人就同一诉讼标的或诉由提起的案件而自己拒绝行使管辖权。最高人民法院《关于适用〈中华人民共和国民事诉讼法〉的解释》第 533 条规定:"中华人民共和国法院和外国法院都有管辖权的案件,一方当事人向外国法院起诉,而另一方当事人向中华人民共和国法院起诉的,人民法院可予受理。判决后,外国法院申请或者当事人请求人民法院承认和执行外国法院对本案作出的判决、裁定的,不予准许;但双方共同缔结或者参加的国际条约另有规定的除外。外国法院判决、裁定已经被人民法院承认,当事人就同一争议向人民法院起诉的,人民法院不予受理。"有效解决一事再理问题的途径当属制定有关国际民事案件管辖权的公约,或一国在必要情况下主动采用"非方便法院原则"(即一国法院虽然对某一涉外民事案件享有管辖权,但可以该法院审理该案非常不方便为理由拒绝行使管辖权)主动拒绝管辖。最高人民法院《关于适用〈中华人民共和国民事诉讼法〉的解释》第 532 条就"非方便法院原则"作了如下规定:"涉外民事案件同时符合下列情形的,人民法院可以裁定驳回原告的起诉,告知其向更方便的外国法院提起诉讼:(一)被告提出案件应由更方便外国法院管辖的请求,或者提出管辖异议;(二)当事人之间不存在选择中华人民共和国法院管辖的协议;(三)案件不属于中华人民共和国法院专属管辖;(四)案件不涉及中华人民共和国国家、公民、法人或者其他组织的利益;(五)案件争议的主要事实不是发生在中华人民共和国境内,且案件不适用中华人民共和国法律,人民法院审理案件在认定事实和适用法律方面存在重大困难;(六)外国法院对案件享有管辖权,且审理该案件更加方便。"

2. 我国《民事诉讼法》有关涉外民事案件管辖权的规定

（1）普通地域管辖。普通地域管辖即原告就被告。涉外民事案件中的被告住所地在我国，或者被告的住所地与经常居住地不一致时其经常居住地在我国领域内，我国法院都有管辖权。自然人的住所地指户籍所在地，经常居住地指公民离开其住所至起诉时连续居住1年以上的地方。法人的住所地指法人的主要营业地或者主要办事机构所在地。但对不在我国领域内居住的人提起的有关身份关系的诉讼，可以由原告住所地或经常居住地的我国法院管辖。

（2）特别地域管辖。《民事诉讼法》第265条规定："因合同纠纷或者其他财产权益纠纷，对在中华人民共和国领域内没有住所的被告提起的诉讼，如果合同在中华人民共和国领域内签订或者履行，或者诉讼标的物在中华人民共和国领域内，或者被告在中华人民共和国领域内有可供扣押的财产，或者被告在中华人民共和国领域内设有代表机构，可以由合同签订地、合同履行地、诉讼标的物所在地、可供扣押财产所在地、侵权行为地或者代表机构住所地人民法院管辖。"

《民通意见》第187条规定："侵权行为地的法律包括侵权行为实施地法律和侵权结果发生地法律。如果两者不一致时，人民法院可以选择适用。"

（3）专属管辖。关于专属管辖，根据我国《民事诉讼法》第33、266条及《海事诉讼特别程序法》第7条的规定，下列案件，由有关人民法院专属管辖：① 因不动产纠纷提起的诉讼，由不动产所在地人民法院管辖。② 因沿海港口作业纠纷提起的诉讼，由港口所在地海事法院管辖。③ 因继承遗产纠纷提起的诉讼，由被继承人死亡时住所地或者主要遗产所在地人民法院管辖。④ 因在中华人民共和国履行中外合资经营企业合同、中外合作经营企业合同、中外合作勘探开发自然资源合同发生纠纷提起的诉讼，由中华人民共和国人民法院管辖。

（4）协议管辖。关于协议管辖，《民事诉讼法》第34条规定：合同或者其他财产权益纠纷的当事人可以书面协议选择被告住所地、合同履行地、合同签订地、原告住所地、标的物所在地等与争议有实际联系的地点的人民法院管辖，但不得违反本法对级别管辖和专属管辖的规定。最高人民法院《关于适用〈中华人民共和国民事诉讼法〉的解释》第531条也规定："涉外合同或者其他财产权益纠纷的当事人，可以书面协议选择被告住所地、合同履行地、合同签订地、原告住所地、标的物所在地、侵权行为地等与争议有实际联系地点的外国法院管辖。根据民事诉讼法第三十三条和第二百六十六条规定，属于中华人民共和国法院专属管辖的案件，当事人不得协议选择外国法院管辖，但协议选择仲裁的除外。"此外，《海事诉讼特别程序法》第8条规定：海事纠纷的当事人都是外国人、无国籍人、外国企业或者组织，当事人书面协议选择中华人民共和国海事法院管辖的，即使与纠纷有实际联系的地点不在中华人民共和国领域内，中华人民共和国海事法院对该纠纷也具有管辖权。

（5）默示接受管辖或推定管辖。关于默示接受管辖或推定管辖，《民事诉讼法》第127条规定："人民法院受理案件后，当事人对管辖权有异议的，应当在提交答辩状期间提出。人民法院对当事人提出的异议，应当审查。异议成立的，裁定将案件移送有管辖权的人民法院；异议不成立的，裁定驳回。当事人未提出管辖异议，并应诉答辩的，视为受诉人民法院有管辖权，但违反级别管辖和专属管辖规定的除外。"

（6）集中管辖。最高人民法院《关于涉外民商事案件诉讼管辖若干问题的规定》就集中管辖作了规定：

第1条规定："第一审涉外民商事案件由下列人民法院管辖：（一）国务院批准设立的经济

技术开发区人民法院；（二）省会、自治区首府、直辖市所在地的中级人民法院；（三）经济特区、计划单列市中级人民法院；（四）最高人民法院指定的其他中级人民法院；（五）高级人民法院。上述中级人民法院的区域管辖范围由所在地的高级人民法院确定。"

第2条规定："对国务院批准设立的经济技术开发区人民法院所作的第一审判决、裁定不服的，其第二审由所在地中级人民法院管辖。"

第3条规定："本规定适用于下列案件：（一）涉外合同和侵权纠纷案件；（二）信用证纠纷案件；（三）申请撤销、承认与强制执行国际仲裁裁决的案件；（四）审查有关涉外民商事仲裁条款效力的案件；（五）申请承认和强制执行外国法院民商事判决、裁定的案件。"

第4条规定："发生在与外国接壤的边境省份的边境贸易纠纷案件，涉外房地产案件和涉外知识产权案件，不适用本规定。"

第5条规定："涉及香港、澳门特别行政区和台湾地区当事人的民商事纠纷案件的管辖，参照本规定处理。"

（7）涉外离婚案件的管辖权。对于涉外离婚案件的管辖权，根据我国《民事诉讼法》第21条、第22条第（1）项的规定，只要被告在我国有住所或居所，我国法院就有管辖权；同时，对于被告不在我国境内居住的离婚案件，如原告在我国境内有住所或居所，则原告住所或居所地法院也有管辖权。

《关于适用〈中华人民共和国民事诉讼法〉的解释》第13条至第17条作了更具体的规定：

第13条规定：在国内结婚并定居国外的华侨，如定居国法院以离婚诉讼须由婚姻缔结地法院管辖为由不予受理，当事人向人民法院提出离婚诉讼的，由婚姻缔结地或者一方在国内的最后居住地人民法院管辖。

第14条规定：在国外结婚并定居国外的华侨，如定居国法院以离婚诉讼须由国籍所属国法院管辖为由不予受理，当事人向人民法院提出离婚诉讼的，由一方原住所地或者在国内的最后居住地人民法院管辖。

第15条规定：中国公民一方居住在国外，一方居住在国内，不论哪一方向人民法院提起离婚诉讼，国内一方住所地人民法院都有权管辖。国外一方在居住国法院起诉，国内一方向人民法院起诉的，受诉人民法院有权管辖。

第16条规定：中国公民双方在国外但未定居，一方向人民法院起诉离婚的，应由原告或者被告原住所地人民法院管辖。

第17条规定：已经离婚的中国公民，双方均定居国外，仅就国内财产分割提起诉讼的，由主要财产所在地人民法院管辖。

（8）遵守国际条约的规定。如果我国法律规定与所参加的有关民事诉讼管辖权的条约规定有不同的，除我国声明保留的条款外，应优先适用公约的规定。

我国管辖权相关规定
- 条约优先
- 普通地域管辖（被告住所地、经常居住地）及其例外
- 特别地域管辖
- 专属管辖
- 协议管辖（又称为合意管辖）
- 默示接受管辖（应诉管辖或推定管辖或接受管辖）
- 集中管辖

二、例题

1. 俄罗斯公民萨沙来华与中国公民韩某签订一份设备买卖合同。后因履约纠纷韩某将萨沙诉至中国某法院。经查，萨沙在中国境内没有可供扣押的财产，亦无居所；该套设备位于中国境内。关于本案的管辖权与法律适用，依中国法律规定，下列哪一选项是正确的？（2016年真题，单选）

A. 中国法院没有管辖权

B. 韩某可在该套设备所在地或合同签订地法院起诉

C. 韩某只能在其住所地法院起诉

D. 萨沙与韩某只能选择适用中国法或俄罗斯法

[释疑] 本题考点为特别领域管辖。《民事诉讼法》第265条规定："因合同纠纷或者其他财产权益纠纷，对在中华人民共和国领域内没有住所的被告提起的诉讼，如果合同在中华人民共和国领域内签订或者履行，或者诉讼标的物在中华人民共和国领域内，或者被告在中华人民共和国领域内有可供扣押的财产，或者被告在中华人民共和国领域内设有代表机构，可以由合同签订地、合同履行地、诉讼标的物所在地、可供扣押财产所在地、侵权行为地或者代表机构住所地人民法院管辖。"根据前述规定，本案中，该设备买卖合同的标的物所在地或合同签订地的中国法院有管辖权。故B选项正确，其他选项错误。（答案：B）

2. 朗文与戴某缔结了一个在甲国和中国履行的合同。履约过程中发生争议，朗文向甲国法院起诉戴某并获得胜诉判决。戴某败诉后就同一案件向我国法院提起诉讼。朗文以该案件已经甲国法院判决生效为由对中国法院提出管辖权异议。依据我国法律、司法解释以及我国缔结的相关条约，下列哪一选项是正确的？（2008年真题，单选）

A. 朗文的主张构成对我国法院就同一案件实体问题行使管辖权的有效异议

B. 我国法院对戴某的起诉没有管辖权

C. 我国法院对涉外民事诉讼案件的管辖权不受任何限制

D. 我国法院可以受理戴某的起诉

[释疑] 本题涉及涉外合同纠纷，该合同在甲国和中国履行，根据我国《民事诉讼法》关于特别地域管辖的规定，即在六种情况下，对于涉外合同或者财产权益纠纷，即使被告在我国没有住所或者经常居住地，我国法院也有管辖权。而且，根据《关于适用〈中华人民共和国民事诉讼法〉的解释》第533条的规定，外国法院已经管辖并不影响中国法院对自己有管辖权的案件立案受理。本题案情中，当事人一方以甲国法院已经就该纠纷作出生效判决为理由主张我国法院没有管辖权是不能成立的（当然，如果我国法院已经裁定承认该外国法院就该案所作判决，则不应再就同一案件立案受理，但本题并不属于此种情况），故A、B选项错误。我国法院就涉外民事案件行使管辖权，应依据《民事诉讼法》及相关司法解释的规定进行，C选项认为不受任何限制是错误的。就本题而言，我国法院对该案件有管辖权，答案为D选项。（答案：D）

3. 国际海上运输合同的当事人在合同中选定我国某法院作为解决可能发生的纠纷的法院。关于此，下列哪一选项是错误的？（2007真题，单选）

A. 该协议不得违反我国有关级别管辖和专属管辖的规定

B. 当事人可以在纠纷发生前协议选择我国法院管辖

C. 如与该合同纠纷有实际联系的地点不在我国领域内，我国法院无权依该协议对纠纷进

行管辖

D. 涉外合同或涉外财产权益纠纷的当事人可以选择管辖法院

[释疑] 本题中,国际海上运输合同的当事人在合同中选定我国某法院为管辖法院,根据《民事诉讼法》的规定,A、B、D选项的说法本身都是正确的。从表面上看,当事人应用书面协议"选择与争议有实际联系的地点的法院管辖",但我国《海事诉讼特别程序法》第8条又规定,如果海事纠纷的当事人都是外国人、无国籍人、外国企业或者组织,则并不要求"选择与争议有实际联系的地点的法院管辖",而本题恰好属于国际海上运输合同问题,涉及海事纠纷,依据特别法优于一般法的原则,在本题的案情中,并不必然要求当事人选择的我国法院和案件有实际联系。C选项错误,在本题中当选。(答案:C)

4. 最高人民法院《关于涉外民商事案件诉讼管辖若干问题的规定》中,明确了涉外民商事案件的诉讼管辖权限和范围,也规定了例外的情况。不适用上述规定进行集中管辖的涉外案件是:(2007年真题,不定选)

A. 涉外房地产案件
B. 边境贸易纠纷案件
C. 强制执行国际仲裁裁决案件
D. 信用证纠纷案件

[释疑] 根据最高人民法院《关于涉外民商事案件诉讼管辖若干问题的规定》第3条的规定,强制执行国际仲裁裁决案件和信用证纠纷案件都适用集中管辖;而根据该规定第4条的规定,本题中的涉外房地产案件和边境贸易纠纷案件都不适用集中管辖,答案显然为A、B选项。(答案:AB)

三、提示与预测

涉外民事纠纷的管辖权问题非常重要,属于每年必考的问题。由于我国相关法条共规定了八个原则,如领域管辖、特别领域管辖、协议管辖、专属管辖、推定管辖、集中管辖、条约优先、平行管辖,这些法条应认真掌握,注意区别,防止做题的时候相互混淆。

考点 5 国际民事诉讼的期间、诉讼保全和诉讼时效

1. 期间

在国际民事诉讼中,由于涉及国外的当事人或需要在国外完成一定的诉讼行为,诉讼期间一般需要较长时间,各国民事诉讼法规定的国际民事诉讼期间通常比国内民事诉讼期间要长。

根据我国《民事诉讼法》的相关规定,被告在我国领域内没有住所的,法院应当将起诉状副本送达被告,并通知被告在收到起诉状副本后30天内提出答辩状。被告申请延期的,是否准许,由法院决定。另外,在我国领域内没有住所的当事人的上诉期、被上诉人的答辩期也都是30天,并且经法院准许还可以延长。而且,法院审理涉外案件的期间不受国内案件审理期间的限制。

2. 诉讼保全

根据我国《民事诉讼法》的相关规定,在涉外民事诉讼中,法院只基于当事人的申请或在起诉前基于利害关系人的申请,裁定是否采取财产保全措施,并不依职权主动采取该类措施。

3. 诉讼时效

对于涉外民事诉讼时效的准据法,目前各国的趋势是规定诉讼时效适用该诉讼请求的准

据法。

考点 6 国际司法协助

一、精讲

1. 国际司法协助概述

国际司法协助请求的提出一般通过以下途径：外交途径、使领馆途径、法院途径、中心机关途径（又称为中央机关途径）。我国先后参加了《承认及执行外国仲裁裁决公约》《关于向国外送达民事或商事诉讼文书和非诉讼文书公约》《关于从国外调取民事或商事证据的公约》。

（1）我国涉外司法协助的范围。根据《民事诉讼法》第276条至第283条的规定，关于司法协助的范围，我国法院和外国法院可以在我国缔结或参加的国际条约或互惠原则的基础上，相互请求进行司法协助，包括送达文书、调查取证、承认与执行外国法院判决和外国仲裁裁决以及进行其他诉讼行为。但外国法院请求协助的事项有损我国的主权、安全或社会公共利益的，我国法院不予执行。

（2）提出司法协助请求的途径。司法协助请求提出的途径，应当根据我国缔结或参加的国际条约所规定的途径进行；没有条约关系的，通过外交途径进行。此外，外国驻我国使领馆可以向其本国公民送达文书和调查取证，但不得违反我国法律，并不得采取强制措施。未经我国主管机关的准许，任何其他外国机关或个人不得在我国领域内送达文书和调查取证。最高人民法院《关于适用〈中华人民共和国民事诉讼法〉的解释》第549条规定："与中华人民共和国没有司法协助条约又无互惠关系的国家的法院，未通过外交途径，直接请求人民法院提供司法协助的，人民法院应予退回，并说明理由。"

（3）提供司法协助的程序。我国法院提供司法协助依我国法律规定的程序进行，外国法院请求采用特殊方式进行的，也可以按照其请求的特殊方式进行，但请求采用的方式不得违反我国的法律。

2. 域外送达

域外送达是指一国法院根据国际条约或本国法律或按照互惠原则将诉讼文书和非诉讼文书送交给居住在国外的当事人或其他诉讼参与人的行为。

（1）一般的涉外送达规定。《民事诉讼法》第267条规定：人民法院对在中华人民共和国领域内没有住所的当事人送达诉讼文书，可以采用下列方式：①依照受送达人所在国与中华人民共和国缔结或者共同参加的国际条约中规定的方式送达；②通过外交途径送达；③对具有中华人民共和国国籍的受送达人，可以委托中华人民共和国驻受送达人所在国的使领馆代为送达；④向受送达人委托的有权代其接受送达的诉讼代理人送达；⑤向受送达人在中华人民共和国领域内设立的代表机构或者有权接受送达的分支机构、业务代办人送达；⑥受送达人所在国的法律允许邮寄送达的，可以邮寄送达，自邮寄之日起满三个月，送达回证没有退回，但根据各种情况足以认定已经送达的，期间届满之日视为送达（最高人民法院《关于适用〈中华人民共和国民事诉讼法〉的解释》第536条规定：受送达人所在国允许邮寄送达的，人民法院可以邮寄送达。邮寄送达时应当附有送达回证。受送达人未在送达回证上签收但在邮件回执上签收的，视为送达，签收日期为送达日期。自邮寄之日起满3个月，如果未收到送达的证明文件，且根据各种情况不足以认定已经送达的，视为不能用邮寄方式送达）；⑦采用传真、电子邮件等能够确认受送达人收悉的方式送达;⑧ 不能用上述方式送达的,公告送达,自公告之日起满 3 个月,即视为送达。最高人民法院《关于适用〈中华人民共和国民事诉讼法〉的解释》第 534 条规定:"对在中华人民共和国领域内没有住所的当事人,经用公告方式送达诉讼文书,公告期满不应诉,人民法院缺席判决后,仍应当将裁判文书依照民事诉讼法第二百六十七条第八项规定公告送达。自公告送达裁判文书满三个月之日起,经过三十日的上诉期当事人没有上诉的,一审判决即发生法律效力。"第 537 条规定:"人民法院一审时采取公告方式向当事人送达诉讼文书的,二审时可径行采取公告方式向其送达诉讼文书,但人民法院能够采取公告方式之外的其他方式送达的除外。"

此外,2006 年 7 月 17 日通过的最高人民法院《关于涉外民事或商事案件司法文书送达问题若干规定》对涉外民商事案件的送达方式进一步作了规定:① 当事人(包括作为受送达人的外国企业或其他组织的法定代表人、主要负责人)在我国领域内的,可直接向该当事人送达。最高人民法院《关于适用〈中华人民共和国民事诉讼法〉的解释》第 535 条对此进一步规定:"外国人或者外国企业、组织的代表人、主要负责人在中华人民共和国领域内的,人民法院可以向该自然人或者外国企业、组织的代表人、主要负责人送达。外国企业、组织的主要负责人包括该企业、组织的董事、监事、高级管理人员等。"② 可以向代理人送达,但授权委托书明确排除代理人接受送达的除外。③ 可以向当事人在中国设立的代表机构送达,如果向当事人在中国设立的分支机构或业务代办人送达,以其得到可以接受送达的授权为前提。④ 如果受送达国家也是《海牙送达公约》的成员,中国与该国家签订的双边司法协助协定优先于《海牙送达公约》。⑤ 可以通过其他适当方式送达(传真、电子邮件),但以对方国家不禁止及确认当事人已收悉为前提。⑥ 对不能适用公约、协定、外交途径以及邮寄方式送达的界定:自我国有关机关将司法文书转递受送达人所在国有关机关之日起满 6 个月,如果未能收到送达与否的证明文件,且根据各种情况不足以认定已经送达的,视为不能用该种方式送达。⑦ 合法送达之认定:即使受送达人未对人民法院送达的司法文书履行签收手续,受送达人书面向人民法院提及了所送达司法文书的内容,或受送达人已按所送达文书的内容履行,则可以视为已经合法送达。

(2)我国参加《关于向国外送达民事或商事司法文书和司法外文书公约》(即《海牙送达公约》)的司法解释。最高人民法院、外交部、司法部《关于执行〈关于向国外送达民事或商事司法文书和司法外文书公约〉有关程序的通知》规定:① 凡公约成员国驻华使、领馆转送该国法院或其他机关请求我国送达的民事或商事司法文书,应直接送交司法部,由司法部转递给最高人民法院,再由最高人民法院交有关人民法院送达给当事人。送达证明由有关人民法院交最高人民法院退司法部,再由司法部送交该国驻华使、领馆。② 凡公约成员国有权送交文书的主管当局或司法助理人员直接送交司法部请求我国送达的民事或商事司法文书,由司法部转递给最高人民法院,再由最高人民法院交有关人民法院送达给当事人。送达证明由有关人民法院交最高人民法院退司法部,再由司法部送交该国主管当局或司法助理人员。③ 对公约成员国驻华使、领馆直接向其在华的本国公民送达民事或商事司法文书,如不违反我国法律,可不表示异议。④ 我国法院若请求公约成员国向该国公民或第三国公民或无国籍人送达民事或商事司法文书,有关中级人民法院或专门人民法院应将请求书和所送司法文书送有关高级人民法院转最高人民法院,由最高人民法院送司法部转送给该国指定的中央机关;必要时,也可由最高人民法院送我国驻该国使馆转送给该国指定的中央机关。

⑤我国法院欲向在公约成员国的中国公民送达民事或商事司法文书,可委托我国驻该国的使、领馆代为送达。委托书和所送司法文书应由有关中级人民法院或专门人民法院送有关高级人民法院转最高人民法院,由最高人民法院径送或经司法部转送我国驻该国使、领馆送达给当事人。

司法部、最高人民法院、外交部《关于印发〈关于执行海牙送达公约的实施办法〉的通知》还规定了有关程序:①司法部收到国外的请求书后,对于有中文译本的文书,应于5日内转给最高人民法院;对于用英文或法文写成,或者附有英文或法文译本的文书,应于7日内转给最高人民法院;对于不符合公约规定的文书,司法部将予以退回或要求请求方补充、修正材料。②最高人民法院应于5日内将文书转给送达执行地高级人民法院;高级人民法院收文后,应于3日内转有关的中级人民法院或者专门人民法院;中级人民法院或者专门人民法院收文后,应于10日内完成送达,并将送达回证尽快交最高人民法院转司法部。③执行送达的法院不管文书中确定的出庭日期或期限是否已过,均应送达。如受送达人拒收,应在送达回证上注明。④对于国外按公约提交的未附中文译本而附英、法文译本的文书,法院仍应予以送达。除双边条约中规定英、法文译本为可接受文字者外,受送达人有权以未附中文译本为由拒收。凡当事人拒收的,送达法院应在送达回证上注明。⑤司法部接到送达回证后,按公约的要求填写证明书,并将其转回国外请求方。

(3)其他有关规定。根据最高人民法院《关于向外国公司送达司法文书能否向其驻华代表机构送达并适用留置送达问题的批复》的规定,人民法院向外国公司的驻华代表机构送达诉讼文书时,可以适用留置送达的方式。关于外国法院向在我国的受送达人送达,应当根据该国与我国缔结或共同参加的条约所规定的途径送达,没有条约关系的,按外交途径送达;外国驻我国使领馆可以向其本国公民送达文书,但不得违反我国法律,并不得采取强制措施。

3. 域外取证

域外取证是指基于国际条约或互惠原则,被请求国协助请求国调查案情,获得或收集证据的活动。域外取证方式主要包括:

(1)代为取证。

(2)领事取证,采取此种取证方式不得违反当地的法律,也不得采取强制措施。

(3)特派员取证。我国原则上不允许外国特派员在我国境内取证,但在特殊情况下可特许外国特派员在我国境内取证。

(4)当事人或诉讼代理人自行取证。根据我国有关规定,未经我国主管机关准许,任何外国当事人或其诉讼代理人都不得在我国境内自行取证。

4.《关于从国外调取民事或商事证据的公约》的有关规定

根据公约的规定,在民事或商事案件中,每一缔约国的司法机关可以根据该国的法律规定,通过请求书的方式,请求另一缔约国主管机关"调取证据"或"履行某些其他司法行为"。请求书不得用来调取不打算用于已经开始或即将开始的司法程序的证据。"其他司法行为"一词不包括司法文书的送达或颁发执行判决或裁定的任何决定,或采取临时措施或保全措施的命令。这说明公约仅适用于调取用于司法程序的证据或请求履行与司法程序相关的行为。

在民事或商事案件中,每一缔约国的司法机关可以根据该国的法律规定,通过请求书的方式,请求另一缔约国主管机关调取证据或履行某些其他司法行为。

每一缔约国应指定一个中央机关负责接收来自另一缔约国司法机关的请求书,并将其转交给执行请求的主管机关。各缔约国应依其本国法律组建该中央机关。请求书应直接送交执行国中央机关,无须通过该国任何其他机关转交。

在符合下列条件的情况下,每一缔约国的外交官员或领事代表在另一缔约国境内其执行职务的区域内,亦可以向他执行职务地所在国或第三国国民在不采取强制措施的情况下调取证据,以协助在其代表的国家的法院中进行的诉讼:① 他执行职务地所在国指定的主管机关已给予一般性或对特定案件的许可,并且② 他遵守主管机关在许可中设定的条件。缔约国可以声明,无须取得事先许可即可依本条进行取证。

在程序方面,执行请求书的司法机关应适用其本国法规定的方式和程序。但是,该机关应采纳其他缔约国的请求机关提出的采用特殊方式或程序的请求,除非其与执行国国内法相抵触或因其国内惯例和程序或存在实际困难而不可能执行。请求书应迅速执行,只有在下列情况下,被请求的缔约国才能拒绝执行请求书:

(1) 在执行国,该请求书的执行不属于司法机关的职权范围;

(2) 被请求国认为,请求书的执行将会损害其主权和安全。

执行国不能仅因其国内法已对该项诉讼标的规定专属管辖权或不承认对该事项提起诉讼的权利为理由,拒绝执行请求。

5. 最高人民法院《关于依据国际公约和双边司法协助条约办理民商事案件司法文书送达和调查取证司法协助请求的规定》

第1条规定:人民法院应当根据便捷、高效的原则确定依据海牙送达公约、海牙取证公约,或者双边民事司法协助条约,对外提出民商事案件司法文书送达和调查取证请求。

第2条规定:人民法院协助外国办理民商事案件司法文书送达和调查取证请求,适用对等原则。

第3条规定:人民法院协助外国办理民商事案件司法文书送达和调查取证请求,应当进行审查。外国提出的司法协助请求,具有海牙送达公约、海牙取证公约或双边民事司法协助条约规定的拒绝提供协助的情形的,人民法院应当拒绝提供协助。

第4条规定:人民法院协助外国办理民商事案件司法文书送达和调查取证请求,应当按照民事诉讼法和相关司法解释规定的方式办理。请求方要求按照请求书中列明的特殊方式办理的,如果该方式与我国法律不相抵触,且在实践中不存在无法办理或者办理困难的情形,应当按照该特殊方式办理。

第5条规定:人民法院委托外国送达民商事案件司法文书和进行民商事案件调查取证,需要提供译文的,应当委托中华人民共和国领域内的翻译机构进行翻译。译文应当附有确认译文与原文一致的翻译证明。翻译证明应当有翻译机构的印章和翻译人的签名。译文不得加盖人民法院印章。

第6条规定:最高人民法院统一管理全国各级人民法院的国际司法协助工作。高级人民法院应当确定一个部门统一管理本辖区各级人民法院的国际司法协助工作并指定专人负责。中级人民法院、基层人民法院和有权受理涉外案件的专门法院,应当指定专人管理国际司法协助工作;有条件的,可以同时确定一个部门管理国际司法协助工作。

第7条规定:人民法院应当建立独立的国际司法协助登记制度。

第 8 条规定：人民法院应当建立国际司法协助档案制度。办理民商事案件司法文书送达的送达回证、送达证明在各个转递环节应当以适当方式保存。办理民商事案件调查取证的材料应当作为档案保存。

第 9 条规定：经最高人民法院授权的高级人民法院，可以依据海牙送达公约、海牙取证公约直接对外发出本辖区各级人民法院提出的民商事案件司法文书送达和调查取证请求。

第 10 条规定：通过外交途径办理民商事案件司法文书送达和调查取证，不适用本规定。

第 11 条规定：最高人民法院国际司法协助统一管理部门根据本规定制定实施细则。

第 12 条规定：最高人民法院以前所作的司法解释及规范性文件，凡与本规定不一致的，按本规定办理。

6. 外国法院判决的承认与执行

关于承认与执行外国法院判决的程序，各国在实践中主要有三种不同的做法：经形式上的审查发给执行令的程序；经实质性审查后发给执行令的程序；重新起诉程序。我国采取上述第一种程序。

（1）外国法院的判决在中国的承认和执行。《民事诉讼法》第 281 条规定：外国法院作出的发生法律效力的判决、裁定，需要中华人民共和国人民法院承认和执行的，可以由当事人直接向中华人民共和国有管辖权的中级人民法院申请承认和执行，也可以由外国法院依照该国与中华人民共和国缔结或者参加的国际条约的规定，或者按照互惠原则，请求人民法院承认和执行。

最高人民法院《关于适用〈中华人民共和国民事诉讼法〉的解释》第 548 条规定："承认和执行外国法院作出的发生法律效力的判决、裁定或者外国仲裁裁决的案件，人民法院应当组成合议庭进行审查。人民法院应当将申请书送达被申请人。被申请人可以陈述意见。人民法院经审查作出的裁定，一经送达即发生法律效力。"

关于当事人向中国法院申请承认和执行时应提交的申请材料，最高人民法院《关于适用〈中华人民共和国民事诉讼法〉的解释》第 543 条规定："申请人向人民法院申请承认和执行外国法院作出的发生法律效力的判决、裁定，应当提交申请书，并附外国法院作出的发生法律效力的判决、裁定正本或者经证明无误的副本以及中文译本。外国法院判决、裁定为缺席判决、裁定的，申请人应当同时提交该外国法院已经合法传唤的证明文件，但判决、裁定已经对此予以明确说明的除外。中华人民共和国缔结或者参加的国际条约对提交文件有规定的，按照规定办理。"

此外，仅仅申请承认并不等同于申请执行。最高人民法院《关于适用〈中华人民共和国民事诉讼法〉的解释》第 546 条规定："对外国法院作出的发生法律效力的判决、裁定或者外国仲裁裁决，需要中华人民共和国法院执行的，当事人应当先向人民法院申请承认。人民法院经审查，裁定承认后，再根据民事诉讼法第三编的规定予以执行。当事人仅申请承认而未同时申请执行的，人民法院仅对应否承认进行审查并作出裁定。"第 547 条规定："当事人申请承认和执行外国法院作出的发生法律效力的判决、裁定或者外国仲裁裁决的期间，适用民事诉讼法第二百三十九条的规定。当事人仅申请承认而未同时申请执行的，申请执行的期间自人民法院对承认申请作出的裁定生效之日起重新计算。"

《民事诉讼法》第 282 条规定：人民法院对申请或者请求承认和执行的外国法院作出的发生法律效力的判决、裁定，依照中华人民共和国缔结或者参加的国际条约，或者按照互惠原则进行审查后,认为不违反中华人民共和国法律的基本原则或者国家主权、安全、社会公共利益的,裁定承认其效力,需要执行的,发出执行令,依照本法的有关规定执行。违反中华人民共和国法律的基本原则或者国家主权、安全、社会公共利益的,不予承认和执行。

承认与执行外国法院判决、裁定的条件
① 存在条约或互惠关系——无此关系则告知可重新起诉
② 外国法院有管辖权
③ 不与正在我国国内进行或已经终结的诉讼相冲突
④ 审判程序公正
⑤ 判决或裁定已经发生法律效力
⑥ 不违反我国法律的基本原则或主权、安全和社会公共利益

(2) 我国法院的判决在外国申请承认和执行。《民事诉讼法》第280条第1款规定:"人民法院作出的发生法律效力的判决、裁定,如果被执行人或者其财产不在中华人民共和国领域内,当事人请求执行的,可以由当事人直接向有管辖权的外国法院申请承认和执行,也可以由人民法院依照中华人民共和国缔结或者参加的国际条约的规定,或者按照互惠原则,请求外国法院承认和执行。"

7. 我国关于承认与执行外国法院离婚判决的规定

根据1991年最高人民法院《关于中国公民申请承认外国法院离婚判决程序问题的规定》的规定,归纳如下:

(1) 对与我国没有订立司法协助协议的外国法院作出的离婚判决,中国国籍的当事人可以根据该规定向人民法院申请承认该外国法院的判决。但外国法院离婚判决中的夫妻财产分割、生活费负担、子女抚养方面判决的承认执行,不适用该规定。

(2) 申请由申请人住所地中级人民法院受理。申请人住所地与经常居住地不一致的,由经常居住地中级人民法院受理。申请人不在国内的,由申请人原国内住所地中级人民法院受理。

(3) 经审查,外国法院的离婚判决具有下列情形之一的,不予承认:① 判决尚未发生法律效力;② 作出判决的外国法院对案件没有管辖权;③ 判决是在被告缺席且未得到合法传唤情况下作出的;④ 该当事人之间的离婚案件,我国法院正在审理或已作出判决,或者第三国法院对该当事人之间作出的离婚判决已为我国法院所承认;⑤ 判决违反我国法律的基本原则或者危害我国国家主权、安全和社会公共利益。

二、例题

1. 中国甲公司与日本乙公司的商事纠纷在日本境内通过仲裁解决。因甲公司未履行裁决,乙公司向某人民法院申请承认与执行该裁决。中日均为《纽约公约》缔约国,关于该裁决在中国的承认与执行,下列哪一选项是正确的?(2017年真题,单选)

A. 该人民法院应组成合议庭审查
B. 如该裁决是由临时仲裁庭作出的,该人民法院应拒绝承认与执行
C. 如该人民法院认为该裁决不符合《纽约公约》的规定,即可直接裁定拒绝承认和执行
D. 乙公司申请执行该裁决的期间应适用日本法的规定

[释疑] 最高人民法院《关于适用〈中华人民共和国民事诉讼法〉的解释》第548条规定:"承认和执行外国法院作出的发生法律效力的判决、裁定或者外国仲裁裁决的案件,人民法院

应当组成合议庭进行审查。人民法院应当将申请书送达被申请人。被申请人可以陈述意见。人民法院经审查作出的裁定,一经送达即发生法律效力。"故 A 选项正确。对临时仲裁庭在中华人民共和国领域外作出的仲裁裁决,一方当事人向人民法院申请承认和执行的,人民法院应当依照《民事诉讼法》第 283 条的规定处理,故 B 选项错误。如人民法院认为外国裁决不符合《纽约公约》的规定,则应报高级人民法院审查,高级人民法院同意的,还应报最高人民法院审查,故 C 选项错误。在中国申请承认与执行外国仲裁裁决,其期间应适用中国法的规定,故 D 选项错误。(答案:A)

2. 蒙古公民高娃因民事纠纷在蒙古某法院涉诉。因高娃在北京居住,该蒙古法院欲通过蒙古驻华使馆将传票送达高娃,并向其调查取证。依中国法律规定,下列哪一选项是正确的?(2016 年真题,单选)

　　A. 蒙古驻华使馆可向高娃送达传票

　　B. 蒙古驻华使馆不得向高娃调查取证

　　C. 只有经中国外交部同意后,蒙古驻华使馆才能向高娃送达传票

　　D. 蒙古驻华使馆可向高娃调查取证并在必要时采取强制措施

　　[释疑]　本题考点为涉外领事送达及取证。我国允许外国驻华使领馆直接向其本国国民送达或取证,故 A 选项正确,B、C 选项错误。外国驻华使领馆在我国向其本国国民取证时,不得采取强制措施,故 D 选项错误。(答案:A)

3. 中国与甲国均为《关于从国外调取民事或商事证据的公约》的缔约国,现甲国法院因审理一民商事案件,需向中国请求调取证据。根据该公约及我国相关规定,下列哪一说法是正确的?(2014 年真题,单选)

　　A. 甲国法院可将请求书交中国司法部,请求代为取证

　　B. 中国不能以该请求书不属于司法机关职权范围为由拒绝执行

　　C. 甲国驻中国领事代表可在其执行职务范围内,向中国公民取证,必要时可采取强制措施

　　D. 甲国当事人可直接在中国向有关证人获取证人证言

　　[释疑]　根据《关于执行〈关于向国外送达民事或商事司法文书和司法外文书公约〉有关程序的通知》的规定,司法部为我国指定的履行该公约的中央机关。故 A 选项正确。对于不属于司法机关职权范围的取证请求,被请求国可以拒绝执行,故 B 选项错误。使领馆取证不可采取强制措施,故 C 选项错误。我国原则上禁止外国当事人在我国境内自行取证,故 D 选项错误。(答案:A)

4. 中国某法院审理一起涉外民事纠纷,需要向作为被告的外国某公司进行送达。根据《关于向国外送达民事或商事司法文书和司法外文书公约》(海牙《送达公约》)、中国法律和司法解释,关于该案件的涉外送达,法院的下列哪一做法是正确的?(2013 年真题,单选)

　　A. 应首先按照海牙《送达公约》规定的方式进行送达

　　B. 不得对被告采用邮寄送达方式

　　C. 可通过中国驻被告所在国使领馆向被告进行送达

　　D. 可通过电子邮件方式向被告送达

　　[释疑]　中国驻外国使领馆均限于向中国国民送达,C 选项错误。通过电子邮件或传真的方式送达是可以的,只要能够确认当事人已经收悉即可,故应选 D 选项。(答案:D)

5. 甲国秋叶公司在该国法院获得一项胜诉的判决,并准备向中国法院申请执行。根据我国现行法律,下列哪些选项是正确的?(2008 年真题,多选)

　　A. 该判决可以由当事人直接向我国有管辖权的法院申请执行

　　B. 该判决可以由甲国法院依照该国与我国缔结或共同参加的国际条约的规定向我国有管辖权的法院申请执行

　　C. 对外国法院判决效力的承认,我国采取裁定方式

　　D. 对与我国缔结司法协助条约的国家的法院判决,我国法院均应予以执行

　　[释疑]　根据《民事诉讼法》第 281 条的规定,外国法院作出的发生法律效力的判决、裁定,需要我国人民法院承认和执行的,由当事人直接向我国有管辖权的中级人民法院申请承认和执行,也可以由外国法院依照该国与我国缔结或者参加的国际条约的规定,或者按照互惠原则,请求人民法院承认和执行,故 A、B 选项正确。对于外国法院判决效力的承认,我国采取裁定方式,C 选项正确。对与我国缔结司法协助条约的国家的法院判决,也必须满足一系列有关条件,例如不违反我国法律的基本原则或者国家主权、安全、社会公共利益等,才能予以承认和执行,因此 D 选项错误。(答案:ABC)

6. 外国公民张女士与旅居该国的华侨王先生结婚,后因感情疏离,张女士向该国法院起诉离婚并获得对其有利的判决,包括解除夫妻关系,以及夫妻财产分割和子女抚养等内容。该外国与中国之间没有司法协助协定。张女士向中国法院申请承认该离婚判决,王先生随后在同一中国法院起诉与张女士离婚。根据我国法律和司法解释,下列哪一选项是错误的?(2008 年真题,单选)

　　A. 中国法院应依最高人民法院《关于中国公民申请承认外国法院离婚判决程序问题的规定》决定是否承认该判决中解除夫妻身份关系的内容

　　B. 中国法院应依前项司法解释决定是否执行该判决中解除夫妻身份关系之外的内容

　　C. 若张女士的申请被驳回,她就无权再提出承认该判决的申请,但可另行向中国法院起诉离婚

　　D. 中国法院不应受理王先生的离婚起诉

　　[释疑]　根据最高人民法院《关于中国公民申请承认外国法院离婚判决程序问题的规定》第 2 条的规定,该规定不适用外国法院离婚判决中的夫妻财产分割、生活费负担、子女抚养方面判决的承认与执行。但根据该规定第 1 条的规定,对于该判决中解除夫妻身份关系的内容,是可以依据该规定予以承认的,故 A 选项本身说法是正确的,B 选项错误。张女士向中国法院申请承认该离婚判决,《关于中国公民申请承认外国法院离婚判决程序问题的规定》第 22 条规定:申请人的申请被驳回后,不得再提出申请,但可以另行向人民法院起诉离婚。C 选项正确。该规定第 19 条规定:人民法院受理承认外国法院离婚判决的申请后,对方当事人向人民法院起诉离婚的,人民法院不予受理。故中国法院不应受理王先生的离婚起诉,D 选项正确。本题要求选择错误的说法,故答案为 B 选项。(答案:B)

三、提示与预测

　　国际司法协助——涉外送达、取证、外国法院判决的承认和执行——也是每年必考的考点。关于涉外送达,除要了解我国《民事诉讼法》第 267 条及最高人民法院《关于涉外民事或商事案件司法文书送达问题若干规定》外,还应了解我国所参加的《海牙送达公约》的主要内

容,才算是比较系统地掌握了这一考点。此外,还应了解《海牙送达公约》以及《关于执行海牙送达公约的实施办法》的规定。涉外取证的问题相对简单,了解我国规定及《关于从国外调取民事或商事证据的公约》的主要规定即可。判决的承认与执行是国际民事诉讼法中重要的内容,应掌握我国法院的判决在外国的承认与执行以及外国判决在我国法院的承认与执行两个方面。

第七章　区际法律问题

本章知识体系：

中国的区际司法协助
- 最高人民法院《关于涉台民事诉讼文书送达的若干规定》
- 内地与香港特别行政区的送达安排
- 内地与澳门特别行政区(送达与取证)的安排
- 涉港澳送达——《关于涉港澳民商事案件司法文书送达问题若干规定》
- 内地与澳门特别行政区相互认可与执行民事判决的安排
- 《关于认可和执行台湾地区法院民事判决的规定》
- 《关于内地与香港特别行政区法院相互认可和执行当事人协议管辖的民商事案件判决的安排》
- 内地与香港特别行政区相互执行仲裁裁决的安排
- 内地与澳门特别行政区相互认可和执行仲裁裁决的安排

考点 1　区际法律冲突与区际冲突法

1. 区际法律冲突法

区际法律冲突法是指用以解决同一个主权国家内部的不同法域之间的民商事法律冲突的法律冲突法。区际法律冲突法本质上是多法域国家的国内法,这与国际私法不同。

2. 区际法律冲突的"区际冲突法解决途径"

(1) 全国统一区际冲突法。

(2) 各自的区际冲突法。

(3) 类推国际私法解决。

(4) 适用与解决国际私法冲突基本相同的规则。

3. 区际法律冲突的"统一实体法解决途径"

区际法律冲突的"统一实体法解决途径",即多法域国家制定统一实体法解决国内不同法域的法律冲突。

4. 中国区际法律冲突的解决步骤

(1) 中国区际法律冲突的解决途径。目前,直接通过中央机关制定全国统一冲突法或统一实体法来解决我国的区际法律冲突在现阶段尚不可能。我国当前是参照国际私法规则来解决区际法律冲突的。

(2) 中国区际法律冲突之解决步骤设想:① 各自制定各自的区际冲突法;② 全国统一的区际冲突法;③ 全国统一实体法。

考点 2 中国的区际司法协助

一、精讲

（一）内地与香港特别行政区之间的送达

1999年最高人民法院《关于内地与香港特别行政区法院相互委托送达民商事司法文书的安排》的主要内容如下：

（1）双方委托送达司法文书，均须通过各高级人民法院和香港特别行政区高等法院进行。最高人民法院司法文书可以直接委托香港特别行政区高等法院送达；

（2）委托书应以中文文本提出，所附司法文书没有中文文本的，应当提供中文译本；

（3）委托送达司法文书应当依据受委托方所在地的法律规定的程序进行，根据被请求方的程序不论司法文书中确定的出庭日期或期限是否已过，受委托方均应送达；

（4）受托法院完成送达的期限最迟不得超过自收到委托书之日起两个月；

（5）委托送达司法文书费用互免，但委托方在委托书中请求以特定送达方式送达所产生的费用，由委托方负担。

（二）内地与澳门特别行政区之间的送达和调查取证、相互认可和执行民事判决、相互认可和执行仲裁裁决的安排

1. 内地与澳门特别行政区之间的送达和调查取证

对于委托送达，内地和香港特区、澳门特区都有安排，但委托取证，则内地只和澳门特区有安排，和香港特区没有安排。2001年最高人民法院《关于内地与澳门特别行政区法院就民商事案件相互委托送达司法文书和调取证据的安排》的主要内容如下：

（1）双方相互委托送达司法文书和调取证据，均须通过各高级人民法院和澳门特别行政区终审法院进行。最高人民法院与澳门特别行政区终审法院可以直接相互委托送达和调取证据。

（2）委托书应以中文文本提出。所附司法文书及其他相关文件没有中文文本的，应当提供中文译本。

（3）委托送达司法文书应当依据受委托方所在地的法律规定的程序进行，根据被请求方的程序不论司法文书中确定的出庭日期或期限是否已过，受委托方均应送达。

（4）受委托方法院完成受托事项的期限，送达文书最迟不得超过自收到委托书之日起两个月，调取证据最迟不得超过自收到委托书之日起3个月。

（5）委托送达司法文书费用互免，但受委托方法院根据其本辖区法律规定，有权在调取证据时，要求委托方法院预付鉴定人、证人、翻译人员的费用，以及因采用委托方法院在委托书中请求以特殊方式送达司法文书或调取证据所产生的费用。

（6）委托方法院请求调取的证据只能是用于与诉讼有关的证据。

（7）受委托方法院收到委托书后，不得以其本辖区法律规定对委托方法院审理的该民商事案件享有专属管辖权或不承认对该请求事项提起诉讼的权利为由，不予执行受托事项。

（8）证人、鉴定人在委托方地域内逗留期间，不得因在其离开受委托方地域之前，在委托方境内所实施的行为或针对他所作的裁决而被刑事起诉、羁押，或者为履行刑罚或者其他处罚而被剥夺财产或者扣留身份证件，或者以任何方式对其人身自由加以限制。证人、鉴定人完成所需诉讼行为，且可自由离开委托方地域后，在委托方境内逗留超过7天，或者已离开委托方

地域又自行返回时,前述所指的豁免即行终止。

2.《内地与澳门特别行政区关于相互认可和执行民商事判决的安排》的主要内容

(1)内地与澳门特别行政区民商事案件(在内地包括劳动争议案件,在澳门特别行政区包括劳动民事案件)判决的相互认可和执行,刑事案件中有关民事损害赔偿的判决、裁定,适用该安排,该安排不适用于行政案件。

(2)内地有权受理认可和执行判决申请的法院为被申请人住所地、经常居住地或者财产所在地的中级人民法院。两个或者两个以上中级人民法院均有管辖权的,申请人应当选择向其中一个中级人民法院提出申请。澳门特别行政区有权受理认可判决申请的法院为中级法院,有权执行的法院为初级法院。

(3)被申请人在内地和澳门特别行政区均有可供执行的财产的,申请人可以向一地法院提出执行申请。申请人向一地法院提出执行申请的同时,可以向另一地法院申请查封、扣押或者冻结被执行人的财产。待一地法院执行完毕后,可以根据该地法院出具的执行情况证明,就不足部分向另一地法院申请采取处分财产的执行措施。两地法院执行财产的总额,不得超过依据判决和法律规定所确定的数额。

(4)被请求方法院经审查核实存在下列情形之一的,裁定不予认可:① 根据被请求方的法律,判决所确认的事项属被请求方法院专属管辖;② 在被请求方法院已存在相同诉讼,该诉讼先于待认可判决的诉讼提起,且被请求方法院具有管辖权;③ 被请求方法院已认可或者执行被请求方法院以外的法院或仲裁机构就相同诉讼作出的判决或仲裁裁决;④ 根据判决作出地的法律规定,败诉的当事人未得到合法传唤,或者无诉讼行为能力人未依法得到代理;⑤ 根据判决作出地的法律规定,申请认可和执行的判决尚未发生法律效力,或者因再审被裁定中止执行;⑥ 在内地认可和执行判决将违反内地法律的基本原则或者社会公共利益;在澳门特别行政区认可和执行判决将违反澳门特别行政区法律的基本原则或者公共秩序。

3. 内地与澳门特别行政区之间相互认可和执行仲裁裁决的安排

承认和执行仲裁裁决	管辖法院	被申请人在两地均有财产的	适用范围	拒绝执行理由
内地	被申请人住所地、经常居住地或财产所在地中级人民法院;二者不同时可选择其一,但不得同时分别申请。	可单独也可以同时分别申请,仲裁地法院先执行,可向另一地法院就不足部分申请执行。	仲裁机构、仲裁地、准据法(仲裁法规)均在对方所在地,三重标准。	基本与《纽约公约》第5条相同。
澳门	中级法院(申请认可)。			

(三)内地向住所地在香港、澳门的民商事案件当事人送达司法文书的问题

最高人民法院于2009年2月16日通过了《关于涉港澳民商事案件司法文书送达问题若干规定》,其主要内容归纳如下:

1. 适用条件

人民法院审理涉及香港特别行政区、澳门特别行政区的民商事案件时,向住所地在香港特别行政区、澳门特别行政区的受送达人送达司法文书,适用本规定。

2. 送达方式

（1）作为受送达人的自然人或者企业、其他组织的法定代表人、主要负责人在内地的，人民法院可以直接向该自然人或者法定代表人、主要负责人送达。

（2）除受送达人在授权委托书中明确表明其诉讼代理人无权代为接收有关司法文书外，其委托的诉讼代理人为有权代其接受送达的诉讼代理人，人民法院可以向该诉讼代理人送达。

（3）受送达人在内地设立有代表机构的，人民法院可以直接向该代表机构送达。受送达人在内地设立有分支机构或者业务代办人并授权其接受送达的，人民法院可以直接向该分支机构或者业务代办人送达。

（4）人民法院向在内地没有住所的受送达人送达司法文书，可以按照最高人民法院《关于内地与香港特别行政区法院相互委托送达民商事司法文书的安排》或者最高人民法院《关于内地与澳门特别行政区法院就民商事案件相互委托送达司法文书和调取证据的安排》送达。

按照前款规定方式送达的，自内地的高级人民法院或者最高人民法院将有关司法文书递送香港特别行政区高等法院或者澳门特别行政区终审法院之日起满 3 个月，如果未能收到送达与否的证明文件且不存在本规定第 12 条规定情形的，视为不能适用上述安排中规定的方式送达。

（5）人民法院向受送达人送达司法文书，可以邮寄送达。邮寄送达时应附有送达回证。受送达人未在送达回证上签收但在邮件回执上签收的，视为送达，签收日期为送达日期。自邮寄之日起满 3 个月，虽未收到送达与否的证明文件，但存在本规定第 12 条规定（该条规定内容见下文）情形的，期间届满之日视为送达。自邮寄之日起满 3 个月，如果未能收到送达与否的证明文件，且不存在本规定第 12 条规定情形的，视为未送达。

（6）人民法院可以通过传真、电子邮件等能够确认收悉的其他适当方式向受送达人送达。

（7）人民法院不能依照本规定上述方式送达的，可以公告送达。公告内容应当在内地和受送达人住所地公开发行的报刊上刊登，自公告之日起满 3 个月即视为送达。

（8）除公告送达方式外，人民法院可以同时采取多种法定方式向受送达人送达。采取多种方式送达的，应当根据最先实现送达的方式确定送达日期。

（9）人民法院向在内地的受送达人或者受送达人的法定代表人、主要负责人、诉讼代理人、代表机构以及有权接受送达的分支机构、业务代办人送达司法文书，可以适用留置送达的方式。

（10）《关于涉港澳民商事案件司法文书送达问题若干规定》第 12 条规定：受送达人未对人民法院送达的司法文书履行签收手续，但存在以下情形之一的，视为送达：① 受送达人向人民法院提及了所送达司法文书的内容；② 受送达人已经按照所送达司法文书的内容履行；③ 其他可以确认已经送达的情形。

3. 转递或补正程序

下级人民法院送达司法文书，根据有关规定需要通过上级人民法院转递的，应当附申请转递函。上级人民法院收到下级人民法院申请转递的司法文书，应当在 7 个工作日内予以转递。

上级人民法院认为下级人民法院申请转递的司法文书不符合有关规定需要补正的，应当在 7 个工作日内退回申请转递的人民法院。

（四）最高人民法院《关于认可和执行台湾地区法院民事判决的规定》

2015年6月2日最高人民法院审判委员会第1653次会议通过了《关于认可和执行台湾地区法院民事判决的规定》，主要内容如下：

（1）台湾地区法院民事判决，包括台湾地区法院作出的生效民事判决、裁定、和解笔录、调解笔录、支付命令等；台湾地区法院在刑事案件中作出的有关民事损害赔偿的生效判决、裁定、和解笔录；由台湾地区乡镇市调解委员会等出具并经台湾地区法院核定，与台湾地区法院生效民事判决具有同等效力的调解文书。

（2）申请认可台湾地区法院民事判决的案件，由申请人住所地、经常居住地或者被申请人住所地、经常居住地、财产所在地中级人民法院或者专门人民法院受理。申请人向两个以上有管辖权的人民法院申请认可的，由最先立案的人民法院管辖。申请人向被申请人财产所在地人民法院申请认可的，应当提供财产存在的相关证据。

（3）对申请认可台湾地区法院民事判决的案件，人民法院应当组成合议庭进行审查。

（4）申请人申请认可台湾地区法院民事判决，应当提供相关证明文件，以证明该判决真实并且已经生效。申请人可以申请人民法院通过海峡两岸调查取证司法互助途径查明台湾地区法院民事判决的真实性和是否生效以及当事人得到合法传唤的证明文件；人民法院认为必要时，也可以就有关事项依职权通过海峡两岸司法互助途径向台湾地区请求调查取证。

（5）人民法院受理认可台湾地区法院民事判决的申请后，当事人就同一争议起诉的，不予受理。一方当事人向人民法院起诉后，另一方当事人向人民法院申请认可的，对于认可的申请不予受理。

（6）案件虽经台湾地区有关法院判决，但当事人未申请认可，而是就同一争议向人民法院起诉的，应予受理。

（7）人民法院受理认可台湾地区法院民事判决的申请后，作出裁定前，申请人请求撤回申请的，可以裁定准许。

（8）人民法院受理认可台湾地区法院民事判决的申请后，应当在立案之日起6个月内审结。有特殊情况需要延长的，报请上一级人民法院批准。通过海峡两岸司法互助途径送达文书和调查取证的期间，不计入审查期限。

（9）人民法院经审查能够确认台湾地区法院民事判决真实并且已经生效，而且不具有本规定第15条所列情形的，裁定认可其效力；不能确认该民事判决的真实性或者已经生效的，裁定驳回申请人的申请。裁定驳回申请的案件，申请人再次申请并符合受理条件的，人民法院应予受理。

（10）对人民法院裁定不予认可的台湾地区法院民事判决，申请人再次提出申请的，人民法院不予受理，但申请人可以就同一争议向人民法院起诉。

（11）申请人申请认可和执行台湾地区法院民事判决的期间，适用《民事诉讼法》第239条的规定，但申请认可台湾地区法院有关身份关系的判决除外。申请人仅申请认可而未同时申请执行的，申请执行的期间自人民法院对认可申请作出的裁定生效之日起重新计算。

（12）申请认可和执行台湾地区法院民事判决，应当参照《诉讼费用交纳办法》的规定，交纳相关费用。

（五）最高人民法院《关于认可和执行台湾地区仲裁裁决的规定》

2015年6月2日最高人民法院审判委员会第1653次会议通过了最高人民法院《关于认

可和执行台湾地区仲裁裁决的规定》，主要内容如下：

（1）台湾地区仲裁裁决是指，有关常设仲裁机构及临时仲裁庭在台湾地区按照台湾地区仲裁规定就有关民商事争议作出的仲裁裁决，包括仲裁判断、仲裁和解和仲裁调解。

（2）申请认可台湾地区仲裁裁决的案件，由申请人住所地、经常居住地或者被申请人住所地、经常居住地、财产所在地中级人民法院或者专门人民法院受理。申请人向两个以上有管辖权的人民法院申请认可的，由最先立案的人民法院管辖。申请人向被申请人财产所在地人民法院申请认可的，应当提供财产存在的相关证据。

（3）对申请认可台湾地区仲裁裁决的案件，人民法院应当组成合议庭进行审查。

（4）申请人申请认可台湾地区仲裁裁决，应当提供相关证明文件，以证明该仲裁裁决的真实性。申请人可以申请人民法院通过海峡两岸调查取证司法互助途径查明台湾地区仲裁裁决的真实性；人民法院认为必要时，也可以就有关事项依职权通过海峡两岸司法互助途径向台湾地区请求调查取证。

（5）人民法院受理认可台湾地区仲裁裁决的申请后，当事人就同一争议起诉的，不予受理。当事人未申请认可，而是就同一争议向人民法院起诉的，亦不予受理，但仲裁协议无效的除外。

（6）人民法院受理认可台湾地区仲裁裁决的申请后，作出裁定前，申请人请求撤回申请的，可以裁定准许。

（7）人民法院经审查能够确认台湾地区仲裁裁决真实，而且不具有本规定第14条所列情形的，裁定认可其效力；不能确认该仲裁裁决真实性的，裁定驳回申请。裁定驳回申请的案件，申请人再次申请并符合受理条件的，人民法院应予受理。

（8）一方当事人向人民法院申请认可或者执行台湾地区仲裁裁决，另一方当事人向台湾地区法院起诉撤销该仲裁裁决，被申请人申请中止认可或者执行并且提供充分担保的，人民法院应当中止认可或者执行程序。申请中止认可或者执行的，应当向人民法院提供台湾地区法院已经受理撤销仲裁裁决案件的法律文书。台湾地区法院撤销该仲裁裁决的，人民法院应当裁定不予认可或者裁定终结执行；台湾地区法院驳回撤销仲裁裁决请求的，人民法院应当恢复认可或者执行程序。

（9）对人民法院裁定不予认可的台湾地区仲裁裁决，申请人再次提出申请的，人民法院不予受理。但当事人可以根据双方重新达成的仲裁协议申请仲裁，也可以就同一争议向人民法院起诉。

（10）申请认可和执行台湾地区仲裁裁决，应当参照《诉讼费用交纳办法》的规定，交纳相关费用。内地人民法院决定认可台湾地区仲裁裁决的，应自立案起两个月内作出裁定；拒绝认可或者驳回申请的，应在作出决定前按有关规定自立案之日起两个月内上报最高人民法院。

（六）最高人民法院《关于涉台民事诉讼文书送达的若干规定》

（1）人民法院送达或者代为送达的民事诉讼文书包括起诉状副本、上诉状副本、反诉状副本、答辩状副本、授权委托书、传票、判决书、调解书、裁定书、支付令、决定书、通知书、证明书、送达回证以及与民事诉讼有关的其他文书。

（2）人民法院向住所地在台湾地区的当事人送达民事诉讼文书，可以采用下列方式：

① 直接送达：受送达人居住在大陆的，直接送达。受送达人是自然人，本人不在的，可以交其同住成年家属签收；受送达人是法人或者其他组织的，应当由法人的法定代表人、其他组

织的主要负责人或者该法人、组织负责收件的人签收;受送达人不在大陆居住,但送达时在大陆的,可以直接送达。

② 受送达人在大陆有诉讼代理人的,向诉讼代理人送达。受送达人在授权委托书中明确表明其诉讼代理人无权代为接收的除外。

③ 受送达人有指定代收人的,向代收人送达。

④ 受送达人在大陆有代表机构、分支机构、业务代办人的,向其代表机构或者经受送达人明确授权接受送达的分支机构、业务代办人送达。

⑤ 受送达人在台湾地区的地址明确的,可以邮寄送达(注:应当附有送达回证,受送达人未在送达回证上签收但在邮件回执上签收的,视为送达,签收日期为送达日期。自邮寄之日起满3个月,如果未能收到送达与否的证明文件,且根据各种情况不足以认定已经送达的,视为未送达)。

⑥ 有明确的传真号码、电子信箱地址的,可以通过传真、电子邮件方式向受送达人送达(注:应当注明人民法院的传真号码或者电子信箱地址,并要求受送达人在收到传真件或者电子邮件后及时予以回复,以能够确认受送达人收悉的日期为送达日期)。

⑦ 按照两岸认可的其他途径送达(注:应由有关的高级人民法院出具盖有本院印章的委托函)。

⑧ 采用上述方式不能送达或者台湾地区的当事人下落不明的,公告送达(注:公告内容应当在境内外公开发行的报刊或者权威网站上刊登。公告送达的,自公告之日起满3个月,即视为送达)。

⑨ 受送达人、诉讼代理人或者有权接受送达的人在送达回证上签收或者盖章,即为送达;拒绝签收或者盖章的,可以依法留置送达。

(3) 人民法院按照两岸认可的有关途径代为送达台湾地区法院的民事诉讼文书的,应当有台湾地区有关法院的委托函。

(4) 人民法院收到台湾地区有关法院的委托函后,经审查符合条件的,应当在收到委托函之日起两个月内完成送达。

(5) 人民法院按照委托函中的受送达人姓名或者名称、地址不能送达的,应当附函写明情况,将委托送达的民事诉讼文书退回。

(6) 受委托的人民法院对台湾地区有关法院委托送达的民事诉讼文书的内容和后果不负法律责任。

(七) 内地与香港相互执行仲裁裁决

承认和执行 仲裁裁决	管辖法院	被申请人在两地 均有财产的	申请期限 及程序	拒绝执行 的理由
内地	被申请人住所地或财产所在地中级人民法院;二者不同时可选择其一,但不得同时分别申请。	不能同时分别申请,一地法院执行不足部分,可向另一地法院申请。	依据被申请执行地法律。	基本与《纽约公约》第5条相同。
香港	香港特别行政区高等法院。			

（八）最高人民法院《关于内地与香港特别行政区法院相互认可和执行当事人协议管辖的民商事案件判决的安排》(2008年8月1日起施行)

1. 适用范围：内地人民法院和香港特别行政区法院在具有书面管辖协议的民商事案件中作出的须支付款项的具有执行力的终审判决（在内地包括判决书、裁定书、调解书、支付令；在香港特别行政区包括判决书、命令和诉讼费评定证明书）。

2. 协议必须以书面形式明确约定内地人民法院或者香港特别行政区法院具有唯一管辖权。"书面形式"是指合同书、信件和数据电文（包括电报、电传、传真、电子数据交换和电子邮件）等可以有形地表现所载内容，可以调取以备日后查用的形式。

3. 合同中的管辖协议条款独立存在，合同的变更、解除、终止或者无效，不影响管辖协议条款的效力。

4. 申请认可和执行符合本安排规定的民商事判决，在内地向被申请人住所地、经常居住地或者财产所在地的中级人民法院提出，在香港特别行政区向香港特别行政区高等法院提出。

被申请人住所地、经常居住地或者财产所在地在内地不同的中级人民法院辖区的，申请人应当选择向其中一个人民法院提出认可和执行的申请，不得分别向两个或者两个以上人民法院提出申请。

被申请人的住所地、经常居住地或者财产所在地，既在内地又在香港特别行政区的，申请人可以同时分别向两地法院提出申请，两地法院分别执行判决的总额，不得超过判决确定的数额。已经部分或者全部执行判决的法院应当根据对方法院的要求提供已执行判决的情况。

5. 有关法院申请认可和执行判决应当提交的文件：

（1）请求认可和执行的申请书。

（2）经作出终审判决的法院盖章的判决书副本。

（3）作出终审判决的法院出具的证明书，证明该判决属于本安排第2条所指的终审判决，在判决作出地可以执行。

（4）身份证明材料：① 申请人为自然人的，应当提交身份证或者经公证的身份证复印件；② 申请人为法人或者其他组织的，应当提交经公证的法人或者其他组织注册登记证书的复印件；③ 申请人是外国籍法人或者其他组织的，应当提交相应的公证和认证材料。

向内地人民法院提交的文件没有中文文本的，申请人应当提交证明无误的中文译本。

执行地法院对于本条所规定的法院出具的证明书，无须另行要求公证。

申请人申请认可和执行内地人民法院或者香港特别行政区法院判决的程序，依据执行地法律的规定。

申请人申请认可和执行的期间为两年。

6. 原审判决中的债务人提供证据证明有下列情形之一的，受理申请的法院经审查核实，应当裁定不予认可和执行：

（1）根据当事人协议选择的原审法院地的法律，管辖协议属于无效。但选择法院已经判定该管辖协议为有效的除外。

（2）判决已获完全履行。

（3）根据执行地的法律，执行地法院对该案享有专属管辖权。

（4）根据原审法院地的法律，未曾出庭的败诉一方当事人未经合法传唤，或者虽经合法传唤但未获依法律规定的答辩时间。但原审法院根据其法律或者有关规定公告送达的，不属于上述情形。

（5）判决是以欺诈方法取得的。

(6) 执行地法院就相同诉讼请求作出判决,或者外国、境外地区法院就相同诉讼请求作出判决,或者有关仲裁机构作出仲裁裁决,已经为执行地法院所认可或者执行的。

内地人民法院认为在内地执行香港特别行政区法院判决违反内地社会公共利益,或者香港特别行政区法院认为在香港特别行政区执行内地人民法院判决违反香港特别行政区公共政策的,不予认可和执行。

7. 对于香港特别行政区法院作出的判决,判决确定的债务人已经提出上诉,或者上诉程序尚未完结的,内地人民法院审查核实后,可以中止认可和执行程序。经上诉,维持全部或者部分原判决的,恢复认可和执行程序;完全改变原判决的,终止认可和执行程序。

8. 内地地方人民法院就已经作出的判决按照审判监督程序作出再审裁定,或者最高人民法院作出提起再审裁定的,香港特别行政区法院审查核实后,可以中止认可和执行程序。再审判决维持全部或者部分原判决的,恢复认可和执行程序;再审判决完全改变原判决的,终止认可和执行程序。

9. 获得认可的判决与执行地法院的判决效力相同。

10. 当事人对认可和执行与否的裁定不服的,在内地可以向上一级人民法院申请复议,在香港特别行政区可以根据其法律规定提出上诉。

11. 在法院受理当事人申请认可和执行判决期间,当事人依相同事实再行提起诉讼的,法院不予受理。已获认可和执行的判决,当事人依相同事实再行提起诉讼的,法院不予受理。

对于不予认可和执行的判决,申请人不得再行提起认可和执行的申请,但是可以按照执行地的法律依相同案件事实向执行地法院提起诉讼。

12. 法院受理认可和执行判决的申请之前或者之后,可以根据申请人的申请,对被申请人的财产采取保全或强制措施。

13. 当事人向有关法院申请执行判决,应当根据执行地有关诉讼收费的法律和规定交纳执行费或者法院费用。

14. 相互认可和执行的标的范围,除判决确定的数额外,还包括根据该判决需支付的利息、经法院核定的律师费以及诉讼费,但不包括税收和罚款。

(九) 内地与香港特别行政区法院就民商事案件相互委托提取证据的安排

最高人民法院《关于内地与香港特别行政区法院就民商事案件相互委托提取证据的安排》的主要内容如下:

取证	联络机关、时间	委托书	文字、证据用途	法律	费用、拒绝
内地	各高级人民法院;最高人民法院也可出面委托;自收到委托书之日起6个月内完成,否则应说明原因。	应提供加盖最高人民法院或者高级人民法院印章的委托书。	中文或中文译本;证据只能用于委托书所述的相关诉讼。	受托方应根据本辖区法律规定安排取证。请求按特殊方式取证的,如受托方认为不违反本辖区法律则可同意。	一般性开支免费,翻译鉴定、特殊方式取证等非一般性支出不免费;证人拒绝则应书面通知委托方,并退回委托书所附全部材料。
香港	香港特别行政区政府政务司司长办公室辖下行政署;时间要求同上。	应提供加盖香港特别行政区高等法院印章的委托书。			

1. 双方相互委托提取证据,须通过各自指定的联络机关进行。其中,内地指定各高级人民法院为联络机关;香港特别行政区指定香港特别行政区政府政务司司长办公室辖下行政署为联络机关。最高人民法院可以直接通过香港特别行政区指定的联络机关委托提取证据。

2. 委托书及所附相关材料应当以中文文本提出。没有中文文本的,应当提供中文译本。

3. 委托方获得的证据材料只能用于委托书所述的相关诉讼。

4. 受委托方应当根据本辖区法律规定安排取证。委托方请求按照特殊方式提取证据的,如果受委托方认为不违反本辖区的法律规定,可以按照委托方请求的方式执行。如果委托方请求其司法人员、有关当事人及其诉讼代理人(法律代表)在受委托方取证时到场,以及参与录取证言的程序,受委托方可以按照其辖区内相关法律规定予以考虑批准。批准同意的,受委托方应当将取证时间、地点通知委托方联络机关。

5. 内地人民法院委托香港特别行政区法院提取证据,应当提供加盖最高人民法院或者高级人民法院印章的委托书。香港特别行政区法院委托内地人民法院提取证据,应当提供加盖香港特别行政区高等法院印章的委托书。

6. 受委托方因执行受托事项产生的一般性开支,由受委托方承担。受委托方因执行受托事项产生的翻译费用、专家费用、鉴定费用、应委托方要求的特殊方式取证所产生的额外费用等非一般性开支,由委托方承担。如果受委托方认为执行受托事项或会引起非一般性开支,应先与委托方协商,以决定是否继续执行受托事项。

7. 受委托方应当尽自收到委托书之日起 6 个月内完成受托事项。受委托方完成受托事项后,应当及时书面回复委托方。

如果受委托方未能按委托方的请求完成受托事项,或者只能部分完成受托事项,应当向委托书面说明原因,并按委托方指示及时退回委托书所附全部或者部分材料。

如果证人根据受委托方的法律规定,拒绝提供证言时,受委托方应当以书面通知委托方,并按委托方指示退回委托书所附全部材料。

二、例题

1. 中国香港甲公司与内地乙公司签订商事合同,并通过电子邮件约定如发生纠纷由香港法院管辖。后因履约纠纷,甲公司将乙公司诉至香港法院并胜诉。判决生效后,甲公司申请人民法院认可和执行该判决。关于该判决在内地的认可与执行,下列哪一选项是正确的?(2017年真题,单选)

A. 电子邮件不符合"书面"管辖协议的要求,故该判决不应被认可与执行
B. 如乙公司的住所地与财产所在地分处两个中级人民法院的辖区,甲公司不得同时向这两个人民法院提出申请
C. 如乙公司在内地与香港均有财产,甲公司不得同时向两地法院提出申请
D. 如甲公司的申请被人民法院裁定驳回,它可直接向最高人民法院申请复议

[释疑] 书面协议可以包括电子邮件达成的协议,故 A 选项错误。除台湾地区的仲裁或民事判决外,香港、澳门特别行政区的仲裁裁决或民事判决到内地申请,只能向内地的一个中级人民法院提出申请,故 B 选项错误。如果被申请人在内地和香港特别行政区两地均有财产,则可以同时向香港特别行政区和内地的法院提出申请,故 C 选项错误。如甲公司的申请被人民法院裁定驳回,它可直接向上一级人民法院申请复议,故 D 选项错误。(答案:B)

2. 秦某与洪某在台北因合同纠纷涉诉,被告洪某败诉。现秦某向洪某财产所在地的大陆某中级人民法院申请认可该台湾地区的民事判决。关于该判决的认可,下列哪些选项是正确的?(2015年真题,多选)

A. 人民法院受理秦某申请后,应当在6个月内审结

B. 受理秦某的认可申请后,作出裁定前,秦要求撤回申请的,人民法院应当允许

C. 如人民法院裁定不予认可该判决,秦某可以在裁定作出1年后再次提出申请

D. 人民法院受理申请后,如对该判决是否生效不能确定,应告知秦某提交作出判决的法院出具的证明文件

[释疑] 根据2015年7月1日施行的最高人民法院《关于认可和执行台湾地区法院民事判决的规定》第14条第1款的规定:"人民法院受理认可台湾地区法院民事判决的申请后,应当在立案之日起六个月内审结。有特殊情况需要延长的,报请上一级人民法院批准。"故A选项正确。该规定第13条规定:"人民法院受理认可台湾地区法院民事判决的申请后,作出裁定前,申请人请求撤回申请的,可以裁定准许。"故B选项正确。第19条规定:"对人民法院裁定不予认可的台湾地区法院民事判决,申请人再次提出申请的,人民法院不予受理,但申请人可以就同一争议向人民法院起诉。"故C选项错误。第9条规定:"申请人申请认可台湾地区法院民事判决,应当提供相关证明文件,以证明该判决真实并且已经生效。申请人可以申请人民法院通过海峡两岸调查取证司法互助途径查明台湾地区法院民事判决的真实性和是否生效以及当事人得到合法传唤的证明文件;人民法院认为必要时,也可以就有关事项依职权通过海峡两岸司法互助途径向台湾地区请求调查取证。"故D选项正确。(答案:ABD)

3. 内地某中级法院审理一起涉及澳门特别行政区企业的商事案件,需委托澳门特别行政区法院进行司法协助。关于该司法协助事项,下列哪些表述是正确的?(2013年真题,多选)

A. 该案件司法文书送达的委托,应通过该中级法院所属高级法院转交澳门特别行政区终审法院

B. 澳门特别行政区终审法院有权要求该中级法院就其中文委托书提供葡萄牙语译本

C. 该中级法院可以请求澳门特别行政区法院协助调取与该案件有关的证据

D. 在受委托方法院执行委托调取证据时,该中级法院司法人员经过受委托方允许可以出席并直接向证人提问

[释疑] 根据最高人民法院《关于内地与澳门特别行政区就民商事案件相互委托送达司法文书和调取证据的安排》的规定,委托方提供资料的文字应为中文,故B选项错误。A、C、D选项都符合安排的规定,当选。(答案:ACD)

4. 澳门甲公司与内地乙公司的合同争议由内地一仲裁机构审理,甲公司最终胜诉。乙公司在广东、上海和澳门均有财产。基于这些事实,下列哪些选项是正确的?(2010年真题,单选)

A. 甲公司可分别向广东和上海有管辖权的法院申请执行

B. 只有国务院港澳办提供的名单内的仲裁机构作出的裁决才能被澳门法院认可与执行

C. 甲公司分别向内地和澳门法院申请执行的,内地法院应先行执行清偿

D. 两地法院执行财产总额不得超过依裁决和法律规定所确定的数额

[释疑] 根据《关于内地与澳门特别行政区相互认可和执行仲裁裁决的安排》的规定,两个或者两个以上中级人民法院均有管辖权的,当事人应当选择向其中一个中级人民法院提出

申请,故 A 选项错误。《关于内地与香港特别行政区相互执行仲裁裁决的安排》规定,香港特别行政区法院同意执行内地仲裁机构的仲裁裁决,内地仲裁机构的名单由国务院法制办公室经国务院港澳事务办公室提供。但是内地与澳门之间的上述安排并无此限制性规定,故 B 选项错误。根据《关于内地与澳门特别行政区相互认可和执行仲裁裁决的安排》的规定,当事人分别向内地、澳门两地法院提出申请,两地法院都应当依法进行审查,仲裁地法院应当先行执行清偿,本题中内地为仲裁裁决地,故内地法院先行执行清偿。两地法院执行财产总额不得超过依裁决和法律规定所确定的数额,因此 C、D 选项正确。(答案:CD)

5. 大陆甲公司与台湾地区乙公司签订了出口家具合同,双方在合同履行中产生纠纷,乙公司拒绝向甲公司付款。甲公司在大陆将争议诉诸法院。关于向台湾地区当事人送达文书,下列哪些选项是正确的?(2009 年真题,多选)

　　A. 可向乙公司在大陆的任何业务代办人送达
　　B. 如乙公司的相关当事人在台湾地区下落不明的,可采用公告送达
　　C. 邮寄送达的,如乙公司未在送达回证上签收而只是在邮件回执上签收,可视为送达
　　D. 邮寄送达未能收到送达与否证明文件的,满 3 个月即可视为已送达

[释疑] 根据最高人民法院《关于涉台民事诉讼文书送达的若干规定》的规定,受送达人在大陆有代表机构、分支机构、业务代办人的,向其代表机构或者经受送达人明确授权接受送达的分支机构、业务代办人送达,故 A 选项的表述错误。根据上述规定,受送达人未在送达回证上签收但在邮件回执上签收的,视为送达;相关当事人在台湾地区下落不明的,可采用公告送达。自邮寄之日起满 3 个月,如果未能收到送达与否的证明文件,且根据各种情况不足以认定已经送达的,视为未送达,故 D 选项错误。(答案:BC)

6. 上海甲公司作为卖方和澳门乙公司订立了一项钢材购销合同,约定有关合同的争议在中国内地仲裁。乙公司在内地和澳门均有营业机构。双方发生争议后,仲裁庭裁决乙公司对甲公司进行赔偿。乙公司未在规定的期限内履行仲裁裁决。关于甲公司对此采取的做法,下列哪些选项是正确的?(2008 年真题,多选)

　　A. 向内地有管辖权的中级人民法院申请执行该仲裁裁决
　　B. 向澳门特别行政区中级法院申请执行该仲裁裁决
　　C. 分别向内地有管辖权的中级人民法院和澳门特别行政区中级法院申请执行仲裁裁决
　　D. 向澳门特别行政区初级法院申请执行该仲裁裁决

[释疑] 官方公布的答案为 A、B、C 选项。本题中,上海甲公司作为在内地作出仲裁裁决的买卖纠纷案件的胜诉一方,打算向法院申请认可和执行该仲裁裁决。根据最高人民法院《关于内地与澳门特别行政区相互认可和执行仲裁裁决的安排》第 2 条第 2 款的规定,内地有权受理认可和执行仲裁裁决申请的法院为中级人民法院,A 选项正确。该安排第 2 条第 3 款规定,澳门特别行政区有权受理认可仲裁裁决申请的法院为中级法院,有权执行的法院为初级法院。第 3 条规定,当事人在两地法院可分别提出申请。问题的关键是,向澳门申请执行时,是向澳门中级法院提出申请,还是向澳门初级法院提出申请,这一问题似乎有些争议。《关于内地与澳门特别行政区相互认可和执行仲裁裁决的安排》第 2 条第 3 款的规定为,澳门特别行政区有权受理认可仲裁裁决申请的法院为中级法院,有权执行的法院为初级法院。从该条的字面意思来理解,一般可以理解为应向澳门中级法院提出认可的申请,得到认可后如果需要执行,则向澳门初级法院提出执行的申请,如果按照这一理解,则只能选 A、D 选项,但官方公布

的答案为 A、B、C 选项,按照出题人的逻辑,不管是申请认可还是执行,都只能向澳门中级法院提出申请,但如果这样理解,则"澳门特别行政区有权受理认可仲裁裁决申请的法院为中级法院,有权执行的法院为初级法院"的规定似乎就显得画蛇添足。(答案:ABC)

三、提示与预测

随着"一国两制"制度的发展,区际法律冲突的解决和区际司法协助逐渐成为我国国际私法学界研究的主要问题之一。因此,不但要对区际冲突法有所了解,还要对仅有的几个涉及区际法律冲突解决和司法协助的规定重点掌握。

国际经济法

第一章　导　论（略）

本章知识体系：

国际经济法
- 调整范围
  - 国际货物贸易的法律规范与制度
  - 国际服务贸易的法律规范与制度
  - 国际投资的法律规范与制度
  - 知识产权国际保护的法律规范与制度
  - 国际货币与金融的法律规范与制度
  - 国际税收的法律规范与制度
- 主体
  - 自然人
  - 法人
  - 国家
  - 国际经济组织
- 渊源
  - 内国立法
  - 国际条约
  - 国际惯例
  - 联合国大会规范性文件
- 原则
  - 国际经济主权原则
  - 平等互利原则
  - 国际合作与发展原则

第二章　国际货物买卖

本章知识体系：

国际货物买卖
- 国际货物买卖概述
  - 国际货物买卖合同的概念
  - 关于国际货物买卖的立法
  - 国际货物买卖合同的主要条款
- 2010年《国际贸易术语解释通则》
  - 国际贸易术语概述
  - 2010年《国际贸易术语解释通则》规定的贸易术语
  - FCA、FOB、CIF、CFR 价格术语
  - 需要明确的几个问题
- 1980年《联合国国际货物销售合同公约》
  - 公约的适用范围
  - 公约排除的买卖
  - 公约的适用根据
  - 公约未涉及的法律问题
  - 公约适用的任意性
  - 中国的保留
- 国际货物买卖合同的成立
  - 要约
  - 承诺
- 买卖双方的义务
  - 卖方的义务
    - 交付货物
    - 交付单据
    - 质量担保
    - 权利担保
  - 买方的义务
    - 支付货款
    - 接收货物
- 风险的转移
  - 风险分担的原则
  - 风险转移的时间
- 违反合同的补救办法
  - 卖方违约适用于买方的补救办法
  - 买方违约适用于卖方的补救办法
  - 适用于买卖双方的一般规定

考点 1　国际贸易术语

一、精讲

1. 2010年《国际贸易术语解释通则》概述

2010年《国际贸易术语解释通则》对2000年《国际贸易术语解释通则》作了一定的修改，例如，用DAP取代了DAF、DES和DDU三个术语，DAT取代了DEQ，且扩展至适用于一切运输方式。修订后的《国际贸易术语解释通则》取消了"船舷"的概念，卖方承担货物装上船为止

的一切风险,买方承担货物自装运港装上船后的一切风险。规定,"Incoterms® 2010"不仅适用于国际销售合同,也适用于内国销售合同。

2010年《国际贸易术语解释通则》共规定了11种贸易术语,尽管通则在每一个价格术语中列举了买卖双方的10项义务,但关键内容是其中的5项,即进出口清关手续谁来办理、有无投保义务、谁负责运输、风险何时何地转移、卖方在什么地方履行自己的交货义务。以下是对这11个术语的主要特点所作的一些归纳。

(1) 清关:卖出买进除首尾(除了EXW和DDP,都是卖方负责出口清关,买方负责进口清关)。

(2) 投保:贸易术语里有字母"I"的表示卖方有义务投保,其他术语双方均无义务。

(3) 运输:E组和F组买方负责运输;C组和D组卖方负责运输。

(4) 风险:FOB、CFR、CIF是货物装到船上时风险转移,其他是交货时风险转移。

(5) 交货地点:E组、F组、C组是在出口国的某地,D组是在进口国的某地。

(6) 注意:E组和F组后面的地名表示装运地、装运港;C组和D组后面的地名表示目的地、目的港。例如:FOB 上海(装运港)、CIF 上海(目的港)。

(7) 适用的运输方式:FAS、FOB、CFR、CIF,这4个术语只适用于船运,其余的术语适用于各种运输方式。

2. 11个贸易术语的主要内容

2010年《国际贸易术语解释通则》共规定了11个贸易术语,并将这11个术语分为两组,即适用于各种运输方式的术语与只适用于海运的术语。为了叙述方便,以下仍然采用按字母分类的方式,分为四组来简要介绍各术语的主要内容。

(1) E组术语(内陆交货合同)。E组贸易术语中只有一个贸易术语,即EXW,全称是Ex-work,意为工厂交货(指定地点),此术语为卖方义务最小的贸易术语,卖方只要将货物在约定地点,通常是卖方所在地交给买方处置即可,此约定的地点指卖方的工厂、仓库等,由于是在卖方的内陆完成交货,因此又称"内陆交货合同"。在这一术语下,货物的风险自交货时转移。

依该术语,卖方的义务是:① 履行交货义务,即在其所在地(一般为工厂或仓库)将货物交买方;② 承担交货前的风险和费用。

买方的义务是:① 买方必须承担在卖方所在地受领货物的全部费用和风险;② 办理出口清关手续。该术语适用于各种运输方式。

(2) F组术语(主要运费未付)(装运合同)。F组共有三个术语,即FCA(Free Carrier)意为"货交承运人"(指定地点)、FAS(Free Alongside Ship)意为"船边交货"(指定装运港)和FOB(Free on Board)意为"船上交货"(指定装运港)。F组术语均为装运合同,即卖方均在货物的装运地或启运地或出口地完成其在销售合同中的交货义务,因此主要运费应是由买方承担的,对于卖方来说则是"主要运费未付"。

在双方的义务上,在F组术语中,卖方的义务是:① 履行交货义务,即在出口国承运人所在地或港口将货物交承运人;② 办理出口结关手续;③ 向买方提交与货物有关的单证或相等的电子单证。

买方的义务是:① 办理货物的运输和保险;② 办理货物的进口手续。

在风险和费用的划分上,3种术语是不同的,在FCA的情况下,是以货交承运人的时间和地点为界线;在FAS的情况下,是以装运港船边为界线;在FOB的情况下,是以装运港货物装到船上(即在装运港完成装货)为界线。在适用的运输方式上,FAS和FOB只适用于海运和内河运输,而 FCA 则可以适用于各种运输方式。

(3) C 组术语(主要运费已付)(装运合同)。C 组由 4 个术语组成,包括 CFR、CIF、CPT 和 CIP。其特点是卖方须订立运输合同并支付运费,因此称为"主要运费已付",尽管卖方承担了到目的港或目的地的运费,但其交货义务仍然是在卖方一边的装运地完成的,因此,C 组术语仍属于装运合同。

在双方的义务上,卖方的义务是:① 办理运输的手续和承担运费,在 CIF 和 CIP 术语中,卖方还须办理投保手续和承担保险费;② 提交与货物有关的单据或相等的电子单证;③ 办理出口手续。

买方的义务是:① 在 CFR 和 CPT 术语下办理投保并支付保险费;② 办理进口手续。

在风险的划分上,4 种术语是不同的,在 CFR 和 CIF 的情况下,货物的风险在装运港货物装到船上时(即在装运港完成装货)转移;在 CPT 和 CIP 的情况下,货物的风险在货交第一承运人时转移;在适用的运输方式上,CFR 和 CIF 适用于海运和内河运输,而 CPT 和 CIP 则适用于各种运输方式。

(4) D 组术语(到货合同)。D 组由 3 个贸易术语组成,即 DAT、DAP 和 DDP。其特点是卖方须承担把货物交至目的地国所需的全部费用和风险。卖方是在目的地,如边境、港口、进口国内地履行交货义务,因此称为到货合同。

在双方的义务上,卖方的义务是:① 将货物运至约定地点或目的地交货;② 承担在目的地交货以前的风险和费用;③ 由卖方办理出口手续,在 DDP 的情况下,卖方不但要办理出口手续,还要办理进口手续。

买方的义务是:① 承担货物在目的地交付后的风险和费用;② 除 DDP 术语外,买方应办理进口手续。

在风险的转移上,D 组术语均为在交货时风险转移。在适用的运输方式上,D 组术语适用于各种运输方式。

名称	交货地点	风险转移	运输	保险	出口手续	进口手续
EXW 工厂交货	卖方工厂	交货时	买方	(买方)	买方	买方
FCA 货交承运人 FAS 船边交货 FOB 船上交货	交承运人 装运港船边 装运港船上	交货时 交货时 装运港船舷	买方	(买方)	卖方	买方
CFR 成本加运费 CIF 成本保险费加运费 CPT 运费付至 CIP 运费保险费付至	装运港船上 装运港船上 交承运人 交承运人	装运港船舷 装运港船舷 交货时 交货时	卖方	(买方) 卖方 (买方) 卖方	卖方	买方
DAP 目的地交货 DAT 目的地或目的港的集散站交货 DDP 完税交货	目的地不卸货 目的地卸货 指定目的地	交货时	卖方	(卖方)	卖方	买方 买方 卖方

二、例题

1. 中国甲公司向波兰乙公司出口一批电器,采用 DAP 术语,通过几个区段的国际铁路运输,承运人签发了铁路运单,货到目的地后发现有部分损坏。依相关国际惯例及《国际铁路货物联运协定》,下列哪些选项是正确的?(2016 年真题,多选)

A. 乙公司必须确定损失发生的区段,并只能向该区段的承运人索赔
B. 铁路运单是物权凭证,乙公司可通过转让运单转让货物
C. 甲公司在指定目的地运输终端将仍处于运输工具上的货物交由乙公司处置时,即完成交货
D. 各铁路区段的承运人应承担连带责任

[释疑] 本题考点为《国际铁路货物联运协定》及贸易术语 DAP。根据该协定,负责联运的承运人对于货损应承担连带责任,故 A 选项错误、D 选项正确。铁路运单在性质上属于收据或者运输合同的证明,但并非物权凭证,故 B 选项错误。根据 DAP 术语,卖方应负责将货物运至目的地,将尚处于运输工具上的货物交给买方处置即可,并无义务卸货,故 C 选项正确。(答案:CD)

2. 中国甲公司向加拿大乙公司出口一批农产品,CFR 价格条件。货装船后,乙公司因始终未收到甲公司的通知,未办理保险。部分货物在途中因海上风暴毁损。根据相关规则,下列哪一选项是正确的?(2014 年真题,单选)

A. 甲公司在装船后未给乙公司以充分的通知,造成乙公司漏保,因此损失应由甲公司承担
B. 该批农产品的风险在装港船舷转移给乙公司
C. 乙公司有办理保险的义务,因此损失应由乙公司承担
D. 海上风暴属不可抗力,乙公司只能自行承担损失

[释疑] 根据 CFR 术语,卖方中国甲公司有义务及时在货物装船后向买方发出装船的通知,怠于通知引起的损失,卖方应承担责任。(答案:A)

3. 某国甲公司向中国乙公司出售一批设备,约定贸易术语为"FOB(Incoterms 2010)",后设备运至中国。依《国际贸易术语解释通则》和《联合国国际货物销售合同公约》,下列哪一选项是正确的?(2013 年真题,单选)

A. 甲公司负责签订货物运输合同并支付运费
B. 甲、乙公司的风险承担以货物在装运港越过船舷为界
C. 如该批设备因未按照同类货物通用方式包装造成损失,应由甲公司承担责任
D. 如该批设备侵犯了第三方在中国的专利权,甲公司对乙公司不承担责任

[释疑] FCA 术语指卖方只要将货物在指定地点交给由买方指定的承运人,并办理了出口清关手续,即完成交货。该术语适用于各种运输方式,包括多式联运。"承运人"是指在运输合同中承诺通过铁路、公路、空运、内河运输或联合方式履行运输或由他人履行运输的任何人。FCA 的交货地点的选择对在该地点装货和卸货的义务会产生影响。如在卖方所在地交货,卖方应负责装货,如在其他地点交货则卖方可以在自己的运输工具上完成交货,而不负责将货物从自己的运输工具上卸下。(答案:BC)

4. 甲国 A 公司向乙国 B 公司出口一批货物,双方约定适用 2010 年《国际贸易术语解释通

则》中 CIF 术语。该批货物由丙国 C 公司"乐安"号商船承运,运输途中船舶搁浅,为起浮抛弃了部分货物。船舶起浮后继续航行中又因恶劣天气,部分货物被海浪打入海中。到目的港后发现还有部分货物因固有缺陷而损失。关于 CIF 贸易术语的适用,下列选项正确的是:(2012 年真题,不定选)

A. 货物的风险在装运港完成交货时由 A 公司转移给 B 公司

B. 货物的风险在装运港越过船舷时由 A 公司转移给 B 公司

C. 应由 A 公司负责海运运输

D. 应由 A 公司购买货物海运保险

[释疑] 根据 2010 年《国际贸易术语解释通则》,CIF 术语下,风险在装运港装上船时发生转移,卖方负责运输和承担运费,购买保险,因此应选 A、C、D 选项。(答案:ACD)

5. A 公司和 B 公司于 2011 年 5 月 20 日签订合同,由 A 公司将一批平板电脑售给 B 公司。A 公司和 B 公司营业地分别位于甲国和乙国,两国均为《联合国国际货物销售合同公约》缔约国。合同项下的货物由丙国 C 公司的"潇湘"号商船承运,装运港是甲国某港口,目的港是乙国某港口。在运输途中,B 公司与中国 D 公司就货物转卖达成协议。在贸易术语适用上,A、B 公司在双方的买卖合同中仅约定适用 FOB 术语。对此,下列选项正确的是:(2011 年真题,不定选)

A. 该合同应当适用 2010 年《国际贸易术语解释通则》

B. 货物的风险应自货交 C 公司时由 A 公司转移给 B 公司

C. B 公司必须自付费用订立从指定装运港运输货物的合同

D. 因当事人选择了贸易术语,故不再适用

[释疑] 2010 年《国际贸易术语解释通则》(简称《通则》)于 2011 年 1 月 1 日正式生效并与 2000 年《国际贸易术语解释通则》并存,可由当事人选择适用,但 2010 年《通则》规定,当事人如果选择 2010 年《通则》,必须在协议中注明,否则视为选择该版本,本题题干未说明选择 2010 年《通则》,故 A 选项错误。根据 2000 年《通则》,FOB 术语项下,货物在指定装运港越过船舷时卖方完成交货而不是货交第一承运人时履行交货义务,B 选项错误。FOB 术语项下,买方承担从指定装运港运输货物的费用,C 选项正确。在选择贸易术语的情况下,如果也符合《联合国国际货物销售合同公约》的适用条件,则术语优先,公约构成对术语的补充,D 选项错误。(答案:C)

三、提示与预测

贸易术语是每年必考的考点,11 个术语之中,重点术语为 CIF、FOB、CFR、FCA、EXW、DDP。作为 2010 年《通则》增加的内容,DAP 和 DAT 也很重要。

考点 2 《联合国国际货物销售合同公约》

一、精讲

1.《联合国国际货物销售合同公约》(以下简称《公约》)的适用范围

(1) 适用《公约》的货物销售合同。依《公约》第 1 条的规定:本公约适用于营业地在不同

国家的当事人订立的货物销售合同：① 如果这些国家是缔约国；或② 如果国际私法规则导致适用某一缔约国的法律。我国加入该《公约》时，对"如果国际私法规则导致适用某一缔约国的法律"这一依国际私法规则扩大适用的规定进行了保留。

（2）不适用《公约》的合同。《公约》在第2条和第3条对不适用公约的合同分别作了规定。《公约》第2条是从合同的种类上排除了6种不适用《公约》的合同：① 供私人、家人或家庭使用的货物销售；② 以拍卖的方式进行的销售；③ 依法律执行令状或其他令状的销售；④ 公债、股票、投资证券、流通票据或货币的销售；⑤ 船舶、船只、气垫船或飞机的销售；⑥ 电力的销售。

此外，《公约》第3条还排除了对提供货物与提供服务相结合的合同的适用。依《公约》的规定，下列两种合同排除适用：① 通过劳务合作方式进行的购买，如补偿贸易；② 通过货物买卖方式进行的劳务合作，如技贸结合。

但如上述合同中提供的劳务或服务没有构成供货方绝大部分义务的，则仍被《公约》视为买卖合同而适用。另外，如合同是由买卖和劳务两部分组成，则《公约》只适用于买卖部分。在许多货物销售合同中都包含有卖方同时提供相应服务的内容，如卖方销售设备常常伴随有安装调试的义务。在这种情况下，《公约》的标准是看该合同中的绝大部分义务是销售货物还是提供劳务或服务。如果销售货物是主要的，则应适用《公约》，反之，则不适用。

（3）《公约》未涉及的法律问题。《公约》并没有对涉及国际货物销售的所有法律问题均进行规定。由于各国法律的规定差异比较大，为了吸纳更多的国家加入《公约》，《公约》对如下三个方面的法律问题未涉及：① 有关销售合同的效力或惯例的效力问题；② 销售合同对所售出的货物的所有权转移问题；③ 卖方对货物引起的人身伤亡的责任问题。

（4）《公约》适用的任意性。《公约》第6条规定：双方当事人可以不适用本公约，或者在第12条规定的条件下，减损本公约的任何规定或改变其效力。本条表明《公约》的适用并不是强制性的，主要表现为以下两点：① 当事人可以通过选择其他法律而排除《公约》的适用，如果买卖合同双方没有排除《公约》的适用，则《公约》自动适用于他们之间的买卖合同。如果当事人在合同中选择适用了某一国际惯例，如某一国际贸易术语，则不能认为排除了《公约》的适用，因为贸易术语主要是解决买卖双方在交货方面的责任、费用及风险划分等问题，没有涉及违约及违约救济等方面的问题，贸易术语和《公约》在内容上是互补的，因此，《公约》仍应对合同适用。② 当事人可以在买卖合同中约定部分地适用《公约》，或对《公约》的内容进行改变。但当事人的此项权利是受到一定限制的，即如果当事人营业地所在国在加入《公约》时已提出保留的内容，当事人必须遵守，而不得排除或改变。

（5）我国加入《公约》时提出的保留。① 合同形式保留：即国际货物买卖合同应采用书面的形式，《公约》有关口头或书面以外的合同也有效的规定对中国不适用。1999年10月1日我国《合同法》生效后，已允许涉外合同采用口头形式，但在中国没有撤销有关的保留前，该保留仍然有效，即仍应采用书面形式。当然，营业地在中国的当事人与营业地在非缔约国的当事人订立的涉外合同则可以采用口头的形式，因为不涉及《公约》的适用。② 扩大适用的保留：即我国仅同意对双方的营业地所在国均为缔约国的当事人之间订立的国际货物销售合同才适用《公约》。

2. 合同的成立——要约承诺规则

（1）要约的概念及其构成要件。要约是一方当事人以订立合同为目的向对方所作的意思表示。在国际货物买卖中，要约既可以由买方发出，也可以由卖方发出。提出要约的一方称为要约人，要约人的相对人称为受要约人或受约人。要约在我国贸易实践中又称"发价"或"发盘"。

一项有效的要约须具备以下条件：① 要约应向一个或一个以上特定的人提出。② 要约的内容必须十分确定。依《公约》第14条的规定，要约中应至少包含三个基本交易条件：(a) 货物的名称；(b) 货物的数量或确定数量的方法；(c) 价格或确定价格的方法。③ 表明要约人在得到接受时承受约束的意旨。④ 要约必须传达到受要约人。

（2）要约的生效。要约送达受要约人时生效。

（3）要约的撤回与撤销。① 要约的撤回。要约的撤回，是指要约人在要约生效之前阻止要约生效的行为。因为要约在到达受要约人之前尚未产生法律效力，因此要约人可以撤回要约。只要撤回要约的通知先于要约到达受要约人即可撤回要约，即要约人撤回要约的条件是，撤回要约的通知必须于要约到达受要约人之前或同时送达受要约人。② 要约的撤销。要约人在要约送达受要约人后取消要约的行为称为要约的撤销。要约分为可撤销的要约和不可撤销的要约。对于不可撤销的要约，只有撤回的问题。依《公约》第16条的规定，在未成立合同之前，也就是受要约人没有承诺之前，要约可以撤销，但是撤销的通知必须在受要约人发出接受通知之前送达受要约人。

在下列两种情况下，要约不得撤销：① 要约写明接受要约的期限或以其他方式表示要约是不可撤销的；② 受要约人有理由信赖该项要约是不可撤销的，而且受要约人已本着对该要约的信赖行事。

（4）要约的失效。要约失效后，无论是要约人还是受要约人均不再受要约的拘束，要约失效的原因主要有以下几种情况：① 要约因有效期已过而失效，即要约因受要约人没有在要约规定的期间内作出有效的承诺而失去效力。② 要约因要约人的撤销而失效。③ 要约因受要约人的拒绝而失效。拒绝要约有两种方式：一种是明确拒绝，即受要约人表示不接受要约的任何条件；另一种是反要约。这是指受要约人表示接受要约，但在接受通知中对要约的内容作了扩张、限制或变更，以致实质性地改变了要约的条件，这种实质性改变要约内容的接受在法律上称为反要约。如果原要约人不接受受要约人提出的反要约，受要约人提出的反要约实际上就是对要约的拒绝。

（5）承诺。承诺是受要约人按照要约所规定的方式，对要约的内容表示同意的一种意思表示。要约一经承诺，合同即告成立。承诺又被称为"接受"。有效承诺须具备以下条件：① 须由受要约人作出，依《公约》第18条的规定，承诺的作出可以声明或行为表示，但缄默或不作为本身不等于承诺。② 承诺须在要约规定的有效期间或合理期间内作出。理论上迟到的承诺或逾期的承诺，不是有效的承诺，而是新的要约，一般须经原要约人承诺后才能成立合同。③ 承诺须与要约的内容一致。如果受要约人所表示的对要约的内容有变更即是反要约，或称为还价，反要约是对要约的拒绝，不能发生承诺的效力，它必须经原要约人承诺后才能成立合同。

（6）承诺对要约所作的变更——"实质性变更"和"非实质性变更"。《公约》将受要约人对要约内容的改变分为"实质性变更"和"非实质性变更"两种。如果对要约内容的改变属于非实质性变更，原则上可视为承诺，也就是说，只要要约人在合理时间内没有以口头或书面通知提出异议，对要约内容作了非实质性改变的接受即构成承诺。然而，如果承诺对要约内容作了实质性改变，则这种接受就不能构成承诺，而是一项反要约。《公约》规定，关于货物价格、付款、货物质量和数量、交货地点和时间、一方当事人对另一方当事人的赔偿责任及解决争端等的添加或不同条件，均视为在实质上变更要约的条件。

（7）逾期的承诺。逾期承诺又称迟延的承诺，是指承诺通知到达要约人的时间已超过了要约规定的有效期或在要约未规定有效期的情况下而超过合理期时间。关于逾期承诺的效力，《公约》第21条并没有一概否定，而是分两种情况，作了灵活的处理：① 因受约人自己的迟延而造成的逾期承诺。该逾期承诺原则上无效，但如果要约人毫不迟延地用口头或书面通知受约人其接受该项承诺，则该逾期的承诺仍为有效的承诺，合同成立。② 因为传递中的延误而使一项承诺逾期。该项逾期承诺产生法律上的效力，是一项有效的承诺，除非要约人毫不迟延地用口头或书面通知受约人，他认为其要约已经失效。

（8）承诺生效的时间。承诺一旦生效，合同即告成立。对于承诺生效的时间，英美法系国家和大陆法系国家分别采用不同的原则：① 发信主义（投邮生效主义）：英美法系认为，在以书信、电报作出承诺时，承诺的通知一经投邮立即生效，合同即告成立。② 收信主义（到达生效主义）：大陆法系认为，承诺的通知必须于到达相对人时才生效，合同才成立。③《公约》的观点：公约采纳了收信主义。依《公约》第18条第2款的规定，对要约所作的承诺，应于表示同意的通知送达要约人时生效。

（9）承诺的撤回。依《公约》第22条的规定，承诺可以撤回，只要撤回的通知在承诺生效之前或与其同时送达要约人。

3. 买卖双方的主要义务

（1）卖方的义务。根据《公约》的规定，卖方的义务主要包括：① 交付货物：依《公约》的规定，卖方应依合同规定的地点、时间及方式完成其交货义务。② 质量担保：卖方交付的货物必须与合同规定的数量、质量和规格相符，并须按照合同所规定的方式装箱或包装。③ 权利担保：权利担保可以概括为所有权担保和知识产权担保两个方面。④ 交付单据：《公约》规定，如果卖方有义务移交与货物有关的单据，他必须按照合同规定的时间、地点和方式移交这些单据。

地点	① 当国际货物买卖合同涉及货物的运输，则交货地点为货交第一承运人的地点； ② 如果合同指的是特定货物或从特定存货中提取的或还在生产的未经特定化的货物，而双方当事人在订立合同时已知道这些货物的特定地点，则卖方应在该地点交货； ③ 在其他情况下，卖方应在其订立合同时的营业地交货。
时间	① 如果合同规定有交货的日期，或从合同可以确定交货的日期，应在该日期交货； ② 如果合同规定有一段时间，或从合同可以确定一段时间，除非情况表明应由买方选定一个日期外，应在该段时间内任何时候交货； ③ 在其他情况下，应在订立合同后一段合理时间内交货。

（续表）

担保	质量担保	货物的质量担保义务是指卖方必须保证其交付的货物与合同规定的相符。具体是指卖方交付的货物必须与合同规定的数量、质量和规格相符，并须按照合同所规定的方式装箱或包装。在合同没有对数量、质量、规格和包装作出明确规定的情况下，则应满足下列条件：① 适用于通常的使用目的；② 适用于特定目的；③ 与样品样式相符；④ 达到同类货物通用的包装要求或是以保全和保护货物的方式包装。
	权利担保	所有权担保指卖方保证对其出售的货物享有完全的所有权或合法的处分权，必须是第三方不能提出任何权利或要求的货物，如不存在任何未向买方透露的担保权等。 知识产权担保指卖方所交付的货物，必须是第三方不能依工业产权或其他知识产权主张任何权利或要求的货物。 卖方的知识产权担保义务受到以下限制： ① 第三方只有依据以下法律提出有关知识产权的权利或要求，卖方才承担责任：a. 依据货物的预期转售地法律；b. 依据买方营业地所在国法律。 ② 在下列两种情况下，卖方的知识产权担保义务免除：a. 买方在订立合同时已知道或不可能不知道此项权利或要求；b. 此项权利或要求的发生，是由于卖方要遵照买方所提供的技术图样、图案、款式或其他规格。 ③ 时间限制。买方应在合理期限内将第三人的要求通知卖方。

（2）买方的主要义务。

买方的主要义务 $\begin{cases} 支付货款 \begin{cases} 地点 \\ 时间 \end{cases} \\ 接收货物：采取一切理应采取的行动，依约按时提取货物 \end{cases}$

支付货款	地点	支付的地点首先应以当事人在合同中的约定为准，在合同对此没有约定的情况下，《公约》对支付地点进行了下列补充规定：① 卖方营业地（即合同成立时卖方的营业地）为支付地，若一个以上营业地时，依卖方与合同及合同的履行关系密切的营业地确定支付地；② 如凭移交货物或单据支付货款，则移交货物或单据的地点为支付地。
	时间	双方当事人未在合同中具体约定付款时间的，则买方应依《公约》规定的下列时间支付货款：① 在卖方将货物或单据置于买方控制下时付款；② 在买卖合同涉及运输时，在收到银行的付款通知时付款；③ 在买方没有机会检验货物前，可以拒绝支付货款。

4. 违反合同的补救办法

（1）卖方违反合同时适用于买方的补救办法包括：要求实际履行；交付替代物；修理；减价；宣告合同无效。

（2）买方违反合同时适用于卖方的补救办法包括：① 要求履行义务；② 宣告合同无效。

卖方在下列情况下可以宣告合同无效：① 当买方没有履行合同或公约规定的义务等于根本违反合同时；② 买方不在卖方规定的额外时间内履行支付价款的义务或收取货物，或买方声明他将不在所规定的时限内履行。但如买方支付了全部货款，卖方原则上就丧失了宣告合

(3) 宣告合同无效的效果。依《公约》的规定,宣告合同无效的效果主要有三方面:① 解除买卖双方在合同中的义务,但并不解除违约一方损害赔偿的责任,以及合同中有关解决争议和合同中有关双方在合同无效后的权利义务的规定。② 买方必须按实际收到货物的原状归还货物。买方如果不能按实际收到货物的原状归还货物,他就丧失宣告合同无效或要求卖方交付替代货物的权利,除非:(a) 如果不可能归还货物或不可能按实际收到货物的原状归还货物,并非由于买方的行为或不行为所造成;或者(b) 如果货物或其中一部分的毁灭或变坏,是由于按照《公约》第 38 条规定进行检验所致;或者 (c) 如果货物或其中一部分,在买方发现或理应发现与合同不符以前,已为买方在正常营业过程中售出,或在正常使用过程中消费或改变。③ 买卖双方必须归还因接受履行所获得的收益。

5. 预期违约

根据《公约》的规定,预期违约是指在合同规定的履行期限到来之前,已有迹象表明合同的一方当事人将不会履行合同的全部或大部分义务的情形,故又称为先期违约。

《公约》第 71 条规定:

(1) 如果订立合同后,另一方当事人由于下列原因显然将不履行其大部分重要义务,一方当事人可以中止履行义务:(a) 他履行义务的能力或他的信用有严重缺陷;或(b) 他在准备履行合同或履行合同中的行为。

(2) 如果卖方在上一款所述的理由明显化以前已将货物发运,他可以阻止将货物交给买方,即使买方持有其有权获得货物的单据。本款规定只与买方和卖方间对货物的权利有关。

(3) 中止履行义务的一方当事人不论是在货物发运前还是发运后,都必须立即通知另一方当事人,如经另一方当事人对履行义务提供充分保证,则他必须继续履行义务。

《公约》第 72 条规定:

(1) 如果在履行合同日期之前,明显看出一方当事人将根本违反合同,另一方当事人可以宣告合同无效。

(2) 如果时间许可,打算宣告合同无效的一方当事人必须向另一方当事人发出合理的通知,使他可以对履行义务提供充分保证。

(3) 如果另一方当事人已声明他将不履行其义务,则上一款的规定不适用。

从《公约》的上述规定来看,判断预期违约的标准主要有两个:

(1) 主观标准,即以合同一方当事人之主观意识进行判断,判定合同的另一方当事人将不履行合同的很大一部分。

(2) 客观标准,即客观事实表明合同一方当事人将不履行合同。

根据《公约》的规定,预期违约可能产生以下法律后果:

(1) 中止履行合同义务。

(2) 要求提供履约担保。

(3) 行使停运权。

(4) 宣告合同无效。

6. 《公约》关于风险转移时间的规定

依《公约》第 67 条和第 68 条的规定,风险转移的时间有以下几种情况:

(1) 合同中有运输条款的货物买卖的风险转移:① 如该运输条款规定卖方有义务在某一

特定地点把货物交给承运人运输,则卖方在该特定地点履行义务以后,货物的风险就随之转移给了买方;② 如合同中没有指明交货地点,卖方只要按合同规定把货物交给第一承运人,货物的风险就转移给了买方。

(2) 在运输中销售的货物的风险转移,自买卖合同成立时起转移给买方。《公约》还规定,如情况表明有此需要,风险自交给签发运输单据的承运人时起转移给买方,但这种情况须以卖方在订立合同时不知道货物已灭失或损坏为限。

(3) 其他情况下货物的风险转移。依《公约》的规定,其他情况下,如在卖方营业地交货,或在卖方营业地以外的地点交货,此时的风险从买方接受货物时起或货物交由买方处置时起转移给买方。

(4) 货物的风险自交货时转移原则适用的前提是风险的转移是在卖方无违约责任的情况下,如果货物的损坏或灭失是由于卖方违反合同所致,则依《公约》第 70 条的规定,买方仍然有权向卖方提出索赔,采取因此种违反合同而可以采取的各种补救办法。

7. 免责、保全货物的责任

(1) 免责

条件	《公约》所称的"不能控制的障碍"实际上就是"不可抗力"。 ① 不履行必须是由于当事人不能控制的障碍所致。 ② 这种障碍是不履行一方在订立合同时不能预见的。 ③ 这种障碍是当事人不能避免或不能克服的。
后果	免责一方所免除的是对另一方损害赔偿的责任,但受损方依《公约》采取其他补救措施的权利不受影响。

(2) 保全货物。保全货物是指在一方当事人违约时,另一方当事人仍持有货物或控制货物的处置权,该当事人有义务对他所持有的或控制的货物进行保全。保全货物的目的是为了减少违约一方当事人因违约而给自己带来的损失。

保全货物的方式 { 将货物寄放于仓库
将易坏货物或其保全会发生不合理费用的货物出售,但应事前向另一方当事人发出合理的意向通知

关于买卖双方保全货物的条件:卖方保全货物的条件是,买方没有支付货款或接受货物,而卖方仍拥有货物或控制着货物的处置权;买方保全货物的条件是,买方已接受了货物,但打算退货。

二、例题

1. 中国甲公司与德国乙公司签订了进口设备合同,分三批运输。两批顺利履约后乙公司得知甲公司履约能力出现严重问题,便中止了第三批的发运。依《国际货物销售合同公约》,下列哪一选项是正确的?(2016 年真题,单选)

A. 如已履约的进口设备在使用中引起人身伤亡,则应依公约的规定进行处理

B. 乙公司中止发运第三批设备必须通知甲公司

C. 乙公司在任何情况下均不应中止发运第三批设备

D. 如甲公司向乙公司提供了充分的履约担保,乙公司可依情况决定是否继续发运第三批

设备

[释疑] 本题考点为《联合国国际货物销售合同公约》的适用范围及中止履行。根据《联合国国际货物销售合同公约》,以下问题为公约未涉及的问题:(1)有关销售合同的效力或任何惯例的效力;(2)合同对所售货物所有权可能产生的影响;(3)卖方对货物所引起的人身伤亡责任。故 A 选项错误。本案中,甲公司的履约能力出现严重问题,符合中止履行的前提条件,故乙公司在通知甲公司之后可以中止履行,故 B 选项正确、C 选项错误。如果甲公司提供了充分的担保,则中止履行的一方必须继续履行,否则即构成违约,故 D 选项错误。(答案:B)

2. 中国甲公司与法国乙公司签订了向中国进口服装的合同,价格条件CIF。货到目的港时,甲公司发现有两箱货物因包装不当途中受损,因此拒收,该货物在目的港码头又被雨淋受损。依1980年《联合国国际货物销售合同公约》及相关规则,下列哪一选项是正确的?(2015年真题,单选)

A. 因本合同已选择了 CIF 贸易术语,则不再适用《公约》
B. 在 CIF 条件下应由法国乙公司办理投保,故乙公司也应承担运输途中的风险
C. 因甲公司拒收货物,乙公司应承担货物在目的港码头雨淋造成的损失
D. 乙公司应承担因包装不当造成的货物损失

[释疑] 如果当事人选择了贸易术语,则贸易术语优先于《联合国国际货物销售合同公约》,但并不产生排除该公约适用的效果,故 A 选项错误。CIF 贸易术语之下,风险于装运港货物装上船时由卖方转移给买方,故 B 选项错误。根据《联合国国际货物销售合同公约》的规定,买方有收货的义务,因此本案中买方有权就卖方包装不当引起的损失索赔,但无权就不收货而导致扩大的损失即货物在目的港码头雨淋造成的损失提出索赔,故 C 选项错误、D 选项正确。(答案:D)

3. 中国甲公司与法国乙公司商谈进口特种钢材,乙公司提供了买卖该种钢材的格式合同,两国均为1980年《联合国国际货物销售合同公约》缔约国。根据相关规则,下列哪一选项是正确的?(2014年真题,单选)

A. 因两国均为公约缔约国,双方不能在合同中再选择适用其他法律
B. 格式合同为该领域的习惯法,对双方具有约束力
C. 双方可对格式合同的内容进行修改和补充
D. 如双方在合同中选择了贸易术语,则不再适用公约

[释疑] 《联合国国际货物销售合同公约》并不禁止当事人意思自治,当事人可以选择某一国家的法律,或者选择某一贸易术语,如果当事人选择了贸易术语则该术语优先,对于该术语没有规定的问题,公约仍然可以适用,故 A、D 选项均错误。一方当事人提供的格式合同并不具有强制性,而是可以作为双方谈判的基础,故 B 选项错误、C 选项正确。(答案:C)

4. 甲公司从国外进口一批货物,根据《联合国国际货物销售合同公约》,关于货物检验和交货不符合同约定的问题,下列说法正确的是:(2013年真题,不定选)

A. 甲公司有权依自己习惯的时间安排货物的检验
B. 如甲公司须再发运货物,没有合理机会在货到后加以检验,而卖方在订立合同时已知道再发运的安排,则检验可推迟到货物到达新目的地后进行
C. 甲公司在任何时间发现货物不符合同均可要求卖方赔偿
D. 货物不符合同情形在风险转移时已经存在,在风险转移后才显现的,卖方应当承担

责任

[释疑] 《联合国国际货物销售合同公约》第 38 条规定:"(1)买方必须在按情况实际可行的最短时间内检验货物或由他人检验货物。(2)如果合同涉及货物的运输,检验可推迟到货物到达目的地后进行。(3)如果货物在运输途中改运或买方须再发运货物,没有合理机会加以检验,而卖方在订立合同时已知道或理应知道这种改运或再发运的可能性,检验可推迟到货物到达新目的地后进行。"此外,货物不符合同情形在风险转移时已经存在,在风险转移后才显现的,属于货物质量问题,卖方应承担责任,故应选 B、D 选项。(答案:BD)

5. A 公司和 B 公司于 2011 年 5 月 20 日签订合同,由 A 公司将一批平板电脑售卖给 B 公司。A 公司和 B 公司营业地分别位于甲国和乙国,两国均为《联合国国际货物销售合同公约》缔约国。合同项下的货物由丙国 C 公司的"潇湘"号商船承运,装运港是甲国某港口,目的港是乙国某港口。在运输途中,B 公司与中国 D 公司就货物转卖达成协议。如货物运抵乙国后,乙国的 E 公司指控该批平板电脑侵犯其在乙国取得的专利权,致使货物遭乙国海关扣押,B 公司向 A 公司索赔。在下列选项中,A 公司无须承担责任的情形是:(2011 年真题,不定选)

A. A 公司在订立合同时不知道这批货物可能依乙国法而侵权
B. B 公司在订立合同时知道这批货物存在第三者权利
C. A 公司是遵照 B 公司提供的技术图样和款式进行生产的
D. B 公司在订立合同后知道这批货物侵权但未在合理时间内及时通知 A 公司

[释疑] 根据《联合国国际货物销售合同公约》的相关规定,卖方所交付的货物,必须没有侵犯第三方的知识产权,但卖方的知识产权担保义务受两方面限制:(1) 地域限制。第三方只有依据以下法律提出有关知识产权的权利或要求,卖方才承担责任:① 依据货物的预期转售地法律;② 依据买方营业地所在国法律。(2) 其他限制:① 买方在订立合同时已知道或不可能不知道此项权利或要求;② 此项权利或要求的发生,是由于卖方要遵照买方所提供的技术图样、图案、款式或其他规格;③ 买方在知道第三人的权利或要求后,未在合理时间内通知卖方。A 选项错误,A 公司并不能因主观不知侵权而免责。(答案:BCD)

6. 2008 年 8 月 11 日,中国甲公司接到法国乙公司出售某种设备的发盘,有效期至 9 月 1 日。甲公司于 8 月 12 日电复:"如能将每件设备价格降低 50 美元,即可接受。"对此,乙公司没有答复。甲公司于 8 月 29 日再次致电乙公司表示接受其 8 月 11 日发盘中包括价格在内的全部条件。根据 1980 年《联合国国际货物销售合同公约》,下列哪一选项是正确的?(2008 年真题,单选)

A. 乙公司的沉默表明其已接受甲公司的降价要求
B. 甲公司 8 月 29 日的去电为承诺,因此合同已成立
C. 甲公司 8 月 29 日的去电是迟到的承诺,因此合同没有成立
D. 甲公司 8 月 29 日的去电是新要约,此时合同还没有成立

[释疑] 关于承诺,《联合国国际货物销售合同公约》第 19 条规定:(1) 对要约表示接受但载有添加、限制或其他更改的答复,即为拒绝该项要约并构成还价。(2) 但是,对要约表示接受但载有添加或不同条件的答复,如所载的添加或不同条件在实质上并不变更该项要约的条件,除要约人在不过分迟延的期间内以口头或书面通知反对其间的差异外,仍构成接受。如果要约人不作出这种反对,合同的条件就以该项要约的条件以及接受通知内所载的更改为准。(3) 有关货物价格、付款、货物质量和数量、交货地点和时间、一方当事人对另一方当事人的赔

偿责任范围或解决争端等的添加或不同条件,均视为在实质上变更要约的条件。

本题中,作为受要约人的中国甲公司在收到要约后,于该要约有效期内作出了承诺,但是由于该承诺变更了原要约的价格,根据《联合国国际货物销售合同公约》第19条第3款的规定,属于实质性变更,在性质上属于无效的承诺、反要约或者新的要约。由于法国乙公司对该新要约并未作出承诺,沉默并不表明其已接受甲公司的降价要求,因此合同没有成立。因此A、B选项错误。虽然甲公司于8月29日再次致电乙公司表示接受其8月11日发盘中包括价格在内的全部条件,但法国乙公司2008年8月11日的要约已经因为甲公司于8月12日发出含有实质性变更的承诺(相当于对原要约的拒绝)而归于失效。因此,甲公司于8月29日再次致电所作的表示充其量也只能相当于一个新的要约,故C选项错误,D选项正确。(答案:D)

7. 根据国际公约有关规定,在卖方有义务移交与货物有关的单据的情况下,关于卖方的此项义务,下列哪些选项是正确的?(2008年真题,多选)

　　A. 卖方必须在规定的时间移交
　　B. 如卖方在规定的时间前移交,可以在该时间到达前纠正其中不符合同规定的情形
　　C. 卖方行使纠正单据的权利使买方承担不合理开支的,买方有权要求赔偿
　　D. 卖方在不使买方承担不合理开支的情况下,可以改变移交单据的地点和方式

[释疑] 关于卖方交单的义务问题,《联合国国际货物销售合同公约》第34条规定:如果卖方有义务移交与货物有关的单据,他必须按照合同所规定的时间、地点和方式移交这些单据。如果卖方在那个时间以前已移交这些单据,他可以在那个时间到达前纠正单据中任何不符合同规定的情形,但是,此一权利的行使不得使买方遭受不合理的不便或承担不合理的开支。但是,买方保留本公约所规定的要求损害赔偿的任何权利。

根据《联合国国际货物销售合同公约》第34条的规定,卖方应在规定的时间内交单,如果提前交单,则可以在规定的时间到达前纠正单据中任何不符合同规定的情形,但不得因此使买方遭受不合理的不便或承担不合理的开支,否则买方有权索赔。因此A、B、C选项正确。《公约》第34条只规定了在不给买方带来不合理不便和额外开支的情况下,可以提前交单,但并未规定可以基于这一条件改变移交单据的地点和方式,因此D选项错误。(答案:ABC)

三、提示与预测

　　国际货物买卖部分是司法考试的必考内容,该部分题目以案例题居多,但仅凭记忆是不能在这部分拿高分的,要求考生在记忆理解相关考点的基础上,能够对给定的题目进行综合分析,理清基本法律事实,再根据相关的条文进行答题。国际货物买卖部分的重点内容主要包括以下两个方面:

　　(1)国际贸易术语。建议考生横向、纵向地对主要术语进行比较记忆,特别应重点识记几个常用术语,即FOB、CFR和CIF的内容。

　　(2)《联合国国际货物销售合同公约》。其中的公约适用范围、要约与承诺的相关问题、合同成立、买卖双方的权利义务及违约责任、货物的保全等内容是常考点,考生必须完全掌握。我国《合同法》基本根据该《公约》的相关内容制定,《合同法》的知识将在复习该部分内容时起到重大作用。

第三章　国际货物运输与保险

本章知识体系：

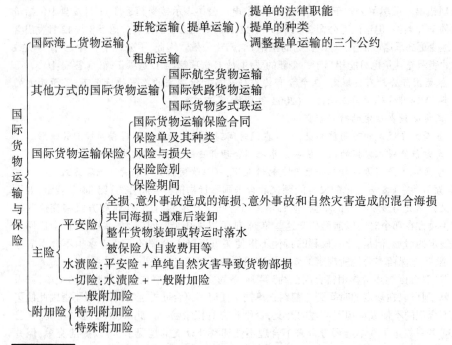

考点 1　班轮运输、提单、保函及海运单

一、精讲

1. 班轮运输

班轮运输是由航运公司以固定的航线、固定的船期、固定的运费率、固定的挂靠港口组织将托运人的杂货运往目的地的运输。班轮运输又被称为提单运输。班轮运输的当事人为承运人和托运人。承运人即承担运输的航运公司，托运人即与承运人订立运输合同的当事人，在国际货物运输关系中，通常是买卖合同中的卖方。承运人包括与托运人订立运输合同的船舶所有人或租用船舶的承租人。

2. 提单

提单是指用以证明海上运输合同和由承运人接管或装载货物，以及承运人保证据以交付货物的单证。

以下为提单的分类：

（1）根据货物是否已装船可将提单分为已装船提单和收货待运提单。

（2）依收货人的抬头可将提单分为记名提单、不记名提单和指示提单。

记名提单指提单正面载明收货人名称的提单。依据记名提单,承运人只能向该收货人,或向经收货人背书转让的提单持有人交付货物。记名提单一般不能转让。不记名提单指提单正面未载明收货人名称的提单。这种提单的转让十分简单,无须背书,交付即可。指示提单指提单正面载明凭指示交付货物的提单。指示提单的转让必须经过背书。

(3) 根据提单有无批注可将提单分为清洁提单和不清洁提单。不清洁提单指在提单上批注有表明货物表面状况有缺陷的提单。银行除非在信用证规定可以接受该类提单的情况下,一般会拒绝接受不清洁提单办理结汇。

(4) 根据运输方式可将提单分为直达提单、转船提单和联运提单。

(5) 依是否已付运费可将提单分为运费预付提单和运费到付提单。

(6) 倒签提单和预借提单。提单中注明的装船日期早于实际装船的日期就称为倒签提单。预借提单是当信用证规定的有效期即将届满,而货物还未装船时,托运人为了使提单上的装船日期与信用证规定的日期相符,要求承运人在货物装船前签发的已装船提单。

提单具有如下法律特征:

(1) 提单是运输合同证明。提单不是运输合同本身,从理论上讲,提单只是由当事人一方签发的。从时间上讲,运输合同是在提单签发之前成立的。承运人签发提单仅属履行合同过程中的一个环节,故提单是合同的一种证明。当提单转让给善意第三方时,这时提单就成了约束承运人和提单持有人的运输合同。

(2) 提单是货物收据。提单在托运人手中时只是初步证据。所谓初步证据,是指如承运人有确实的证据证明其收到的货物与提单上的记载不符,承运人可以向托运人提出异议。但在托运人将提单背书转让给第三人的情况下,对于提单的受让人来说,提单就成了终结性的证据。

(3) 提单是物权凭证。提单是承运人保证向收货人交付货物的物权凭证。提单持有人对提单内的货物享有所有权,并有权向承运人提货。一定条件下,提单可以转让、抵押、结汇。

3. 保函

保函是指由托运人出具的用以担保承运人签发清洁提单而产生一切法律后果的一种担保文件。关于保函,我国《海商法》并无规定,主要是参照《汉堡规则》之规定,可概括为两点内容:

(1) 善意保函有效,此有效也仅限于托运人与承运人之间,并不能对抗第三人。

(2) 恶意保函无效,即承运人向收货人承担责任后不得再依保函向托运人索赔。

在托运人与承运人明知货物的表面状况有瑕疵仍以保函换取清洁提单的情况下,此种保函是一种恶意保函。恶意保函无效,承运人在对收货人承担责任后不得依保函向托运人索偿。

此外,预借提单与倒签提单一样,都掩盖了货物的实际装船日期,从而避开了迟延交货的责任,属于对收货人的欺诈行为,日后需对因此而引起的损失负责。为预借提单和倒签提单出具保函均为无效保函。

4. 海运单

海运单是20世纪70年代以来,随着集装箱运输的发展,特别是航程较短的运输中产生的一种运输单证。国际海事委员会1990年通过的《海运单统一规则》对相关规则作了规定,海运单是海上货物运输合同的证明,是收据,但却不是据以收货的物权凭证,不具有可流通性。

5. 承运人无正本提单交付货物的法律责任问题

2009年3月5日起施行的最高人民法院《关于审理无正本提单交付货物案件适用法律若

干问题的规定》，对承运人无正本提单交付货物的法律责任问题作了规定：

(1) 正本提单持有人可以要求承运人承担违约责任，或者承担侵权责任。

(2) 承运人因无正本提单交付货物承担民事责任的，不适用《海商法》第56条关于限制赔偿责任的规定。

(3) 提货人凭伪造的提单向承运人提取了货物，持有正本提单的收货人可要求承运人承担无正本提单放货的责任。

(4) 承运人因无正本提单交付货物造成正本提单持有人损失的赔偿额，按照货物装船时的价值加运费和保险费计算。

(5) 正本提单持有人可以要求无正本提单交付货物的承运人与无正本提单提取货物的人承担连带赔偿责任。

(6) 承运人按照记名提单托运人的要求中止运输、返还货物、变更到达地或者将货物交给其他收货人，承运人对持有记名提单的收货人不承担责任。

(7) 诉讼时效期间为1年，自承运人应当交付货物之日起计算。

二、例题

1. 两批化妆品从韩国由大洋公司"清田"号货轮运到中国，适用《海牙规则》，货物投保了平安险。第一批货物因"清田"号过失与他船相碰致部分货物受损，第二批货物收货人在持正本提单提货时，发现已被他人提走。争议诉至中国某法院。根据相关规则及司法解释，下列哪些选项是正确的？（2014年真题，多选）

A. 第一批货物受损虽由"清田"号过失碰撞所致，但承运人仍可免责
B. 碰撞导致第一批货物的损失属于保险公司赔偿的范围
C. 大洋公司应承担第二批货物无正本提单放货的责任，但可限制责任
D. 大洋公司对第二批货物的赔偿范围限于货物的价值加运费

[释疑] 根据《海牙规则》，承运人对于管船过失造成货损可以免责，故A选项正确。碰撞导致的损失属于意外事故所致，属于平安险的承保范围，故B选项正确。承运人大洋公司对于无正本提单放货应承担全额赔偿责任，赔偿的范围应为成本加保险费加运费，故C、D选项均错误。（答案：AB）

2. 中国甲公司从国外购货，取得了代表货物的单据，其中提单上记载"凭指示"字样，交货地点为某国远东港，承运人为中国乙公司。当甲公司凭正本提单到远东港提货时，被乙公司告知货物已不在其手中。后甲公司在中国法院对乙公司提起索赔诉讼。乙公司在下列哪些情形下可免除交货责任？（2013年真题，多选）

A. 在甲公司提货前，货物已被同样持有正本提单的某公司提走
B. 乙公司按照提单托运人的要求返还了货物
C. 根据某国法律要求，货物交给了远东港管理当局
D. 货物超过法定期限无人向某国海关申报，被海关提取并变卖

[释疑] 承运人签发一式数份正本提单，向最先提交正本提单的人交付货物后，承运人无须向其他持有正本提单的人承担赔偿责任，故在甲公司提货前，货物已被同样持有正本提单的某公司提走，乙公司可以免除责任，A选项正确。对于"记名提单"，如果承运人按照托运人的要求返还了货物，则不承担责任。B选项为"指示提单"而非"记名提单"，前述规定不适用，故B选项错误。承运人依照提单载明的卸货港所在地法律规定，必须将承运到港的货物交付

给当局的,不承担责任,故 C 选项正确。承运到港的货物超过法律规定期限无人向海关申报,被海关提取并依法变卖处理的,承运人也不承担责任,故 D 选项正确。(答案:ACD)

3. 中国甲公司通过海运从某国进口一批服装,承运人为乙公司,提单收货人一栏写明"凭指示"。甲公司持正本提单到目的港提货时,发现货物已由丙公司以副本提单加保函提取。甲公司与丙公司达成了货款支付协议,但随后丙公司破产。甲公司无法获赔,转而向乙公司索赔。根据我国相关法律规定,关于本案,下列哪一选项是正确的?(2011 年真题,单选)

A. 本案中正本提单的转让无须背书
B. 货物是由丙公司提走的,故甲公司不能向乙公司索赔
C. 甲公司与丙公司虽已达成货款支付协议,但未得到赔付,不影响甲公司要求乙公司承担责任
D. 乙公司应当在责任限制的范围内承担因无单放货造成的损失

[释疑] 指示提单通过指示人背书后方可以转让,A 选项错误。根据 2009 年最高人民法院《关于审理无正本提单交付货物案件适用法律若干问题的规定》的规定,正本提单持有人可以要求船公司和无正本提单提货的人承担连带赔偿责任,故 B、D 选项错误,C 选项正确。(答案:C)

4. 甲公司依运输合同承运一批从某国进口中国的食品,当正本提单持有人乙公司持正本提单提货时,发现货物已由丙公司以副本提单加保函提走。依我国相关法律规定,下列哪一选项是正确的?(2009 年真题,单选)

A. 无正本提单交付货物的民事责任应适用交货地法律
B. 乙公司可以要求甲公司承担违约责任或侵权责任
C. 甲公司对因无正本提单交货造成的损失按货物的成本赔偿
D. 丙公司提走了货物,不能要求甲公司承担责任

[释疑] 根据最高人民法院《关于审理无正本提单交付货物案件适用法律若干问题的规定》的规定,对于无正本提单交付货物的民事责任应适用的法律,在适用中国法的情况下适用该规定,"应适用交货地法律"的表述错误,故 A 选项错误。对于无正本提单交付货物,正本提单持有人可以要求承运人承担违约责任,或者承担侵权责任,B 选项正确。承运人因无正本提单交付货物造成正本提单持有人损失的赔偿额,按照货物装船时的价值加运费和保险费计算,C 选项错误。可以要求无正本提单交付货物的承运人与无正本提单提取货物的人承担连带赔偿责任,D 选项错误。(答案:B)

三、提示与预测

提单属于高频考点,应掌握其种类和法律性质,以及提单对于托运人、承运人和收货人的意义。

考点 2 调整班轮运输的三个提单公约——《海牙规则》《维斯比规则》《汉堡规则》

一、精讲

1.《海牙规则》

(1) 承运人最低限度的义务(适航的义务和管货的义务)。关于适航的义务,承运人在开航前与开航时必须谨慎处理,以便:① 使船舶具有适航性;② 适当地配备船员、设备和船舶

供应品;③ 使货舱、冷藏舱和该船其他运载货物的部位适宜并能安全地收受、运送和保管货物。

关于管货的义务,一方面,承运人应谨慎收受、运送、照料和保管货物,否则对有关货物损失应承担赔偿责任。另一方面,《海牙规则》还规定承运人对由于下列原因引起或造成的货物的灭失或损害不负责任:① 船长、船员、引水员或承运人的雇用人在驾驶或管理船舶中的行为、疏忽或不履行职责;② 火灾,但由于承运人实际过失或私谋所造成者除外;③ 海上或其他可航水域的风险、危险或意外事故;④ 天灾;⑤ 战争行为;⑥ 公敌行为;⑦ 君主、统治者或人民的扣留或拘禁或依法扣押;⑧ 检疫限制;⑨ 货物托运人或货主、其代理人或代表的行为或不行为;⑩ 不论由于何种原因引起的局部或全面的罢工、关厂、停工或劳动力受到限制;⑪ 暴乱和民变;⑫ 救助或企图救助海上人命或财产;⑬ 由于货物的固有瑕疵、性质或缺陷所造成的容积或重量的损失,或任何其他灭失或损害;⑭ 包装不当;⑮ 标志不清或不当;⑯ 尽适当的谨慎所不能发现的潜在缺陷;⑰ 不是由于承运人的实际过失或私谋,或是承运人的代理人或受雇人员的过失或疏忽引起的任何其他原因。

(2)托运人的义务和责任。《海牙规则》规定,托运人应对其所提供的资料不正确所造成的损失负赔偿责任。对于危险品,如托运人隐瞒货物的危险性,承运人只要发现后可立即将货物抛弃而不需负责,且托运人还应赔偿船东及受害的第三方因载此货而引起的损失。如托运人已表明了货物的危险性,则承运人只有在面临危险的情况下,才可抛弃货物而不需负责。此时,托运人也无须对由运输此货而引起的损失负责。

(3)检查货物与索赔。收货人在提货时应检查货物,如发现短缺或残损,应立即向承运人提出索赔。如残损不明显,则在3日内提出索赔通知。如在提货时或提货后3日内没有提出索赔通知,就是交货时货物的表面状况良好的初步证据。在联合检验的情况下,不需出具索赔通知。

(4)诉讼时效。关于诉讼时效,《海牙规则》第3条第6款规定,收货方对承运人或船舶提起货物灭失或损害索赔的诉讼时效为1年,自货物交付之日起算,在货物灭失的情况下,自货物应交付之日起算。

(5)适用范围。《海牙规则》第10条规定:本公约各项规定,适用于在任何缔约国所签发的一切提单。第5条规定:本规则中的各项规定不适用于租船合同,但如果提单是在船舶出租情况下签发,便应符合本规则中的各项规定。

2.《维斯比规则》

《维斯比规则》于1977年生效,其内容主要是对《海牙规则》的补充和修改。该规则的主要内容有:

(1)明确规定提单对于善意受让人是最终证据。《维斯比规则》第1条对《海牙规则》第3条第4款的内容进行了补充,规定提单对托运人来说是初步证据,而对善意的提单受让人来说则是最终的证据。

(2)承运人的责任限制。《维斯比规则》采用了双重责任限额制,即承运人对货物的灭失或损害责任以每件或每单位1万金法郎或每公斤30金法郎为限,两者以高者计。1984年4月生效的修订《维斯比规则》的议定书规定,承运人的责任限制金额为每件或每单位666.67特别提款权,或按货物毛重每公斤2特别提款权计算,两者之中以较高者为准。

(3)承运人的雇用人或代理人的责任限制。《海牙规则》未明确规定承运人的雇用人或代理人是否也能享受责任限制的保护。《维斯比规则》进行了明确规定：① 对承运人提起的货损索赔诉讼，无论是以合同为依据，还是以侵权行为为依据，均可以适用责任限制的规定；② 承运人的雇用人或代理人也可以享受责任限制的保护。

（4）诉讼时效。《维斯比规则》对《海牙规则》第 6 条作了两点修改：① 诉讼时效为 1 年，双方协商，可以延长时效；② 对第三者的追偿诉讼，在 1 年的诉讼时效期满后，仍有 3 个月的宽限期。

3.《汉堡规则》

（1）承运人的责任。《汉堡规则》在承运人的责任基础上采用了完全的过失责任制。同时，《汉堡规则》还采用了推定过失责任制，即在货损发生后，先推定承运人有过失，如承运人主张自己无过失，则必须承担举证的责任。

（2）承运人的免责。《汉堡规则》取消了承运人对船长、船员等在驾驶船舶或管理船舶及火灾中的过失免责。承运人对火灾所引起的灭失、损坏或延迟交付负赔偿责任，但索赔人需证明承运人、其受雇人或代理人有过失。

（3）承运人延迟交货的责任。《海牙规则》没有规定延迟交货的责任，《汉堡规则》规定了承运人应对延迟交货负责。承运人对延迟交货的赔偿责任限额为迟交货物应付运费的 2.5 倍，但不应超过应付运费的总额。

（4）承运人的责任期间。《汉堡规则》规定承运人的责任期间为货物在装货港、运送途中和卸货港在承运人掌管下的全部期间。

（5）承运人的责任限额。《汉堡规则》提高了承运人的最高赔偿限额，规定承运人对货物灭失或损坏的赔偿责任限额为每件或每单位 835 特别提款权（SDR），或每公斤 2.5 特别提款权，以高者为准。此外，《汉堡规则》还规定，如货损是由于承运人、其雇用人或代理人故意造成的，则将丧失责任限制的权利。

（6）关于保函的效力。《汉堡规则》第一次在一定范围内承认了保函的效力，《汉堡规则》规定：托运人为了换取清洁提单可向承运人出具保函，但保函只在托运人与承运人之间有效。如保函有欺诈意图，则保函无效，承运人应赔偿第三者的损失，且不能享受责任限制。

（7）货物的适用范围。《汉堡规则》不适用于舱面货和活牲畜。关于舱面货，《汉堡规则》规定，承运人依协议、惯例、法律的要求，才有权在舱面装货，否则承运人应对将货物装在舱面上造成的损失负赔偿责任。关于活牲畜，《汉堡规则》规定，活牲畜的受损如是因其固有的特殊风险造成的，承运人可以免责，但承运人须证明已按托运人的特别指示办理了与货物有关的事宜。

（8）索赔通知和诉讼时效。《汉堡规则》规定，索赔通知应在收货后的第一个工作日内提交。在损害不明显时，在收货后 15 日内提交。延迟交付的索赔通知应在收到货后连续 60 天内提交。《汉堡规则》规定的诉讼时效为两年。此外，承运人向收货人赔付后在向第三方追偿时，可以协议延长时效。

二、例题

关于海上货物运输中的迟延交货责任，下列哪一表述是正确的？（2006 年真题，单选）

A.《海牙规则》明确规定承运人对迟延交付可以免责

B.《维斯比规则》明确规定了承运人迟延交付的责任

C.《汉堡规则》只规定了未在约定时间内交付为迟延交付

D.《汉堡规则》规定迟延交付的赔偿为迟交货物运费的 2.5 倍,但不应超过应付运费的总额

[释疑]《海牙规则》和《维斯比规则》都没有规定延迟交货的责任,《汉堡规则》规定,承运人对延迟交货的赔偿责任限额为迟交货物应付运费的 2.5 倍,但不应超过应付运费的总额。因此,本题中 A、B 选项显然均为错误表述,D 选项正确。关于 C 选项,《汉堡规则》还规定,延迟交货指未在约定的时间内交付,或在无约定的情况下,未在合理的时间内交付,故 C 选项的"《汉堡规则》只规定了未在约定时间内交付为迟延交付"的说法错误。(答案:D)

提示:本题的 C 选项有一定的难度,未在约定时间内交付是属于迟延交付,但《汉堡规则》还规定在无约定的情况下,未在合理的时间内交付也属于迟延交付,考生可能会因为对此记忆不准确而觉得难以判断。但从做题技巧方面看,对 D 选项的正确性,考生一般是有把握的,既然本题为单项选择题,也可以由此断定 C 选项错误。

三、提示与预测

在有关提单的三大公约中,最为重要的是《海牙规则》,特别是该规则中关于承运人最低限度的义务、承运人的免责范围等。此外,以前真题还数次考过三大公约在主要方面的比较,例如对保函、实际承运人、迟延交货的规定等。

考点 3 国际货物运输保险

一、精讲

1. 海损

海损从程度上可分为全部损失和部分损失,部分损失又可分为单独海损和共同海损。

(1)"实际全损"指保险标的发生保险事故后灭失,或者受到严重损坏完全失去原有形体、效用,或者不能再归被保险人所拥有的损失状态。

(2)"推定全损"指货物发生保险事故后,认为实际全损已经不可避免,或者为避免发生实际全损已经不可避免,或者为避免发生实际全损所需要支付的费用、继续将货物运抵目的地的费用之和超过保险价值的损失状态。对推定全损,由被保险人选择:① 按实际全损索赔;② 按部分损失索赔。如果按实际全损索赔,则必须向保险人发出委付通知,即将全损货物委付给保险人。如不发出委付通知,则视为按部分损失处理。对于被保险人的委付通知,保险人可以接受,也可以不接受。但是一旦接受,不得反悔。也就是说,如果保险人接受了委付,就应该按全损赔付。此时,被保险人应该将剩余物的所有权转让给保险人。

(3)"共同海损"是指在同一海上航程中,船舶、货物和其他财产遭遇共同危险,为了共同安全,有意地和合理地采取措施所直接造成的特殊牺牲,支付的特殊费用。具有以下特点:① 船舶、货物和其他财产必须遭遇共同危险。② 采取的措施必须是有意而合理的。所谓有意的措施,是指船长主观上明知采取某种措施会导致船舶或货物的损害,但为了避免船舶和货物遭受共同的危险而不得已采取的措施。如船舶在航行中,货舱起火,船长明知向舱内灌水会造成货物的损失,但却必须这样做,由此而造成的损失是共同海损。③ 共同海损的牺牲和费用必须是特殊的。特殊费用是指超出船舶正常营运情况外所承担的责任,也可以理解为是在

船舶和货物面临共同危险的情况下,采取的正常航行所需以外的特殊费用。如为了使船舶脱浅,反复使用快进车、快倒车,以使船舶松动,得以脱浅的措施,这种措施对船舶主机造成的损害应列入共同海损。因为所采取的措施已超出了船舶主机正常的使用范围。④ 共同海损的措施必须有效。在非常情况下,船方所采取的措施,达到了全部或部分保全船舶和货物的目的。

（4）"单独海损"指货物由于风险直接造成的部分损失。

2. 平安险、水渍险、一切险的责任范围

平安险	平安险的英文意思为"单独海损不赔"。其责任范围主要包括： （1）被保险货物在运输途中由于恶劣气候、雷电、海啸、地震、洪水等自然灾害造成的整批货物的全部损失或推定全损。 （2）由于运输工具遭受搁浅、触礁、沉没、互撞、与流冰或其他物体碰撞以及失火、爆炸等意外事故造成货物的全部或部分损失。 （3）在运输工具已经发生搁浅、触礁、沉没、焚毁等意外事故的情况下,货物在此前后又在海上遭受恶劣气候、雷电、海啸等自然灾害所造成的部分损失。 （4）在装卸或转运时由于一件或数件整件货物落海造成的全部或部分损失。 （5）被保险人对遭受承保责任内危险的货物采取抢救、防止或减少货损的措施而支付的合理费用,但以不超过该批被救货物的保险金额为限。 （6）运输工具遭遇海难后,在避难港由于卸货所引起的损失以及在中途港、避难港由于卸货、存仓以及运送货物所产生的特别费用。 （7）共同海损的牺牲、分摊和救助费用。 （8）运输合同中定有"船舶互撞责任"条款,根据该条款规定应由货方偿还船方的损失。
水渍险	该险的责任范围除平安险的各项责任外,还负责赔偿被保险货物由于恶劣气候、雷电、海啸、地震、洪水等自然灾害所造成的部分损失。
一切险	该险除包括水渍险的责任范围外,还负责赔偿被保险货物在运输途中由于外来原因所致的全部或部分损失。外来原因指偷窃、提货不着、淡水雨淋、短量、混杂、玷污、渗漏、串味异味、受潮受热、包装破裂、钩损、碰损破碎、锈损等原因。

3. 一般附加险、特别附加险和特殊附加险

海洋货物运输保险的附加险别,分为一般附加险、特别附加险和特殊附加险三类。一般附加险属于一切险的范围,保了一切险,就不必再附加任何一般附加险；而特别附加险和特殊附加险所承保的责任已超出了一切险的范围。

一般附加险包括偷窃、提货不着、淡水雨淋、短量、混杂、玷污、渗漏、串味异味、受潮受热、包装破裂、钩损、碰损破碎、锈损险等。

特别附加险包括：① 交货不到险；② 进口关税险；③ 舱面险；④ 拒收险；⑤ 黄曲霉素险；⑥ 出口货物到香港或澳门存仓火险。

特殊附加险包括海洋运输货物战争险和货物运输罢工险。

4. 保险人的除外责任

除外责任就是保险人不承保的风险。中国人民保险公司海洋运输货物保险的除外责任包括：① 被保险人的故意行为或过失所造成的损失；② 属于发货人责任引起的损失；③ 在保险责任开始前,被保险货物已存在的品质不良或数量短差所造成的损失；④ 被保险货物的自然

损耗、本质缺陷、特性以及市价跌落、运输迟延引起的损失和费用；⑤海洋运输货物战争险条款和货物运输罢工险条款规定的责任范围和除外责任。

二、例题

1. 中国某公司进口了一批仪器，采取海运方式并投保了水渍险，提单上的收货人一栏写明"凭指示"的字样。途中因船方过失致货轮与他船相撞，部分仪器受损。依《海牙规则》及相关保险条款，下列哪一选项是正确的？（2017年真题，单选）

A. 该提单交付即可转让
B. 因船舶碰撞是由船方过失导致，故承运人应对仪器受损承担赔偿责任
C. 保险人应向货主赔偿部分仪器受损的损失
D. 承运人的责任期间是从其接收货物时起至交付货物时止

[释疑] 本题中的提单为指示提单，必须经背书才可转让，故A选项错误。根据《海牙规则》，船舶碰撞中即使承运人有过失也可以免责，故B选项错误。本题中碰撞导致货损，属于意外事故，保险人应予赔偿，故C选项正确。《海牙规则》之下承运人的责任期间是"钩至钩"，故D选项错误。（答案：C）

2. 青田轮承运一批啤酒花从中国运往欧洲某港，货物投保了一切险，提单上的收货人一栏写明"凭指示"，因生产过程中水分过大，啤酒花到目地港时已变质。依《海牙规则》及相关保险规则，下列哪一选项是正确的？（2015年真题，单选）

A. 承运人没有尽到途中管货的义务，应承担货物途中变质的赔偿责任
B. 因货物投保了一切险，保险人应承担货物变质的赔偿责任
C. 本提单可通过交付进行转让
D. 承运人对啤酒花的变质可以免责

[释疑] 本题中啤酒花的变质是因为生产过程中水分过大，是货物固有的缺陷引起的损失，该损失承运人可以免责，保险人也可以以除外责任为由拒绝理赔，故A、B选项均错误。本题中的提单为指示提单，须经背书方可转让，故C选项错误。根据《海牙规则》关于承运人免责的具体规定，货物固有的性质或缺陷引起的损失承运人可以免责，故应选D选项。（答案：D）

3. 甲公司向乙公司出口一批货物，由丙公司承运，投保了中国人民保险公司的平安险。在装运港装卸时，一包货物落入海中。海运途中，因船长过失触礁造成货物部分损失。货物最后延迟到达目的港。依《海牙规则》及国际海洋运输保险实践，关于相关损失的赔偿，下列哪些选项是正确的？（2013年真题，多选）

A. 对装卸过程中的货物损失，保险人应承担赔偿责任
B. 对船长驾船过失导致的货物损失，保险人应承担赔偿责任
C. 对运输迟延造成的损失，保险人应承担赔偿责任
D. 对船长驾船过失导致的货物损失，承运人可以免责

[释疑] 根据平安险，装卸时整件货物落海的损失，保险人应予以赔偿。驾船过失属于意外事故，造成的损失也应赔偿。运输迟延属于除外责任，保险人不赔偿，故C选项错误。根据《海牙规则》的规定，承运人对于航行过失引起的损失可以免责。（答案：ABD）

4. 中国甲公司与某国乙公司签订茶叶出口合同，并投保水渍险，议定由丙公司"天然"号货轮承运。下列哪些选项属于保险公司应赔偿范围？（2011年真题，多选）

A. 运输中因茶叶串味等外来原因造成货损
B. 运输中因"天然"号过失与另一轮船相撞造成货损
C. 运输延迟造成货损
D. 运输中因遭遇台风造成部分货损

[释疑] 一般附加险包括偷窃、提货不着、淡水雨淋、短量、混杂、玷污、渗漏、碰撞破碎、串味异味、受潮受热、钩损、包装破裂、锈损等原因。串味属于一般附加险，A 选项错误。水渍险承保范围包括"平安险"承保范围和保险货物由于自然灾害造成的部分损失。由于运输工具遭受搁浅、触礁、沉没、互撞、与流冰或其他物体碰撞以及失火、爆炸等意外事故造成货物的全部或部分损失，保险公司应予赔偿，B 选项正确。运输延迟造成的货损属于除外责任，不被任何险种所承保，C 选项错误。台风属于自然灾害，其造成的部分损失，在水渍险之下也可以向保险人索赔，D 选项正确。答案为 B、D 选项。（答案：BD）

三、提示与预测

国际海运保险之中的平安险、水渍险、一切险为高频考点，除 2008 年之外，在每年的考题中均有出现。建议以平安险为基础，掌握三大基本险别的承保范围，同时掌握共同海损、委付、除外责任等基本概念。

第四章　国际贸易支付

本章知识体系：

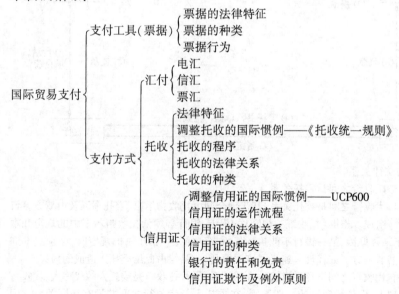

考点 1 托收

一、精讲

托收是由收款人开立汇票,委托银行向付款人收取货款的结算方式。在托收付款下,付款人是否付款是依其商业信用,银行并不承担责任。1995年国际商会公布了新修订的《托收统一规则》,又称522号出版物。该规则属于国际惯例,在国际贸易中已得到了广泛的承认和适用。但当事人在选择适用《托收统一规则》的情况下,不得违背有关国家国内法中的强制性规定,如外汇管制的规定等。

1. 托收的种类

(1) 光票托收与跟单托收。光票托收指委托人开立不附货运单据的汇票,仅凭汇票委托银行向付款人收款的托收方式。跟单托收(Documentary Bill for Collection)则是指委托人开立附货运单据的汇票,凭跟单汇票委托银行向付款人收款的托收方式。跟单托收又可分为付款交单和承兑交单。

(2) 付款交单与承兑交单。付款交单(Documents against Payment,简称D/P)指代收行在买方付清货款后才将货运单据交给买方的付款方式。承兑交单(Documents against Acceptance,简称D/A)指在开立远期汇票的情况下,代收行在接到跟单汇票后,要求买方对汇票承兑,在买方承兑后即将货运单据交付买方的托收方式。承兑交单的风险大于付款交单。

2. 跟单托收流程图

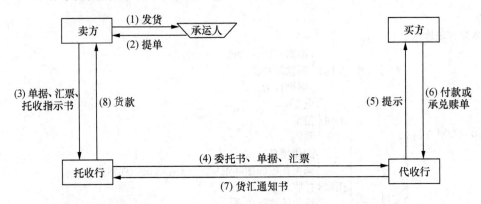

3. 当事人的法律关系

(1) 委托人与托收行之间是委托关系。

(2) 托收行与代收行之间是委托关系,其代理合同由托收指示书、委托书以及由双方签订的业务互助协议等组成。根据《托收统一规则》的规定,银行必须依托收指示书中的规定和本规则行事,如由于某种原因,某一银行不能执行其所收到的托收指示书的规定时,必须立即通知发出托收指示书的一方。如代理人违反了该项原则,应赔偿由此给委托人造成的损失。

(3) 委托人与代收行之间不存在直接的合同关系,尽管托收行是委托人的代理人,代收行又是托收行的代理人,但依代理法的一般原则,在委托人与代收行之间并没有合同关系。因此,如果代收行违反托收指示行事导致委托人遭受损失时,委托人并不能直接对代收行起诉,委托人只能通过托收行追究代收行的责任。

（4）代收行与付款人之间没有法律上的关系，付款人是否付款是依对托收票据的付款责任而定。

4. 托收业务中银行的义务

（1）及时提示的义务，指对即期汇票应毫无延误地进行付款提示；对远期汇票则必须不迟于规定的到期日作付款提示。当远期汇票必须承兑时应毫无延误地作承兑提示。

（2）审单的义务，即银行应保证汇票和装运单据与托收指示书的表面一致，如发现任何单据有遗漏，应立即通知发出指示书的一方。

（3）及时解交款项的义务，即收到的款项在扣除必要的手续费和其他费用后必须按照指示书的规定无迟延地解交本人。

（4）及时通知托收结果，包括付款、承兑、拒绝承兑或拒绝付款等。

5. 托收业务中银行的免责

《托收统一规则》规定了银行不承担责任的情况，主要包括：

（1）银行只需核实单据在表面上与托收指示书一致，此外没有进一步检验单据的义务；代收行对承兑人签名的真实性或签名人是否有签署承兑的权限概不负责。

（2）与托收有关的银行对由于任何通知、信件或单据在寄送途中发生延误或失落造成的一切后果，或对电报、电传、电子传送系统在传送中发生延误、残缺和其他错误，或对专门性术语在翻译上和解释上的错误，概不负责。

（3）与托收有关的银行对由于天灾、暴动、骚乱、叛乱、战争或银行本身无法控制的任何其他原因，或对由于罢工或停工致使银行营业间断所造成的一切后果，概不负责。

（4）除非事先征得银行同意，货物不应直接运交银行或以银行为收货人，否则银行无义务提取货物。银行对于跟单托收项下的货物无义务采取任何措施。

（5）在汇票被拒绝承兑或拒绝付款时，若托收指示书上无特别指示，银行没有作出拒绝证书的义务。

（6）受指示方行为免责，即托收行对选择代收行的风险，其选择的代收行未执行托收指示而造成的损失免责。

二、例题

修帕公司与维塞公司签订了出口200吨农产品的合同，付款采用托收方式。船长签发了清洁提单。货到目的港后经检验发现，货物质量与合同规定不符，维塞公司拒绝付款提货，并要求减价。后该批农产品全部变质。根据国际商会《托收统一规则》，下列哪一选项是正确的？（2008年真题，单选）

A. 如代收行未执行托收行的指示，托收行应因此造成的损失对修帕公司承担责任

B. 当维塞公司拒付时，代收行应当主动制作拒绝证书，以便收款人追索

C. 代收行应无延误地向托收行通知维塞公司拒绝付款的情况

D. 当维塞公司拒绝提货时，代收行应当主动提货以减少损失

[释疑] 根据《托收统一规则》关于银行义务和免责的规定，托收行对于代收行未执行指示而造成的损失免责，当买方维塞公司拒付时，代收行无义务主动制作拒绝证书，当维塞公司拒绝提货时，代收行也无义务主动提货，故A、B、D选项错误。遭到拒付后，代收行应无延误地向托收行通知维塞公司拒绝付款的情况，托收行也应无延误地通知卖方，C选项正确。（答案：C）

三、提示与预测

在国际支付方式中，托收是仅次于信用证的重要考点，应掌握托收当事人的法律关系、托收的种类、银行的责任和免责等几个方面。

考点 2 信用证

一、精讲

1. 信用证的含义及特点

UCP600 第 2 条对信用证的定义是，信用证是指一项约定，无论其如何命名或描述，该约定不可撤销并因此构成开证行对于相符提示予以兑付的确定承诺。具体含义包括：是银行签发的一种对受益人的约定；受益人依此约定取得信用证项下权利，即要求开证行支付，但这种权利的实现是有条件的，受益人必须满足信用证所规定的要求；如果受益人满足了信用证规定的要求，开证行将依约定支付受益人约定的金额。

信用证的特点：

（1）以银行信用取代商业信用。在信用证交易中，银行根据信用证取代买方承担了作为第一付款人的义务，日后只要卖方提供符合信用证的单据，即使买主破产，卖方也能从银行得到付款保证。这样，银行提供了远优于进口商个人信誉的银行信用，较之托收或直接付款方式来说，使卖方风险大为减少。

（2）信用证具有独立性。开立信用证的基础是买卖合同，但银行与买卖合同无关，也不受其约束。因此，一家银行作出的付款、承兑、支付汇票或议付或履行信用证项下其他义务的承诺，不受因申请人与开证行或与受益人之间关系而提出的索赔或抗辩的约束。

（3）信用证交易的标的物是单据。对于出口商来说，只要按信用证规定条件提交了单据，在单单一致、单证一致的情况下，即可从银行得到付款；对进口商来说，只要在申请开证时，保证收到符合信用证规定的单据即行付款并交付押金，便可从银行取得代表货物所有权的单据。因此，银行开立信用证实际是进行单据的买卖。

2. UCP600 对 UCP500 的修改

目前适用于信用证的是国际商会制定的国际惯例《跟单信用证统一惯例》。国际商会在 2006 年年会上通过了修改《跟单信用证统一惯例 500》（UCP500）的 UCP600 号出版物，考生有必要对几处主要的修改予以掌握：

（1）UCP600 删除了可撤销的信用证，规定 UCP600 所调整的信用证是不可撤销的。

（2）UCP600 规定交单地点应在指定银行或开证行所在地，规定"兑付"是指开证行、保兑行、指定行在信用证下除议付以外的一切与支付相关的行为。规定"相符的交单"是指单据应当和信用证的条款、适用的惯例条款及国际银行标准实务相符合。

（3）明确规定"议付"是对票据及单据的一种买入行为，并明确是对受益人的融资，即预付或承诺预付。将原来 UCP500 规定的审单期限改为"最多为收单翌日起第 5 个工作日"。

（4）明确规定开证行发出拒付通知时，可以退单，也可以"留存单据直到其从申请人处接到放弃不符点的通知并同意接受该放弃，或者其同意接受对不符点的放弃之前从交单人处收到其进一步的指示"。

(5) 明确规定对于可转让的信用证,第二受益人提交单据必须经过转让行。

信用证的当事人,包括开证申请人、受益人、开证行、通知行、议付行等。

3. 信用证的种类

信用证依其性质、形式、付款期限及用途的不同可分为保兑信用证和不保兑信用证、即期信用证和远期信用证、可转让的信用证和不可转让的信用证、跟单信用证和光票信用证,以及对背信用证、对开信用证、循环信用证、备用信用证等不同种类的信用证。

(1) 保兑信用证和不保兑信用证。保兑信用证指开证行开出的信用证又经另一家银行保证兑付的信用证。保兑行对信用证进行保兑后,其承担的责任就相当于本身开证,不论开证行发生何种变化,保兑行都不得片面撤销其保兑。不保兑的信用证指未经另一银行加以保证兑付的信用证。

(2) 即期信用证和远期信用证。即期信用证指允许受益人开立即期汇票,开证行或议付行于见票后即付款的信用证。远期信用证指受益人仅可开立远期汇票,开证行或议付行在汇票指定的付款到期日支付货款的信用证。

(3) 可转让的信用证和不可转让的信用证。可转让的信用证指受益人可将信用证的部分或全部权利转让给第三人的信用证。可转让的信用证必须在信用证上注明"可转让"的字样。不可转让的信用证指受益人不能将信用证的权利转让给他人的信用证。

(4) 循环信用证。循环信用证指在同样条款的情况下,在一定期间内,信用证金额可重复使用的信用证。当受益人全部或部分使用了信用证金额后,该金额可重新恢复到原金额,继续使用,周而复始直至规定的次数或规定的总金额用完为止。

(5) 对开信用证。对开信用证是指交易双方约定,分别申请开立以对方作为受益人的信用证,两证可以互为生效条件而同时生效。

(6) 备用信用证。备用信用证指开立备用信用证的银行向受益人担保,如申请人不履行债务,则由开证行给予补偿。

4. 信用证的运作流程

以信用证方式付款时,一般须经过下列基本步骤:

(1) 国际货物买卖合同的双方在买卖合同中明确规定采用信用证方式付款。

(2) 申请开证,买方向其所在地的银行提出开证申请,并交纳一定的开证押金或提供其他保证,要求银行向卖方开出信用证。

(3) 通知受益人,开证行依申请书的内容开立信用证并寄交卖方所在地银行(该银行即通知行),由通知行向受益人作出通知。

(4) 交单议付,卖方于信用证审核无误后,即发运货物并取得信用证所要求的装运单据,再依信用证的规定凭单据向其所在地银行议付货款。

(5) 索偿,议付行议付后将汇票和货运单据寄开证行要求索偿,开证行核对单据无误后偿付议付行。

(6) 付款赎单,开证行通知买方付款赎单。

5. 信用证当事人之间的关系

(1) 开证申请人与受益人之间为买卖合同关系。

(2) 开证行与开证申请人之间是基于开证申请书及其他文件形成的委托合同关系。

(3) 通知行与开证行之间是委托代理关系。

（4）通知行与受益人之间不存在合同关系。

（5）关于开证行与受益人之间的关系，如果开立的是可撤销的信用证，开证行与受益人之间不存在合同关系；如果开立的是不可撤销的信用证，则在开证行与受益人之间形成附条件的合同关系，即如果受益人能够在信用证规定的时间内提交符合要求的单据，银行就应履行付款义务。

6. 银行的责任

银行的责任主要为审单并在符合条件的情况下付款。银行在审单时需坚持单证相符、单单相符的原则。即受益人提交的单据必须在表面上符合信用证条款的要求，而且单据在彼此之间也应相互一致，不能相互矛盾，否则银行有权拒绝接受受益人提交的单据，并拒绝付款、承兑或议付。付款行、承兑行和议付行也不应接受单证之间或单单之间不符的单据，否则开证行有权拒绝偿付上述银行。如果开证行接受了不符的单据，开证申请人有权拒绝到开证行那里付款赎单。开证行只在表面上审查单据，不考查货物是否和单据上的描述相符，只要是在信用证的有效期内而且单证相符、单单相符，开证行就应承担付款责任。

7. 银行的免责

根据《跟单信用证统一惯例》的规定，银行免责的情况主要包括：

（1）银行对任何单据的形式、完整性、准确性、真实性、伪造或法律效力，以及对单据上所载的或附加的一般或特殊条件，概不负责。

（2）银行对由于任何消息、信函或单据在传递过程中发生延误或遗失而引起的后果，或任何电讯在传递过程中发生延误、残缺或其他错误，概不负责。

（3）银行对由于天灾、暴动、骚乱、叛乱、战争或本身无法控制的其他原因，或任何罢工或停工而中断营业所引起的后果，概不负责。

（4）银行不受买卖合同的约束或影响，不负责买卖合同的履行情况及买卖当事人的资信等。

（5）受指示方行为免责，即开证行对所选择的通知行等未执行指示而造成的损失免责。

8. 信用证欺诈及例外原则

信用证欺诈的种类主要有：开立假信用证、开立软条款信用证、伪造单据、以保函换取与信用证相符的提单（包括倒签提单、预借提单及以保函换取清洁提单等）。

信用证欺诈例外原则是指为了打击国际贸易中出现的欺诈行为，不少国家的法律、判例规定，如果在银行对卖方提交的单据付款或承兑以前，发现或获得确凿证据，证明卖方确有欺诈行为，买方可请求法院向银行颁发禁止令，禁止银行付款。

（1）软条款信用证。限制生效、付款、装运（包括信用证中载有暂不生效条款、限制性付款条款、加列各种限制、对装运的限制等）条款。

信用证中的"软条款"指信用证中规定一些限制性条款，或信用证的条款含糊不清，使信用证的不可撤销性大大降低，开证银行的付款承诺缺乏确定性，开证申请人因而很容易控制整笔交易，而受益人处于受制他人的被动地位。

因买方在信用证中加列一些使信用证实际无法生效或卖方无法执行的"软条款"，目的是买方骗得履约金、佣金或质保金之后，不通知装船、不签发检验证书，使卖方公司（受益人）拿不到装船通知和检验证书，不能发货及向开证行交单索汇。较常见的"软条款"有：

① 信用证中载有暂不生效条款。如注明"本证暂不生效，待进口许可证签发通知后生

效"。

② 限制性付款条款。如信用证规定"信用证项下的付款要在货物清关后才支付""开证行须在货物经检合格后方可支付"等。

③ 加列各种限制。信用证中对受益人的交货和提交的各种单据加列各种限制，如"出口货物须经开证申请人派员检验，合格后出具检验认可的证书"等。

④ 对装运的限制。信用证中对受益人的交货装运加以各种限制，如"货物装运日期，装运港、目的港须待开证人同意，由开证行以修改书的形式另行通知"等。

对于含有"软条款"的信用证，受益人应立即以最快的通讯方式与卖方协商，要求删除或修改该信用证中的"软条款"。

(2) 最高人民法院《关于审理信用证纠纷案件若干问题的规定》对"不符点"、信用证欺诈例外、信用证欺诈例外的例外等问题作了比较明确的规定：

① 不符点。最高人民法院《关于审理信用证纠纷案件若干问题的规定》第6条规定，信用证项下单据与信用证条款之间、单据与单据之间在表面上不完全一致，但并不导致相互之间产生歧义的，不应认定为不符点。第7条规定：开证行有独立审查单据的权利和义务，有权自行作出单据与信用证条款、单据与单据之间是否在表面上相符的决定，并自行决定接受或者拒绝接受单据与信用证条款、单据与单据之间的不符点。开证行发现信用证项下存在不符点后，可以自行决定是否联系开证申请人接受不符点。开证申请人决定是否接受不符点，并不影响开证行最终决定是否接受不符点。开证行和开证申请人另有约定的除外。开证行向受益人明确表示接受不符点的，应当承担付款责任。开证行拒绝接受不符点时，受益人以开证申请人已接受不符点为由要求开证行承担信用证项下付款责任的，人民法院不予支持。

② 信用证欺诈例外。最高人民法院《关于审理信用证纠纷案件若干问题的规定》第8条规定："凡有下列情形之一的，应当认定存在信用证欺诈：（一）受益人伪造单据或者提交记载内容虚假的单据；（二）受益人恶意不交付货物或者交付的货物无价值；（三）受益人和开证申请人或者其他第三方串通提交假单据，而没有真实的基础交易；（四）其他进行信用证欺诈的情形。"

③ 信用证欺诈例外的例外。最高人民法院《关于审理信用证纠纷案件若干问题的规定》第10条规定："人民法院认定存在信用证欺诈的，应当裁定中止支付或者判决终止支付信用证项下款项，但有下列情形之一的除外：（一）开证行的指定人、授权人已按照开证行的指令善意地进行了付款；（二）开证行或者其指定人、授权人已对信用证项下票据善意地作出了承兑；（三）保兑行善意地履行了付款义务；（四）议付行善意地进行了议付。"

④ 信用证项下款项的中止支付。最高人民法院《关于审理信用证纠纷案件若干问题的规定》第9条规定：开证申请人、开证行或者其他利害关系人发现信用证欺诈的情形，并认为将会给其造成难以弥补的损害时，可以向有管辖权的人民法院申请中止支付信用证项下的款项。第12条第1款规定：人民法院接受中止支付信用证项下款项申请后，必须在48小时内作出裁定；裁定中止支付的，应当立即开始执行。

⑤ 保证人的保证责任。最高人民法院《关于审理信用证纠纷案件若干问题的规定》第16条规定：保证人以开证行或者开证申请人接受不符点未征得其同意为由请求免除保证责任的，人民法院不予支持。保证合同另有约定的除外。第17条规定：开证申请人与开证行对信用证进行修改未征得保证人同意的，保证人只在原保证合同约定的或者法律规定的期间和范围内承担保证责任。保证合同另有约定的除外。

二、例题

1. 中国甲公司与法国乙公司订立了服装进口合同,信用证付款,丙银行保兑。货物由"铂丽"号承运,投保了平安险。甲公司知悉货物途中遇台风全损后,即通知开证行停止付款。依《海牙规则》、UCP600号及相关规则,下列哪一选项是正确的?(2016年真题,单选)

    A. 承运人应承担赔偿甲公司货损的责任
    B. 开证行可拒付,因货已全损
    C. 保险公司应赔偿甲公司货物的损失
    D. 丙银行可因开证行拒付而撤销其保兑

    [释疑] 本题为涉及《海牙规则》、UCP600及平安险的综合性考题。根据《海牙规则》,承运人对于自然灾害造成的货损免责,故A选项错误。信用证支付过程中,银行只能审查单据,而不能以货为理由拒付,故B选项错误。本案投的是平安险,对于自然灾害造成的实际全损,保险公司应予以赔偿,故C选项正确。保兑行负有第一位的、相当于开证行的付款责任,即使开证行拒付,也不能成为保兑行拒付或撤销保兑的理由,故D选项错误。(答案:C)

2. 依最高人民法院《关于审理信用证纠纷案件若干问题的规定》,出现下列哪一情况时,不能再通过司法手段干预信用证项下的付款行为?(2015年真题,单选)

    A. 开证行的授权人已对信用证项下票据善意地作出了承兑
    B. 受益人交付的货物无价值
    C. 受益人和开证申请人串通提交假单据
    D. 受益人提交记载内容虚假的单据

    [释疑] 最高人民法院《关于审理信用证纠纷案件若干问题的规定》第10条规定:"人民法院认定存在信用证欺诈的,应当裁定中止支付或者判决终止支付信用证项下款项,但有下列情形之一的除外:(一)开证行的指定人、授权人已按照开证行的指令善意地进行了付款;(二)开证行或者其指定人、授权人已对信用证项下票据善意地作出了承兑;(三)保兑行善意地履行了付款义务;(四)议付行善意地进行了议付。"故A选项正确。B、C、D选项是前述司法解释规定的信用证欺诈的具体表现形式,恰恰是法院裁定止付的条件之一,故在本题中不当选。(答案:A)

3. 中国甲公司与德国乙公司签订了出口红枣的合同,约定品质为二级,信用证方式支付。后因库存二级红枣缺货,甲公司自行改装一级红枣,虽发票注明品质为一级,货价仍以二级计收。但在银行办理结汇时遭拒付。根据相关公约和惯例,下列哪些选项是正确的?(2014年真题,多选)

    A. 甲公司应承担交货不符的责任
    B. 银行应在审查货物的真实等级后再决定是否收单付款
    C. 银行可以发票与信用证不符为由拒绝收单付款
    D. 银行应对单据记载的发货人甲公司的诚信负责

    [释疑] 甲公司交付的货物不符合合同中的规定,故构成违约,A选项正确。信用证下,银行没有义务也没有权利审查货物,只需审查单据是否与信用证相符,单据如果含有不符点则有权拒付,故B选项错误、C选项正确。信用证下,银行对买卖双方的资信状况概不负责,故D选项错误。(答案:AC)

4. 中国甲公司从某国乙公司进口一批货物,委托中国丙银行出具一份不可撤销信用证。乙公司发货后持单据向丙银行指定的丁银行请求付款,银行审单时发现单据上记载内容和信用证不完全一致。乙公司称甲公司接受此不符点,丙银行经与甲公司沟通,证实了该说法,即指示丁银行付款。后甲公司得知乙公司所发货物无价值,遂向有管辖权的中国法院申请中止支付信用证项下的款项。下列说法正确的是:(2013年真题,不定选)

A. 甲公司已接受不符点,丙银行必须承担付款责任

B. 乙公司行为构成信用证欺诈

C. 即使丁银行已付款,法院仍应裁定丙银行中止支付

D. 丙银行发现单证存在不符点,有义务联系甲公司征询是否接受不符点

[释疑] 根据最高人民法院《关于审理信用证纠纷案件若干问题的规定》的规定,不符点的接受之最终决定权在于开证行,故A选项错误。本案中,乙公司所发货物无价值,构成欺诈,故B选项正确。如果开证行指定的银行已经善意付款,则法院不能再裁定中止支付,故C选项错误。开证行发现不符点,可以而不是必须联系开证申请人征询是否接受不符点,故D选项错误。(答案:B)

5. 中国甲公司(买方)与某国乙公司签订仪器买卖合同,付款方式为信用证,中国丙银行为开证行,中国丁银行为甲公司申请开证的保证人,担保合同未约定法律适用。乙公司向信用证指定行提交单据后,指定行善意支付了信用证项下的款项。后甲公司以乙公司伪造单据为由,向中国某法院申请禁止支付令。依我国相关法律规定,下列哪一选项是正确的?(2009年真题,单选)

A. 中国法院可以诈欺为由禁止开证行对外支付

B. 因指定行已善意支付了信用证项下的款项,中国法院不应禁止中国丙银行对外付款

C. 如确有证据证明单据为乙公司伪造,中国法院可判决终止支付

D. 丁银行与甲公司之间的担保关系应适用《跟单信用证统一惯例》规定

[释疑] 本案涉及信用证欺诈问题,根据最高人民法院《关于审理信用证纠纷案件若干问题的规定》第10条的规定,如果开证行的指定人、授权人已按照开证行的指令善意地进行了付款,则法院不能再禁止开证行对外支付,A选项、C选项错误,而B选项正确。《跟单信用证统一惯例》并未对申请人和担保人之间的担保关系如何处理作出规定,根据最高人民法院《关于审理信用证纠纷案件若干问题的规定》的规定,在双方当事人未约定适用法律的问题上,应适用合同的最密切联系地法(保证合同的最密切联系地原则上为保证人的住所地),故D选项错误,答案应为B选项。(答案:B)

6. 根据国际商会《跟单信用证统一惯例》(UCP600)的规定,如果受益人按照信用证的要求完成对指定银行的交单义务,出现下列哪些情形时,开证行应予承付?(2008年真题,多选)

A. 信用证规定指定银行议付,但其未议付

B. 信用证规定指定银行延期付款,但其未承诺延期付款

C. 信用证规定指定银行承兑,但其到期不付款

D. 信用证规定指定银行即期付款,但其未付款

[释疑] 开证行的责任包括审单和付款等方面,《跟单信用证统一惯例》第7条规定:

(1)只要规定的单据被提交给指定银行或开证方,并且构成相符交单,则开证行必须按下述信用证所适用的情形予以兑付:①信用证规定由开证行即期付款、延期付款或承兑;②信

用证规定由指定银行即期付款但其未付款;③信用证规定由指定银行延期付款但其未承诺延期付款,或虽已承诺延期付款,但未在到期日付款;④信用证规定由指定银行承兑,但其未承兑以其为付款人的汇票,或虽然承兑了汇票,但未在到期日付款;⑤信用证规定由指定银行议付但其未议付。

（2）开证行自开立信用证之时起即不可撤销地承担承付责任。

（3）指定银行承付或议付相符交单并将单据转给开证行之后,开证行即承担偿付该指定银行的责任。对承兑或延期付款信用证下相符交单金额的偿付应在到期日办理,无论指定银行是否在到期日之前预付或购买了单据,开证行偿付指定银行的责任独立于开证行对受益人的责任。

根据《跟单信用证统一惯例》第7条第1款的规定,只要规定的单据提交给指定银行或开证方,并且构成相符交单,则开证行在五种情形下必须承担付款责任。本题的A、B、C、D 4个选项被包括在上述五种情形之中,应当全选。（答案:ABCD）

三、提示与预测

信用证是国际经济法真题中出现频率最高的考点,其重要性不言而喻。考生应注意了解信用证的种类、法律性质、法律关系、银行的责任和免责、审单标准、欺诈例外等。

第五章 我国对外贸易管理制度

本章知识体系：

我国对外贸易管理制度
- 概述
  - 进出口货物的关税制度
  - 对外贸易法
  - 货物、技术的进出口管理制度
  - 服务贸易
  - 贸易领域中的知识产权保护
  - 外汇管理制度
  - 进出境检验检疫制度
- 贸易救济措施
  - 反倾销措施
  - 反补贴措施
  - 保障措施
  - 反倾销、反补贴的司法审查制度

考点 1　我国对外贸易法的主要内容

一、精讲

1. 对外贸易经营者和对外贸易经营权

《中华人民共和国对外贸易法》（以下简称《对外贸易法》）第8条规定:"本法所称对外贸

易经营者,是指依法办理工商登记或者其他执业手续,依照本法和其他有关法律、行政法规的规定从事对外贸易经营活动的法人、其他组织或者个人。"即只要依法办理了工商登记或其他执业手续,自然人、法人及其他组织都可从事对外经营贸易活动。

《对外贸易法》取消了修订前的旧法所规定的对货物和技术进出口经营权的审批,实行备案登记。该法第9条规定:"从事货物进出口或者技术进出口的对外贸易经营者,应当向国务院对外贸易主管部门或者其委托的机构办理备案登记;但是,法律、行政法规和国务院对外贸易主管部门规定不需要备案登记的除外。备案登记的具体办法由国务院对外贸易主管部门规定。对外贸易经营者未按照规定办理备案登记的,海关不予办理进出口货物的报关验放手续。"

《对外贸易法》第11条规定:"国家可以对部分货物的进出口实行国营贸易管理。实行国营贸易管理货物的进出口业务只能由经授权的企业经营;但是,国家允许部分数量的国营贸易管理货物的进出口业务由非授权企业经营的除外。"第12条规定:"对外贸易经营者可以接受他人的委托,在经营范围内代为办理对外贸易业务。"

2. 货物进出口与技术进出口的管理

(1) 货物与技术的自由进出口管理。《对外贸易法》第14条规定:"国家准许货物与技术的自由进出口。但是,法律、行政法规另有规定的除外。"第15条规定:"国务院对外贸易主管部门基于监测进出口情况的需要,可以对部分自由进出口的货物实行进出口自动许可并公布其目录。实行自动许可的进出口货物,收货人、发货人在办理海关报关手续前提出自动许可申请的,国务院对外贸易主管部门或者其委托的机构应当予以许可;未办理自动许可手续的,海关不予放行。进出口属于自由进出口的技术,应当向国务院对外贸易主管部门或者其委托的机构办理合同备案登记。"

(2) 货物进出口与技术进出口的禁止或限制的依据之规定:

对货物或技术进出口采取的措施	(采取措施的依据)《对外贸易法》第16、17条原文
限制或者禁止进口或者出口	① 为维护国家安全、社会公共利益或者公共道德,需要限制或者禁止进口或者出口的。 ② 为保护人的健康或者安全,保护动物、植物的生命或者健康,保护环境,需要限制或者禁止进口或者出口的。 ③ 为实施与黄金或者白银进出口有关的措施,需要限制或者禁止进口或者出口的。 ⑩ 依照法律、行政法规的规定,其他需要限制或者禁止进口或者出口的。 ⑪ 根据我国缔结或者参加的国际条约、协定的规定,其他需要限制或者禁止进口或者出口的。
限制或者禁止出口	④ 国内供应短缺或者为有效保护可能用竭的自然资源,需要限制或者禁止出口的。
限制出口	⑤ 输往国家或者地区的市场容量有限,需要限制出口的。 ⑥ 出口经营秩序出现严重混乱,需要限制出口的。

（续表）

限制进口	⑦ 为建立或者加快建立国内特定产业，需要限制进口的。 ⑧ 对任何形式的农业、牧业、渔业产品有必要限制进口的。 ⑨ 为保障国家国际金融地位和国际收支平衡，需要限制进口的。
采取任何 必要的措施	国家对与裂变、聚变物质或者衍生此类物质的物质有关的货物、技术进出口，以及与武器、弹药或者其他军用物资有关的进出口，可以采取任何必要的措施，维护国家安全。在战时或者为维护国际和平与安全，国家在货物、技术进出口方面可以采取任何必要的措施。

3. 发展国际服务贸易

国家促进国际服务贸易的逐步发展，在国际服务贸易方面，根据所缔结或者参加的国际条约、协定中所作的承诺，给予其他缔约方、参加方市场准入和国民待遇。

对国际服务贸易的进出口采取的措施：

措施	（采取措施的依据）《对外贸易法》第26、27 条原文
限制或禁止	① 为维护国家安全、社会公共利益或者公共道德，需要限制或者禁止的。 ② 为保护人的健康或者安全，保护动物、植物的生命或者健康，保护环境，需要限制或者禁止的。 ⑤ 依照法律、行政法规的规定，其他需要限制或者禁止的。 ⑥ 根据我国缔结或者参加的国际条约、协定，其他需要限制或者禁止的。
限制	③ 为建立或者加快建立国内特定服务产业，需要限制的。 ④ 为保障国家外汇收支平衡，需要限制的。
采取任何 必要的措施	国家对与军事有关的国际服务贸易，以及与裂变、聚变物质或者衍生此类物质的物质有关的国际服务贸易，可以采取任何必要的措施，维护国家安全。在战时或者为维护国际和平与安全，国家在国际服务贸易方面可以采取任何必要的措施。

4. 保护与对外贸易有关的知识产权

国务院对外贸易主管部门可对下列侵犯知识产权的行为采取必要措施：

（1）进口货物侵犯知识产权，并危害对外贸易秩序的。

（2）知识产权权利人有阻止被许可人对许可合同中的知识产权的有效性提出质疑、进行强制性一揽子许可、在许可合同中规定排他性返授条件等行为之一，并危害对外贸易公平竞争秩序的。

（3）其他国家或者地区在知识产权保护方面未给予中华人民共和国的法人、其他组织或者个人国民待遇，或者不能对来源于中华人民共和国的货物、技术或者服务提供充分有效的知识产权保护的。

5. 进行对外贸易调查

为了维护对外贸易秩序，国务院对外贸易主管部门可以自行或者会同国务院其他有关部门，依照法律、行政法规的规定对下列事项进行调查：

(1) 货物进出口、技术进出口、国际服务贸易对国内产业及其竞争力的影响。
(2) 有关国家或者地区的贸易壁垒。
(3) 为确定是否应当依法采取反倾销、反补贴或者保障措施等对外贸易救济措施,需要调查的事项。
(4) 规避对外贸易救济措施的行为。
(5) 对外贸易中有关国家安全利益的事项。
(6) 其他国家针对中国的歧视性措施,侵犯知识产权、滥用知识产权,或者未能对中国知识产权提供充分有效的保护的事项。
(7) 其他影响对外贸易秩序,需要调查的事项。

二、提示与预测

《对外贸易法》的有关法条在近年来的真题中时有出现,建议通读该法,并重视其中关于对外贸易经营主体、货物和技术进出口及服务贸易管理、知识产权、对外贸易调查等方面的规定。

考点 2 反倾销

一、精讲

《中华人民共和国反倾销条例》(以下简称《反倾销条例》)规定,进口产品以倾销方式进入中国市场,并对已经建立的国内产业造成实质损害或者产生实质损害威胁,或者对建立国内产业造成实质阻碍的,依照该条例进行调查,采取反倾销措施。

1. 倾销、损害及因果关系的确定

进口产品存在倾销、对国内产业造成损害、二者之间有因果关系,是采取反倾销措施的必要条件。

(1) 倾销是指在正常贸易过程中进口产品以低于其正常价值的出口价格进入中国市场。确定倾销的关键是比较正常价值和出口价格。出口价格低于其正常价值的幅度,为倾销幅度。

(2) 损害是指倾销对已经建立的国内产业造成实质损害或者产生实质损害威胁,或者对建立国内产业造成实质阻碍。

(3) 倾销进口与国内产业损害间的因果关系。倾销进口必须是造成国内产业损害的原因。另外,非倾销因素对国内产业造成的损害,不得归因于倾销。

2. 反倾销调查

(1) 反倾销调查有两种发起方式。主要是基于国内产业或者代表国内产业的自然人、法人或者有关组织向商务部提出反倾销调查的书面申请。特殊情况下,商务部可以自主决定立案调查。

(2) 反倾销调查的申请特别应包括下述两个方面:第一,申请调查的进口产品倾销、对国内产业造成损害、二者之间存在因果关系的证据;第二,有足够的国内生产者的支持,在支持和反对申请的生产者中,支持者的产量占二者总产量的 50% 以上,同时不得低于国内同类产品总产量的 25%。

（3）商务部进行调查时，利害关系方（申请人、已知的出口经营者和进口经营者、出口国或地区政府以及其他有利害关系的组织和个人）应当如实反映情况，提供有关资料。利害关系方不如实反映情况、提供有关资料的，或者没有在合理时间内提供必要信息的，或者以其他方式严重妨碍调查的，商务部可以根据已经获得的事实和可获得的最佳信息作出裁定，即基于现有事实作出裁定。

（4）反倾销调查分为初步裁定和终局裁定两个阶段。初步裁定倾销、损害和二者之间的因果关系成立的，继续调查，作出终局裁定。

（5）下列情形下，终止反倾销调查：申请人撤销申请；没有足够证据证明存在倾销、损害或者二者之间有因果关系；倾销幅度低于2%；倾销进口产品实际或者潜在的进口量或者损害可忽略不计；商务部认为不适宜继续进行反倾销调查。

3. 反倾销措施

反倾销措施 { 临时反倾销措施 / 价格承诺 / 反倾销税

（1）初步裁定倾销成立并由此对国内产业造成损害，可以采取临时反倾销措施。临时反倾销措施方式包括征收临时反倾销税、提供保证金、保函或其他形式的担保。其数额不得超过初步裁定确定的倾销幅度。临时反倾销措施自公告实施之日起不得超出4个月，特殊情况下不得超出9个月。在公告反倾销立案调查之日起的60天内，不得采取临时反倾销措施。

（2）倾销进口产品的出口经营者在反倾销调查期间，可以向商务部作出改变价格或者停止以倾销价格出口的价格承诺。商务部可以建议但不得强迫出口经营者作出价格承诺。出口经营者不作出价格承诺或不接受价格承诺建议，不妨碍反倾销案件的调查和确定。是否接受价格承诺，由商务部决定。商务部接受价格承诺，可以中止或终止反倾销调查。商务部在初步裁定前不得寻求或者接受价格承诺。接受价格承诺后继续进行调查并作出否定的倾销或损害的终局裁定，价格承诺自动失效。出口经营者违反其价格承诺的，商务部依照《反倾销条例》的规定，可以立即决定恢复反倾销调查；根据可获得的最佳信息，可以决定采取临时反倾销措施，并可以对实施临时反倾销措施前90天内进口的产品追溯征收反倾销税，但违反价格承诺前进口的产品除外。

（3）终局裁定确定倾销成立并由此对国内产业造成损害的，可以征收反倾销税。反倾销税的纳税人为倾销进口产品的进口经营者。反倾销税税额不得超过终局裁定确定的倾销幅度。反倾销税对终局裁定公告之日起进口的产品适用，但在特殊情况下也可以追溯征收。对实施临时反倾销税的期间追溯征收的，采取多退少不补的原则。

4. 反倾销措施的期限和复审

（1）反倾销税的征收期限和价格承诺的履行期限不超过5年；但是经复审确定终止征收反倾销税有可能导致损害的继续或者再度发生的，可以适当延长反倾销税的征收期限。

（2）对反倾销税和价格承诺，商务部可以决定对其必要性进行复审，经利害关系方申请，商务部也可以对反倾销税和价格承诺的必要性进行复审。根据复审结果，商务部作出保留、修改或者取消反倾销税或价格承诺的决定。

（3）对终局裁定、是否征收反倾销税的决定以及追溯征收、退税、对新出口经营者征税的决定，对复审决定，利害关系人不服的可以依法申请行政复议，或依法向人民法院提起诉讼。

二、例题

1. 甲、乙、丙三国生产卷钢的企业以低于正常价值的价格向中国出口其产品,代表中国同类产业的8家企业拟向商务部申请反倾销调查。依我国《反倾销条例》,下列哪一选项是正确的?(2017年真题,单选)

A. 如支持申请的国内生产者的产量不足国内同类产品总产量25%的,不得启动反倾销调查

B. 如甲、乙、丙三国的出口经营者不接受商务部建议的价格承诺,则会妨碍反倾销案件的调查和确定

C. 反倾销税的履行期限是5年,不得延长

D. 终裁决定确定的反倾销税高于已付的临时反倾销税的,差额部分应予补交

[释疑] 根据《反倾销条例》的规定,国内产业申请发起调查的前提条件之一是有足够的国内支持者(在支持申请和反对申请的生产者中,支持者产量占二者总产量的50%以上,同时不得低于国内同类产品总产量的25%),故A选项正确。价格承诺的接受以自愿为前提,出口经营者不接受价格承诺的,不影响商务部继续调查,故B选项错误。反倾销税的征收期限一般不超过5年,但确有必要的,可以适当延长,故C选项错误。终裁决定确定的反倾销税高于已付的临时反倾销税的,差额部分不再征收,即适用多退少不补原则,故D选项错误。(答案:A)

2. 应国内化工产业的申请,中国商务部对来自甲国的某化工产品进行了反倾销调查。依《反倾销条例》,下列哪一选项是正确的?(2016年真题,单选)

A. 商务部的调查只能限于中国境内

B. 反倾销税税额不应超过终裁确定的倾销幅度

C. 甲国某化工产品的出口经营者必须接受商务部有关价格承诺的建议

D. 针对甲国某化工产品的反倾销税征收限为5年,不得延长

[释疑] 本题考点为反倾销制度中的调查、反倾销税、价格承诺、征收期限等。根据我国《对外贸易法》及《反倾销条例》,中国政府的实地调查可以在境内进行,也可以经外国政府同意在境外进行,故A选项错误。根据我国《反倾销条例》,反倾销税税额不应超过终裁决定确定的倾销幅度,故B选项正确。价格承诺,被调查产品的出口经营者可以接受,也可以拒绝,商务部不能强迫其接受,故C选项错误。反倾销税的征收期限原则上不超过5年,但确有必要的,可以适当延长,故D选项错误。(答案:B)

3. 甲、乙、丙三国企业均向中国出口某化工产品,2010年中国生产同类化工产品的企业认为进口的这一化工产品价格过低,向商务部提出了反倾销调查申请。根据相关规则,下列哪一选项是正确的?(2014年真题,单选)

A. 反倾销税税额不应超过终裁决定确定的倾销幅度

B. 反倾销税的纳税人为倾销进口产品的甲、乙、丙三国企业

C. 商务部可要求甲、乙、丙三国企业作出价格承诺,否则不能进口

D. 倾销进口产品来自两个以上国家,即可就倾销进口产品对国内产业造成的影响进行累积评估

[释疑] 反倾销税税额不应超过终裁决定确定的倾销幅度,故A选项正确。反倾销税的

纳税人为进口经营者而非出口商,故 B 选项错误。价格承诺以自愿为原则,故 C 选项错误。根据《反倾销条例》第 9 条第 1 款的规定:"倾销进口产品来自两个以上国家(地区),并且同时满足下列条件的,可以就倾销进口产品对国内产业造成的影响进行累积评估:(一)来自每一国家(地区)的倾销进口产品的倾销幅度不小于 2%,并且其进口量不属于可忽略不计的;(二)根据倾销进口产品之间以及倾销进口产品与国内同类产品之间的竞争条件,进行累积评估是适当的。"故 D 选项错误。(答案:A)

4. 部分中国企业向商务部提出反倾销调查申请,要求对原产于某国的某化工原材料进口产品进行相关调查。经查,商务部终局裁定确定倾销成立,决定征收反倾销税。根据我国相关法律规定,下列哪一说法是正确的?(2012 年真题,单选)

A. 构成倾销的前提是进口产品对我国化工原材料产业造成了实质损害,或者产生实质损害威胁

B. 对不同出口经营者应该征收同一标准的反倾销税税额

C. 征收反倾销税,由国务院关税税则委员会作出决定,商务部予以执行

D. 与反倾销调查有关的对外磋商、通知和争端事宜由外交部负责

[释疑] 严格地说,本题并无正确答案。A 选项是官方答案,但是事实上,A 选项的表述是不准确的。《反倾销条例》第 3 条第 1 款规定:"倾销,是指在正常贸易过程中进口产品以低于其正常价值的出口价格进入中华人民共和国市场。"可见,构成倾销的前提是出口价格高于正常价值。根据《反倾销条例》的规定,采取反倾销措施的前提是有倾销、有损害(实质性损害或者实质性损害的威胁)以及二者有因果关系。《反倾销条例》第 41 条规定:反倾销税应当根据不同出口经营者的倾销幅度,分别确定。对未包括在审查范围内的出口经营者的倾销进口产品,需要征收反倾销税的,应当按照合理的方式确定对其适用的反倾销税,故 B 选项错误。《反倾销条例》第 38 条规定:征收反倾销税,由商务部提出建议,国务院关税税则委员会根据商务部的建议作出决定,由商务部予以公告。海关自公告规定实施之日起执行,故 C 选项错误。《反倾销条例》第 57 条规定:商务部负责与反倾销有关的对外磋商、通知和争端解决事宜。故 D 选项错误。(司法部公布答案:A)

5. 甲、乙、丙中国企业代表国内某食品原料产业向商务部提出反倾销调查申请,要求对原产于 A 国、B 国、C 国的该原料进行相关调查。经查,商务部终局裁定确定倾销成立,对国内产业造成损害,决定征收反倾销税。根据我国相关法律规定,下列哪一说法是正确的?(2011 年真题,单选)

A. 反倾销税的纳税人是该原料的出口经营者

B. 在反倾销调查期间,商务部可以建议进口经营者作出价格承诺

C. 终裁决定确定的反倾销税额高于已付或应付临时反倾销税或担保金额的,差额部分不予征收

D. 终裁决定确定的反倾销税额低于已付或应付临时反倾销税或担保金额的,差额部分不予退还

[释疑] 依据《反倾销条例》第 40 条的规定,反倾销税的最终纳税人是进口经营者而非出口经营者,A 选项错误。《反倾销条例》第 31 条规定,出口经营者在反倾销调查期间可向商务部作出价格承诺,商务部可建议但不能强迫出口经营者进行价格承诺,商务部可自主决定是否接受,商务部作出初裁前不得接受价格承诺。作出价格承诺的是出口经营者而非

进口经营者,B 选项错误。《反倾销条例》第 43 条第 3 款规定,终裁决定确定的反倾销税,高于已付或应付临时反倾销税或担保金额的,差额部分不予收取;低于已付或应付临时反倾销税或担保金额的,差额部分应当根据具体情况予以退还或重新计算。D 选项错误,C 选项正确。(答案:C)

三、提示与预测

反倾销在我国的对外贸易管制中十分重要,有关反倾销的一系列程序,如反倾销调查申请、反倾销调查、反倾销措施(尤其是反倾销税)以及反倾销的审查是需要注意的内容。考生应对《反倾销条例》第 13、17、24、25、28、31、32、33、37、42、48、53 条的内容有所了解。

考点 3 反补贴

一、精讲

补贴,是指出口国(地区)政府或者其任何公共机构提供的并为接受者带来利益的财政资助以及任何形式的收入或者价格支持。

《中华人民共和国反补贴条例》(以下简称《反补贴条例》)规定,进口产品存在补贴,并对已经建立的国内产业造成实质损害或者产生实质损害威胁,或者对建立国内产业造成实质阻碍的,可以依据《反补贴条例》的规定进行调查,采取反补贴措施。

1. 专向性补贴

《反补贴条例》规定,应当予以调查、采取反补贴措施的补贴,必须具有专向性。专向性补贴包括:

(1) 由出口国(地区)政府明确确定的某些企业、产业获得的补贴;

(2) 由出口国(地区)法律、法规明确规定的某些企业、产业获得的补贴;

(3) 指定特定区域内的企业、产业获得的补贴;

(4) 以出口实绩为条件获得的补贴,包括本条例所附出口补贴清单列举的各项补贴;

(5) 以使用本国(地区)产品替代进口产品为条件获得的补贴。

2. 反补贴的调查

反补贴调查,应当自立案调查决定公告之日起 12 个月内结束;特殊情况下可以延长,但延长期不得超过 6 个月。

有下列情形之一的,反补贴调查应当终止:

(1) 申请人撤销申请的;

(2) 没有足够证据证明存在补贴、损害或者二者之间有因果关系的;

(3) 补贴金额为微量补贴的;

(4) 补贴进口产品实际或者潜在的进口量或者损害属于可忽略不计的;

(5) 通过与有关国家(地区)政府磋商达成协议,不需要继续进行反补贴调查的;

(6) 外经贸部和国家经贸委共同认为不适宜继续进行反补贴调查的。

3. 反补贴调查及初裁和终裁

反补贴调查的申请主体、调查主体、调查方法和反倾销调查基本相同。商务部根据调查结果,分别就补贴、损害作出初裁决定,并就二者之间的因果关系是否成立作出初裁决定后予以公告。初裁决定确定补贴、损害以及二者之间的因果关系成立的,商务部应当对补贴及补贴金额、损害及损害程度继续进行调查,并根据调查结果分别作出终裁决定后予以公告。

4. 反补贴措施

(1) 临时反补贴措施。初裁决定确定补贴成立,并由此对国内产业造成损害的,可以采取临时反补贴措施。临时反补贴措施采取以现金保证金或者保函作为担保的征收临时反补贴税的形式。临时反补贴措施实施的期限,自临时反补贴措施决定公告规定实施之日起,不超过4个月。但自反补贴立案调查决定公告之日起60天内,不得采取临时反补贴措施。

(2) 承诺。在反补贴调查期间,出口国(地区)政府提出取消、限制补贴或者其他有关措施的承诺,或者出口经营者提出修改价格的承诺,商务部应当予以充分考虑。商务部也可以向出口经营者或者出口国(地区)政府提出有关价格承诺的建议,但不得强迫出口经营者作出承诺。

商务部认为承诺能够接受的,可以决定中止或者终止反补贴调查,不采取临时反补贴措施或者征收反补贴税。不接受承诺的,应当向有关出口经营者说明理由。调查机关对补贴以及由补贴造成的损害作出肯定的初裁决定前,不得寻求或者接受承诺。在出口经营者作出承诺的情况下,未经其本国(地区)政府同意的,调查机关不得寻求或者接受承诺。

依照前述规定基于承诺中止或者终止调查后,应出口国(地区)政府请求或者调查机关认为有必要,调查机关可以对补贴和损害继续进行调查。根据调查结果,作出补贴或者损害的否定裁定的,承诺自动失效;作出补贴或者损害的肯定裁定的,承诺继续有效。对违反承诺的,商务部可以立即决定恢复反补贴调查;根据可获得的最佳信息,可以决定采取临时反补贴措施,并可以对实施临时反补贴措施前90天内进口的产品追溯征收反补贴税,但违反承诺前进口的产品除外。

(3) 反补贴税。在为完成磋商的努力没有取得效果的情况下,终裁决定确定补贴成立,并由此对国内产业造成损害的,可以征收反补贴税。征收反补贴税,由商务部提出建议,国务院关税税则委员会根据建议作出决定,由商务部予以公告。反补贴税适用于终裁决定公告之日后进口的产品,但属于追溯征收反补贴税情形的除外。反补贴税的纳税人为补贴进口产品的进口经营者。反补贴税税额不得超过终裁决定确定的补贴金额。

终裁决定确定存在实质损害,并在此前已经采取临时反补贴措施的,反补贴税可以对已经实施临时反补贴措施的期间追溯征收。下列三种情形并存的,必要时可以对实施临时反补贴措施之日前90天内进口的产品追溯征收反补贴税:① 补贴进口产品在较短时间内大量增加;② 此种增加对国内产业造成难以补救的损害;③ 此种产品得益于补贴。

终裁决定确定的反补贴税,高于现金保证金或者保函所担保的金额的,差额部分不予收取;低于现金保证金或者保函所担保的金额的,差额部分应当予以退还。

5. 反补贴税和承诺的期限与复审

反补贴税的征收期限和承诺的履行期限不超过5年;但是,经复审确定终止征收反补贴税有可能导致补贴和损害的继续或者再度发生的,反补贴税的征收期限可以适当延长。商务部对反补贴税和承诺的复审程序,与其对反倾销及价格承诺的复审程序相同。

二、例题

1. 根据《中华人民共和国反补贴条例》,下列哪些选项属于补贴?(2014年真题,多选)
   A. 出口国政府出资兴建通向口岸的高速公路
   B. 出口国政府给予企业的免税优惠
   C. 出口国政府提供的贷款
   D. 出口国政府通过向筹资机构付款,转而向企业提供资金

   [释疑] 《反补贴条例》第3条规定:"补贴,是指出口国(地区)政府或者其他任何公共机构提供的并为接受者带来利益的财政资助以及任何形式的收入或者价格支持。出口国(地区)政府或者其任何公共机构,以下统称出口国(地区)政府。本条第一款所称财政资助,包括:(一)出口国(地区)政府以拨款、贷款、资本注入等形式直接提供资金,或者以贷款担保等形式潜在地直接转让资金或者债务;(二)出口国(地区)政府放弃或者不收缴应收收入;(三)出口国(地区)政府提供除一般基础设施以外的货物、服务,或者由出口国(地区)政府购买货物;(四)出口国(地区)政府通过向筹资机构付款,或者委托、指令私营机构履行上述职能。"

   可见,出口国政府给予企业的免税优惠,出口国政府提供的贷款,出口国政府通过向筹资机构付款,转而向企业提供资金等行为,都属于政府直接或者政府主导给予补贴的情形。故应选B、C、D选项。(答案:BCD)

2. 中国某化工产品的国内生产商向中国商务部提起对从甲国进口的该类化工产品的反补贴调查申请。依我国相关法律规定,下列哪一选项是正确的?(2009年真题,单选)
   A. 商务部认为必要时可以强制出口经营者作出价格承诺
   B. 商务部认为有必要出境调查时,必须通过司法协助途径
   C. 反补贴税税额不得超过终裁决定确定的补贴金额
   D. 甲国该类化工产品的出口商是反补贴税的纳税人

   [释疑] 根据《反补贴条例》的规定,商务部可以向出口经营者或者出口国(地区)政府提出有关价格承诺的建议,但商务部并无权力强制对方作出价格承诺,A选项错误。商务部认为有必要出境调查时,可以派出工作人员赴有关国家(地区)进行调查,但是,有关国家(地区)提出异议的除外,所以B选项"必须通过司法协助途径"的说法是错误的。反补贴税的纳税人应为进口经营者,故D选项错误。反补贴税税额不得超过终裁决定确定的补贴金额,答案为C选项。(答案:C)

考点 4 保障措施

一、精讲

根据我国《保障措施条例》的规定,进口产品数量增加,并对生产同类产品或者直接竞争产品的国内产业造成严重损害或者严重损害威胁的,可以进行调查,采取保障措施。

进口产品数量增加,是指进口产品数量与国内生产相比绝对增加或者相对增加。国内产业,则是指中华人民共和国国内同类产品或者直接竞争产品的全部生产者,或者其总产量占国内同类产品或者直接竞争产品全部总产量的主要部分的生产者。

1. 保障措施调查的立案

保障措施调查案件的立案方式有两种：

（1）国内产业或者代表国内产业的自然人、法人或者有关组织，可以依照《保障措施条例》的规定向商务部提出保障措施调查的书面申请。

（2）外经贸部没有收到采取保障措施的书面申请，但有充分证据认为国内产业因进口产品数量增加而受到损害的，可以决定立案调查。

2. 初裁和终裁

商务部根据调查结果作出初裁决定后公告。初裁决定确定进口产品数量增加和损害成立并且二者之间有因果关系的，商务部应当继续进行调查，根据调查结果作出终裁决定后公告。

3. 临时保障措施和保障措施

措施	适用条件	具体方式
临时保障措施	有明确证据表明进口产品数量增加，在不采取临时保障措施将对国内产业造成难以补救的损害的紧急情况下，可以作出初裁决定，并采取临时保障措施。	提高关税。其实施期限，自公告规定实施之日起，不超过200天。
保障措施	终裁决定确定进口产品数量增加，并由此对国内产业造成损害的，可以采取保障措施。	提高关税、数量限制。

4. 实施期限与复审

保障措施的实施期限不超过4年，符合特定条件的，可以适当延长，但一项保障措施的实施期限及其延长期限，最长不超过10年。对同一进口产品再度采取保障措施的，与前次采取保障措施的时间间隔应当不短于前次采取保障措施的实施期限，并且至少为两年。保障措施实施期限超过1年的，应当在实施期间内按固定时间间隔逐步放宽。保障措施实施期限超过3年的，商务部应当在实施期间内对该项措施进行中期复审。

二、例题

1. 进口中国的某类化工产品2015年占中国的市场份额比2014年有较大增加，经查，两年进口总量虽持平，但仍给生产同类产品的中国产业造成了严重损害。依我国相关法律，下列哪一选项是正确的？（2015年真题，单选）

A. 受损害的中国国内产业可向商务部申请反倾销调查
B. 受损害的中国国内产业可向商务部提出采取保障措施的书面申请
C. 因为该类化工产品的进口数量并没有绝对增加，故不能采取保障措施
D. 该类化工产品的出口商可通过价格承诺避免保障措施的实施

[释疑] 本题满足申请保障措施的条件，题干中并未提及存在倾销，故应申请保障措施而非申请反倾销调查，A选项错误、B选项正确。采取保障措施的前提条件之一是进口的数量增加，包括绝对增加，也包括相对增加，故C选项错误。在保障措施之中，不存在出口经营者作出承诺这一制度安排，故D选项错误。（答案：B）

2. 根据《中华人民共和国保障措施条例》，下列哪一说法是不正确的？（2013年真题，

单选)

  A. 保障措施中"国内产业受到损害",是指某种进口产品数量增加,并对生产同类产品或直接竞争产品的国内产业造成严重损害或严重损害威胁

  B. 进口产品数量增加指进口数量的绝对增加或与国内生产相比的相对增加

  C. 终裁决定确定不采取保障措施的,已征收的临时关税应当予以退还

  D. 保障措施只应针对终裁决定作出后进口的产品实施

  [释疑] A选项关于保障措施中"国内产业受到损害"的表述正确。进口产品数量增加指进口数量的绝对增加或与国内生产相比的相对增加,故B选项正确。终裁决定确定不采取保障措施的,已征收的临时关税应当予以退还,C选项正确。保障措施原则上针对终裁决定作出后进口的产品实施,但也可以追溯征收,故D选项错误。(答案:D)

  3. 进口到中国的某种化工材料数量激增,其中来自甲国的该种化工材料数量最多,导致中国同类材料的生产企业遭受实质损害。根据我国相关法律规定,下列哪一选项是正确的?(2011年真题,单选)

  A. 中国有关部门启动保障措施调查,应以国内有关生产者申请为条件

  B. 中国有关部门可仅对已经进口的甲国材料采取保障措施

  C. 如甲国企业同意进行价格承诺,则可避免被中国采取保障措施

  D. 如采取保障措施,措施针对的材料范围应当与调查范围相一致

  [释疑] 《保障措施条例》第3条规定:与国内产业有关的自然人、法人或者其他组织(以下统称申请人),可以依照本条例的规定,向商务部提出采取保障措施的书面申请。商务部应当及时对申请人的申请进行审查,决定立案调查或者不立案调查。第4条规定:商务部没有收到采取保障措施的书面申请,但有充分证据认为国内产业因进口产品数量增加而受到损害的,可以决定立案调查。可见我国有两种发起保障措施调查的方式,A选项错误。保障措施应无歧视地针对所有WTO成员方,B选项错误。价格承诺是我国反倾销或反补贴制度中的措施,不适用于保障措施制度,故C选项错误。不论采取反倾销、反补贴还是采取保障措施,措施针对的材料范围都应当与调查范围相一致,故D选项正确。(答案:D)

三、提示与预测

  本章涉及我国对外贸易管制的内容,包括对外贸易管理制度和贸易救济措施两大部分,涉及《对外贸易法》《反倾销条例》《反补贴条例》《保障措施条例》等法律、法规。在外贸管理制度中,考生应注意新修订的《对外贸易法》的内容,尤其要注意其中修改的部分;在贸易救济措施中,对所涉及的三部条例——《反倾销条例》《反补贴条例》《保障措施条例》都应有一定程度的掌握。反倾销措施、反补贴措施与保障措施在认定、申请、调查、措施以及复审和异议方面都有很多相同之处,可以进行类比记忆。建议考生按照以上几个方面绘制一个表格,这会使相关知识点一目了然。在这部分法条中,概念、主体、期限是常考的部分,应多加注意。本节的内容多以直接考查法条为主,从已考的内容来看,还是较为简单的,需要考生对法条内容有一定程度的了解。今后的司法考试仍将会以这种方式进行考查。

第六章 世界贸易组织的法律制度

本章知识体系：

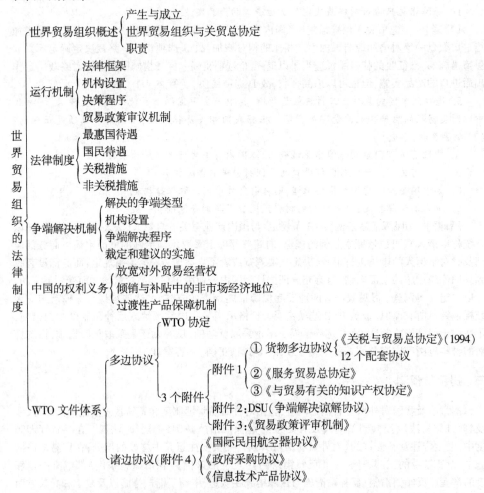

世界贸易组织(简称 WTO)于 1995 年 1 月 1 日成立,其前身是关税与贸易总协定。世界贸易组织的法律文件由《建立世界贸易组织协议》以及其附件 1、2 和 3 等部分构成。

(1)附件 1 包括附件 1A、附件 1B、附件 1C。

附件 1A 是关于货物贸易的多边协议,包括:《1994 年关税与贸易总协定》《农产品协议》《卫生与植物检疫措施协议》《纺织品与服装协议》《贸易技术壁垒协议》《与贸易有关的投资措施协议》《1994 年关税与贸易总协定第六条执行协议》《1994 年关税与贸易总协定第七条执行协议》《装运前检验协议》《原产地规则协议》《进口许可证程序协议》《补贴与反补贴措施协议》以及《保障措施协议》。

　　附件 1B 是《服务贸易协议》及各附件。

　　附件 1C 是《与贸易有关的知识产权协定》。

　　(2) 附件 2——《争议解决规则和程序谅解》。

　　(3) 附件 3——《贸易政策评审机制》。

　　(4) 附件 4 包括以下若干单项贸易协议（也称诸边协议）：民用航空器贸易协议、政府采购协议、国际牛乳协议、牛肉协议。世界贸易组织成立后签订的《信息技术协议》，也属于诸边贸易协议。

　　除附件 4 外，上述所有各项协议，要求成员"一揽子"接受，对所有成员具有法律约束力，各成员方必须遵守。而各成员方对附件 4 可选择是否接受。

考点 1 　世界贸易组织的主要原则

一、精讲

　　(1) 互惠原则。互惠原则，也叫对等原则，是 WTO 最为重要的原则之一，是指两成员方在国际贸易中相互给予对方贸易上的优惠待遇。WTO 成立后，互惠原则已经扩大到国际贸易的其他方面，如航运、非关税贸易壁垒、知识产权、服务贸易等。

　　(2) 最惠国待遇原则。最惠国待遇，是指 WTO 任一成员方在货物、服务贸易和知识产权领域给予任何其他国家（无论是否世贸组织成员）的优惠待遇，应立即和无条件地给予其他各成员方。最惠国待遇原则具有以下几个特点：自动性、同一性、相互性和普遍性。

　　最惠国待遇义务存在一些例外，这些例外情形主要包括：边境贸易；发达国家对发展中国家给予优惠的"普遍优惠制"；关税同盟或自由贸易区成员方之间相互给予的优惠等，此外，还允许以维持收支平衡、征收反倾销税或反补贴税为理由偏离最惠国待遇义务；允许对某一成员方或某些成员方豁免最惠国待遇；允许基于一般例外或安全例外偏离最惠国待遇。

　　根据《关税与贸易总协定》的规定，一般例外是指当采取为保障人民、动植物的生命和健康所必需的措施；有关输出和输入黄金和白银的措施；为保护本国具有艺术、历史和考古价值文物而采取的措施；国家维护国内公共利益而制定的限制规定与禁令等时，成员方有权不遵循最惠国待遇原则。安全例外则主要包括：① 要求任何缔约国提供给根据国家基本安全利益认为不能公布的资料。② 阻止任何缔约国为保护国家基本安全利益对有关下列事项采取其认为必要采取的任何行动：裂变材料和提炼裂变材料的原料；武器、弹药和军火贸易或直接和间接提供给军事机构用的其他物品和原料的贸易；战时或国际关系中的其他紧急情况。③ 阻止任何缔约国根据《联合国宪章》为维护国际和平与安全而采取行动。

　　(3) 国民待遇原则。WTO 中的国民待遇，是指对其他成员方的产品、服务或服务提供者及知识产权所有者和持有者所提供的待遇，不低于本国相同产品、服务或服务提供者及知识产权所有者和持有人所享有的待遇。

　　国民待遇在货物贸易领域中的适用包括：① 不对进口产品征收超过对本国相同产品所征收的国内税或其他国内费用。② 在本国产品与进口产品具有直接竞争或可替代竞争关系时，不以保护国内生产的方式对两者不同征税。③ 在影响产品的国内销售、购买、运输、分销与使用的所有法律、法规、规章和要求，包括影响进口产品在国内销售、分销与使用的投资管理措施等方面,进口产品所享受的待遇不得低于本国相同产品。④ 成员方对产品的混合、加工或使用实施国内数量管制时,不能强制要求生产者必须使用特定数量或比例的国内产品。

(4) 市场准入原则。所谓市场准入,是指一成员方允许另一成员方的货物、劳务与资本参与本国市场的程度。"准入"体现了国家法律上的一种含义,是国家通过实施各种法律和规章制度对本国市场对外开放程度的一种宏观掌握和控制。在市场准入原则的实施中,对于开放市场所作的时间安排至关重要,不可能要求各成员在同一时间、同一项目下作同样程度的开放,而要由各成员政府根据本国的实际情况确定市场准入的规模、程度和时间,特别是对于服务贸易市场的开放。

(5) 透明度原则。透明度原则(Transparency),是指 WTO 成员方应公布所制定和实施的贸易措施及其变化情况(如修改、增补或废除等),没有公布的措施不得实施,同时还应将这些贸易措施及其变化情况通知世贸组织。此外,成员方所参加的有关影响国际贸易政策的国际协定,也应及时公布和通知 WTO。

(6) 公平贸易原则。公平贸易原则又叫公平竞争原则,是指 WTO 成员方应避免采取扭曲市场竞争的措施,努力纠正不公平贸易行为。

二、例题

1. 甲、乙、丙三国为世界贸易组织成员,丁国不是该组织成员。关于甲国对进口立式空调和中央空调的进口关税问题,根据《关税与贸易总协定》,下列违反最惠国待遇的做法是?(2014 年真题,不定选)

    A. 甲国给予来自乙国的立式空调和丙国的中央空调以不同的关税
    B. 甲国给予来自乙国和丁国的立式空调以不同的进口关税
    C. 因实施反倾销措施,导致从乙国进口的立式空调的关税高于从丙国进口的
    D. 甲国给予来自乙、丙两国的立式空调以不同的关税

    [释疑] 根据最惠国待遇原则的"同一性"原则,优惠所给予的对象应是相同的,立式空调和中央空调属于不同的产品,其进口关税自当允许有别,故 A 选项不违反最惠国待遇原则。丁国不是世贸组织的成员,因此理论上甲国给予丁国和乙国的立式空调不同的进口关税,也是允许的,故 B 选项不违反最惠国待遇原则。反倾销措施属于世界贸易组织允许的最惠国待遇原则的例外,故 C 选项的做法不违反最惠国待遇原则。甲、乙、丙三国均为世界贸易组织成员国,因此,甲国给予乙国和丙国同一产品即立式空调同样的关税待遇,故 D 选项的做法违反了最惠国待遇原则。(答案:D)

2. 关于世界贸易组织(WTO)的最惠国待遇制度,下列哪种说法是正确的?(2006 年真题,单选)

    A. 由于在 WTO 不同的协议中,最惠国待遇的含义不完全相同,所以,最惠国待遇的获得是有条件的
    B. 在 WTO 中,最惠国待遇是各成员相互给予的,每个成员既是施惠者,也是受惠者
    C. 对最惠国待遇原则的修改需经全体成员 4/5 同意才有效
    D. 区域经济安排是最惠国待遇义务的例外,但边境贸易优惠则不是

    [释疑] 在 WTO 不同的协议中,最惠国待遇的含义不完全相同,但这和最惠国待遇的获得没有因果关系,无条件的最惠国待遇是 WTO 的基本原则,在 WTO 中,最惠国待遇是各

成员相互给予的,每个成员既是施惠者,也是受惠者。因此,A 选项错误、B 选项正确。对最惠国待遇原则的修改需经全体成员同意才有效,C 选项错误。WTO 的最惠国待遇原则也存在例外,对于关税同盟或自由贸易区成员方之间相互给予的优惠,其他缔约方不能自动获得。缔约方之间相互给予边境小额贸易优惠也不适用最惠国待遇。因此,D 选项错误。(答案:B)

三、提示与预测

在世界贸易组织的主要原则之中,考查次数最多、最重要的是最惠国待遇原则,应掌握其含义、特点、例外等。

考点 2 世界贸易组织的有关协定

一、精讲

1.《与贸易有关的投资措施协议》

《与贸易有关的投资措施协议》主要规定了禁止成员方实施的投资限制措施类型,分为违反国民待遇原则的措施和违反取消数量限制原则的措施。

违反国民待遇原则的投资措施包括:

(1) 要求企业购买或使用国内产品或任何来自国内来源的产品;

(2) 要求企业购买或使用的进口产品限制在与其出口的当地产品的数量或价值相关的水平。

违反取消数量限制原则的措施包括:

(1) 普遍限制企业用于当地生产或与当地生产相关的产品的出口;

(2) 限制企业使用外汇,从而限制进口产品;

(3) 限制企业产品出口或供出口产品的销售。

2.《服务贸易协议》

《服务贸易协议》就服务贸易的范围、最惠国待遇与例外、透明度要求以及成员国承担国民待遇、市场准入等特定义务问题作了规定。《服务贸易协议》规定,服务贸易是指提供以下服务:

(1) 跨境供应,指从一成员境内向任何其他成员方境内提供的服务。

(2) 境外消费,指在一成员方境内向任何其他成员方的服务消费者提供的服务,如给来自境外的旅游者提供服务。

(3) 商业存在,指一成员方的服务提供者通过在任何其他成员方境内的商业现场(即建立在一成员方境内的任何形式的业务或专业)提供的服务,如银行在境外设立分支机构。

(4) 自然人流动,指一成员方的服务提供者通过自然人到任何其他成员方境内提供服务,如工程承包。

服务贸易方面最惠国待遇义务和具体承诺(市场准入与国民待遇、减让表):WTO 各成员应无条件立即给予其他成员方以最惠国待遇,但服务贸易中的最惠国待遇适用于服务产品和服务提供者,不适用于货物产品。在服务贸易方面,市场准入与国民待遇属于具体承诺而非一般义务。是否给予市场准入,是否给予国民待遇,应当依据每一个 WTO 成员方具体列出的承诺表确定。

二、例题

1. 为了促进本国汽车产业,甲国出台规定,如生产的汽车使用了30%国产零部件,即可享受税收减免的优惠。依世界贸易组织的相关规则,关于该规定,下列哪一选项是正确的?(2015年真题,单选)

   A. 违反了国民待遇原则,属于禁止使用的与贸易有关的投资措施

   B. 因含有国内销售的要求,是扭曲贸易的措施

   C. 有贸易平衡的要求,属于禁止的数量限制措施

   D. 有外汇平衡的要求,属于禁止的投资措施

   [释疑] 国产化率高才能享有税收减免,相当于要求外国投资者尽可能使用当地的原材料或零部件,属于"当地成分要求",违反了国民待遇原则,故 A 选项正确,B、C、D 选项错误。(答案:A)

2. 根据世界贸易组织《服务贸易总协定》,下列哪一选项是正确的?(2013年真题,单选)

   A. 协定适用于成员方的政府服务采购

   B. 中国公民接受国外某银行在中国分支机构的服务属于协定中的境外消费

   C. 协定中的最惠国待遇只适用于服务产品而不适用于服务提供者

   D. 协定中的国民待遇义务,仅限于列入承诺表的部门

   [释疑] 根据《服务贸易总协定》的规定,服务贸易领域的最惠国待遇是无条件的,即应无条件给予世界贸易组织所有其他成员方的服务产品和服务提供者以最惠国待遇。但是另一方面,服务贸易领域的国民待遇和市场准入是有条件的,即世界贸易组织成员方是否给予其他成员方国民待遇和市场准入,以其作出的承诺为前提条件,故本题应选 D 选项。(答案:D)

3. 《服务贸易总协定》规定了服务贸易的方式,下列哪一选项不属于协定规定的服务贸易?(2012年真题,单选)

   A. 中国某运动员应聘到美国担任体育教练

   B. 中国某旅行公司组团到泰国旅游

   C. 加拿大某银行在中国设立分支机构

   D. 中国政府援助非洲某国一笔资金

   [释疑] 《服务贸易总协定》规定的服务贸易有四种方式:跨境交付、境外消费、自然人流动和商业存在。A 选项为自然人流动,B 选项为境外消费,C 选项为商业存在,均属于服务贸易。D 选项属于政府援助,不构成服务贸易,当选。(答案:D)

4. 针对甲国一系列影响汽车工业的措施,乙、丙、丁等国向甲国提出了磋商请求。四国均为世界贸易组织成员。关于甲国采取的措施,下列哪些是《与贸易有关的投资措施协议》禁止使用的?(2009年真题,多选)

   A. 要求汽车生产企业在生产过程中必须购买一定比例的当地产品

   B. 依国产化率对汽车中使用的进口汽车部件减税

   C. 规定汽车生产企业的外资股权比例不应超过60%

   D. 要求企业购买进口产品的数量不能大于其出口产品的数量

   [释疑] A 选项属于"当地成分要求"。B 选项属于间接限制进口措施,均为禁止措施。

C 选项属于"当地股权要求"，是各国调整外商投资的常用手段，尽管属于投资措施，但对国际贸易的流向没有直接的或间接的扭曲作用，因此，不属于《与贸易有关的投资措施协议》禁止的与贸易有关的投资措施。D 选项属于限制进口，也属于违反数量限制的措施。唯独 C 选项不属于被《与贸易有关的投资措施协议》禁止的措施，答案应为 A、B、D 选项。（答案：ABD）

三、提示与预测

关于世界贸易组织的有关协定，《与贸易有关的投资措施协议》以考查禁止成员方实施的五种投资限制措施类型为主；《服务贸易协议》方面，则主要应掌握其规范的服务类型和最惠国待遇原则及国民待遇原则在该协议中适用的范围。

考点 3 世界贸易组织的争端解决机制

一、精讲

《关于争端解决规则与程序的谅解》（DSU）在世界贸易组织框架下，建立了统一的多边贸易争端解决制度。

1. 争端机构解决的争端类型

（1）违反性申诉。这是争端的主要类型，申诉方须证明被诉方违反了有关协议的条款。在确立了存在违反有关协议条款的行为后，推定申诉方的利益受损或丧失。对这种争端的裁定，被诉方往往需要废除或修改有关措施。

（2）非违反性申诉。对这种申诉的审查，不追究被诉方是否违反了有关协议条款，而只处理被诉方的措施是否使申诉方根据有关协议享有的利益受损或丧失。申诉方需要证明其根据有关协议享有合理的预期利益，该合理预期利益因为被诉方的措施受损或丧失。被诉方没有取消有关措施的义务，只需作出补偿。

（3）其他情形。

2. 世界贸易组织的争端解决机制的基本程序

根据《关于争端解决规则与程序的谅解》的规定，其争端解决基本程序包括：

（1）磋商程序。一成员方应以书面形式向世界贸易组织总干事提出磋商申请，指出要求磋商的理由，具体指明被诉方违反了哪些规定。磋商有助于澄清争端、促进争端的解决。磋商是申请设立专家组的前提条件。成员国间争端的解决都必须先进行磋商。

（2）斡旋、调解与调停程序。在争端解决的过程中，世界贸易组织总干事等可以就争端解决进行斡旋、调解与调停。

（3）专家小组程序。提出磋商请求 60 天内磋商未达成协议，则申诉方可以申请成立专家组。提起申诉，并不以申诉方具有的法律利益或经济利益受到损害为前提。争端双方应就自己的主张提供证据，由专家组进行裁断。专家组的权限范围仅限于申请设立专家组的申请书中所指明的具体争端和法律依据。未在申请书中指明的诉求，不属于专家组的权限范围。专家组既审查事实问题，也审查法律问题，对争端方没有提出的主张，专家组不能作出裁定。专家组可以向其认为适当的任何机构和个人寻求信息和技术建议。

（4）上诉审查程序。在专家组报告发布后的 60 天内，任何争端方都可以向上诉机构提起上诉。上诉机构是常设的，由 7 人组成，上诉机构只审查专家组报告涉及的法律问题和专家组作出的法律解释。上诉机构有权维持、修改或推翻专家组的报告，但对专家组的报告并没有发回重审的权利。

（5）报告的通过和裁定的监督执行。争端解决机构并不亲自审理案件，只在专家组和上诉机构的协助下提出建议、作出裁定，实际上，争端解决机构只是决定是否通过专家组或上诉机构的结论报告或建议，除非争端解决机构一致同意不通过相关争端解决的报告，否则该报告即得到通过，此为"反向协商一致原则"。

裁决和建议经争端解决机构通过后即成为其正式建议或裁定，被裁定违反WTO有关协议的一方，应在合理期限内履行裁定或建议。

（6）补偿与减让的中止以及"交叉报复"。被诉方如认为争端解决机构已经通过的报告无法履行，可以自愿给申诉方以补偿，如果被诉方既不愿意履行裁定，又不愿意给予补偿，则原申诉方可以向争端解决机构申请授权报复。对被诉方中止减让或其他义务。

中止减让或其他义务，首先应在被认定为违反义务或造成利益损失的部门的相同部门实施，此为"平行报复"；当"平行报复"措施不可行或没有效果时，可以对同一协议项下的其他部门实施，如果仍不可行或无效果，则可以寻求中止另一协议项下的减让或其他义务，此即为"交叉报复"。

二、例题

1. 甲、乙、丙三国均为世界贸易组织成员，甲国对进口的某类药品征收8%的国内税，而同类国产药品的国内税为6%。针对甲国的规定，乙、丙两国向世界贸易组织提出申诉，经裁决甲国败诉，但其拒不执行。依世界贸易组织的相关规则，下列哪些选项是正确的？（2015年真题，多选）

　　A. 甲国的行为违反了国民待遇原则
　　B. 乙、丙两国可向上诉机构申请强制执行
　　C. 乙、丙两国经授权可以对甲国采取中止减让的报复措施
　　D. 乙、丙两国的报复措施只限于在同种产品上使用

[释疑]　就国内税而言，给予进口产品和国内同类产品的税率不同，显然违反了国民待遇原则，故A选项正确。胜诉方在败诉方拒绝履行世贸组织争端解决机构的裁决的，争端解决机构并无强制执行的权力，但胜诉方经授权可以报复，报复一般为在相同产品领域实施"平行报复"，必要时也可以申请授权实施跨行业或跨部门的"交叉报复"。故B、D选项错误，C选项正确。（答案：AC）

2. 关于世界贸易组织争端解决机制的表述，下列哪一选项是不正确的？（2013年真题，单选）

　　A. 磋商是争端双方解决争议的必经程序
　　B. 上诉机构为世界贸易组织争端解决机制中的常设机构
　　C. 如败诉方不遵守争端解决机构的裁决，申诉方可自行采取中止减让或中止其他义务的措施
　　D. 申诉方在实施报复时，中止减让或中止其他义务的程度和范围应与其所受到损害相等

[释疑]　根据世界贸易组织争端解决机制，磋商是世贸组织争端双方解决争议唯一的必经程序，故A选项正确。上诉机构为世界贸易组织争端解决机制中的常设机构，故B选项正

确。对于世界贸易组织争端解决机构的裁决,如果败诉方不履行也拒绝给予补偿,则申诉方只有在获得授权的情况下才可以进行报复,故 C 选项不正确。申诉方在实施报复时应符合相称性原则,即中止减让或中止其他义务的程度和范围应与其所受到的损害相等,故 D 选项表述正确。不正确的表述只有 C 选项。(答案:C)

3. 甲、乙均为世界贸易组织成员国。乙称甲关于影像制品的进口管制违反国民待遇原则,为此向世界贸易组织提出申诉,并经专家组和上诉机构审理。对此,下列哪一选项是正确的?(2012 年真题,单选)
A. 甲、乙磋商阶段达成的谅解协议,可被用于后续争端解决审理
B. 专家组可对未在申请书中指明的诉求予以审查
C. 上诉机构可将案件发回专家组重审
D. 上诉案件由上诉机构 7 名成员中 3 人组成上诉庭审理

[释疑] 磋商阶段达成的谅解协议,不可被用于后续争端解决审理,A 选项错误。专家组对于未在申请书中指明的诉求不得进行审查和作出裁定,B 选项错误。上诉机构有权维持、修改或推翻专家组的报告,但对专家组的报告并没有发回重审的权利,C 选项错误。上诉机构由 7 人组成,具体的上诉案件由上诉机构 7 名成员中 3 人组成上诉庭审理,故 D 选项正确。(答案:D)

4. 甲、乙两国均为世界贸易组织成员,甲国对乙国出口商向甲国出口轮胎征收高额反倾销税,使乙国轮胎出口企业损失严重。乙国政府为此向世界贸易组织提出申诉,经专家组和上诉机构审理胜诉。下列哪一选项是正确的?(2009 年真题,单选)
A. 如甲国不履行世贸组织的裁决,乙国可申请强制执行
B. 如甲国不履行世贸组织的裁决,乙国只可在轮胎的范围内实施报复
C. 如甲国不履行世贸组织的裁决,乙国可向争端解决机构申请授权报复
D. 上诉机构只有在对该案的法律和事实问题进行全面审查后才能作出裁决

[释疑] 世界贸易组织的争端解决机构无强制执行裁决的职权,故 A 选项错误。在败诉方拒绝履行裁决的情况下,胜诉方可以向争端解决机构申请授权报复,该报复可以针对争端所涉及的产品(平行报复),必要时也可以扩展于其他产品(交叉报复),故 B 选项错误,C 选项正确。上诉机构只审查法律解释问题,不审查事实认定问题(该问题以专家组的认定为准),故 D 选项错误。(答案:C)

三、提示与预测

WTO 的争端解决机制在真题中多次出现,一般以考查其程序为主,因此应重点掌握磋商、专家小组、上诉机构、裁决的监督与执行特点、报复和交叉报复等几个方面。

考点 4 中国在世界贸易组织中的权利义务

一、精讲

加入世界贸易组织后,一方面,中国应承担世界贸易组织各个成员都承担的规范性义务并享有相应权利;另一方面,中国也基于《中国加入世界贸易组织议定书》和《中国加入工作组报告书》承担一些特定的义务。

1. 贸易经营权和国家专营企业问题

《中国加入世界贸易组织议定书》中，中国承诺放开对外贸易经营权，即在中国入世后3年内，除国家专营商品外，中国和外国的法人、自然人和企业都有权在中国进行货物进出口活动。

《中国加入世界贸易组织议定书》还要求中国的专营企业的进口程序充分透明，政府不应在商品的质量、价值和产地方面采取措施施加影响或直接指示。

2. 倾销与补贴中的"非市场经济"地位

（1）反倾销调查中"正常价值"的确定方法。WTO的其他成员可以在中国入世后15年内，基于中国是"非市场经济国家"而要求在对中国的产品进行反倾销调查时，选择采用下列两种方法之一来确定受调查的中国产品的"正常价值"：①使用中国受调查产品的国内价格或成本作为正常价值；②使用不严格依据与中国的国内价格或成本比较的方法，即使用"替代国价格或成本"作为正常价值（这一方法由于其任意性，显然对中国不利）。

在某一产业或方面，如果中国一旦根据某一WTO成员的国内法而达到市场经济标准，则该成员方在该产业领域就无权再使用"替代国价格或成本"，无论如何，"替代国价格或成本"的方法在中国入世15年后终止。

（2）对给予国有企业的补贴的定性。根据《中国加入世界贸易组织议定书》的规定，如果中国政府提供补贴的主要接受者为国有企业，或者国有企业接受了补贴中不成比例的大量数额，则其他成员方可以基于中国的非市场经济地位，将该补贴视为专向性补贴。

3. 特定产品的过渡性产品保障机制

（1）磋商。根据《中国加入世界贸易组织议定书》第16条的规定，如果中国产品进口到任何WTO成员境内的增加数量，足以对进口成员方同类或直接竞争产品的国内生产商造成市场扰乱或市场扰乱的威胁，则受影响的该成员方可以要求与中国进行磋商。

（2）中国政府根据协议采取自我限制措施。经磋商如果能达成一致，认为中国产品是造成市场扰乱的原因，则中国政府应采取措施。

（3）受影响的成员方采取限制措施。如果在收到磋商请求的60天内没有达成协议，则受影响的成员方可以自由决定对该产品中止减让，或限制进口。在紧急情况下，受影响的成员方还可以采取不超过200天的临时措施。

（4）受贸易转移影响的其他成员方采取限制措施。世界贸易组织的其他成员方，如果认为进口成员方采取的过渡性保障措施造成了对其市场的贸易转移，也可以要求磋商。提出磋商请求后60天内没有达成协议，则该成员方也可以对所涉及的中国产品采取相应的限制措施。

显然，这种针对中国特定产品的过渡性产品保障机制，对中国出口产品有较大威胁，而且容易引起连锁反应。《中国加入世界贸易组织议定书》规定，该机制的最终适用期限为自中国入世时起12年。

二、例题

1. 甲、乙、丙三国均为WTO成员国，甲国给予乙国进口丝束的配额，但没有给予丙国配额，而甲国又是国际上为数不多消费丝束产品的国家。为此，丙国诉诸WTO争端解决机制。依相关规则，下列哪些选项是正确的？（2017年真题，多选）

A. 丙国生产丝束的企业可以甲国违反最惠国待遇为由起诉甲国
B. 甲、丙两国在成立专家组之前必须经过"充分性"的磋商
C. 除非争端解决机构一致不通过相关争端解决报告,该报告即可通过
D. 如甲国败诉且拒不执行裁决,丙国可向争端解决机构申请授权对甲国采取报复措施

[释疑] 甲国给予乙国进口丝束的配额,但没有给予丙国配额,违反了世贸组织的最惠国待遇原则,因此乙国可以对甲国启动争端解决程序,但乙国企业是否可以此为由起诉甲国政府,应看甲国的国内法是如何规定的,世贸组织并未赋予成员方国民起诉其他成员方的权利,故 A 选项错误。磋商是申请设立专家组的前提条件,但磋商事项以及磋商的充分性,与设立专家组的申请及专家组将作出的裁定没有关系,磋商仅仅是一种程序性要求,故 B 选项错误。世贸组织的争端解决是遵循反向一致原则,故 C 选项正确。败诉方拒不执行裁决,则胜诉方可以向争端解决机构申请授权实施报复措施,故 D 选项正确。(答案:CD)

2. 关于中国在世贸组织中的权利义务,下列哪一表述是正确的?(2011 年真题,单选)
A. 承诺入世后所有中国企业都有权进行货物进出口,包括国家专营商品
B. 对中国产品的出口,进口成员在进行反倾销调查时选择替代国价格的做法,在《中国加入世界贸易组织议定书》生效 15 年后终止
C. 非专向补贴不受世界贸易组织多边贸易体制的约束,包括中国对所有国有企业的补贴
D. 针对中国产品的过渡性保障措施,在实施条件上与保障措施的要求基本相同,在实施程序上相对简便

[释疑] 我国《对外贸易法》第 11 条第 1 款规定,国家可以对部分货物的进出口实行国营贸易管理。实行国营贸易管理货物的进出口业务只能由经授权的企业经营;但是,国家允许部分数量的国营贸易管理货物的进出口业务由非授权企业经营的除外。我国在《中国加入世界贸易组织议定书》中并没有承诺国家专营商品任何企业都可以经营,故 A 选项错误。在《中国加入世界贸易组织议定书》中,我国承诺在入世后 15 年内,其他成员方可以把我国视为非市场经济国家,相应的,其他国家在该期限内,对中国产品发动反倾销调查需要确定正常价值时,可以采用替代国价格;在对中国发动反补贴调查时,可以把主要受补贴对象为国有企业的补贴视为专项性补贴,故 B 选项正确、C 选项错误。在《中国加入世界贸易组织议定书》中,其他国家对中国产品采取过渡性保障措施,以"市场扰乱""市场扰乱的威胁"或者"贸易转移"为前提,与一般保障措施以"严重损害"或者"严重损害的威胁"为前提不同,故 D 选项错误。(答案:B)

3. 中国加入世界贸易组织的条件规定在《中国加入世界贸易组织议定书》及其附件中。对此,下列哪些选项是正确的?(2007 年真题,多选)
A. 该《议定书》及其附件构成世界贸易组织协定的一部分
B. 中国只根据该《议定书》及其附件承担义务
C. 该《议定书》规定了特定产品过渡性保障机制
D. 中国与其他成员在加入谈判中作出的具体承诺,不构成该《议定书》的组成部分

[释疑] 《中国加入世界贸易组织议定书》及其附件构成世界贸易组织协定的一部分,中国与其他成员在加入谈判中作出的具体承诺,也构成该议定书的组成部分。中国入世后,不仅要根据该议定书承担义务,还应与其他 WTO 成员方一样遵守《世界贸易组织协定》及其附件

的规定,该议定书还规定了有关中国的特定产品过渡性保障机制,故答案应为 A、C 选项。(答案:AC)

第七章　国际经济法领域的其他法律制度

本章知识体系:

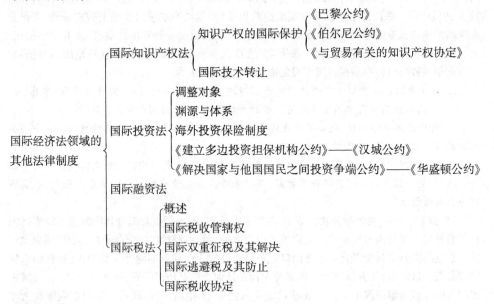

考点 1　国际知识产权法

一、精讲

1.《保护工业产权巴黎公约》(以下简称《巴黎公约》)

《巴黎公约》于 1883 年在法国首都巴黎缔结,1884 年正式生效。它是知识产权领域第一个世界性多边公约,中国于 1985 年 3 月 15 日正式成为该公约的成员国。

(1)《巴黎公约》的基本原则:

国民待遇原则	① 享有国民待遇的主体:包括公约缔约国的国民和在一个缔约国领域内设有住所或真实有效的工商营业所的非缔约国国民。 ② 国民待遇原则的例外:各成员国在关于司法和行政程序、管辖以及选定送达地址或指定代理人的法律规定等方面,凡工业产权法有所要求的,可以明确予以保留。

(续表)

优先权原则	① 优先权原则适用的范围：《巴黎公约》的优先权原则并不是对一切工业产权均适用，它只适用于发明专利、实用新型、外观设计和商品商标。 ② 优先权原则适用的条件：已在一个成员国正式提出申请发明专利权、实用新型、外观设计或商标注册的人或其权利的合法继受人（继承人和受让人），在规定的期限内（发明专利和实用新型专利为12个月，外观设计专利和商标为6个月）享有在其他成员国提出申请的优先权。 ③ 优先权原则的效力：在优先权期限内每一个在后申请的申请日均为第一次申请的申请日（优先权日）。在规定的申请优先权期限届满之前，任何后来在公约其他成员国内提出的申请，都不因在此期间内他人所作的任何行为而失效。
临时性保护原则	① 缔约国应对在任何一个成员国内举办的或经官方承认的国际展览会上展出的商品中可以取得专利的发明、实用新型、外观设计和可以注册的商标给予临时保护。 ② 如果展品所有人在临时保护期内申请了专利或商标注册，则申请案的优先权日不再从第一次提交申请案时起算，而从展品公开展出之日起算。
保护的独立性原则	《巴黎公约》要求，关于外国人的专利申请或商标注册，应由各成员国根据本国法律作出决定，不应受原属国或其他任何国家就该申请作出的决定的影响。

（2）《巴黎公约》对于驰名商标的特殊保护。① 驰名商标的认定不以注册为前提，使用亦可成为认定的依据。② 对于商标注册国或使用国主管机关认为一项商标构成已属享有公约利益的人所有并在该国驰名的商标的复制、模仿或翻译图案，用于相同或类似商品上，易于造成混乱者，应依职权或应当事人的请求，拒绝或取消注册，并禁止使用。③ 自注册之日起至少5年内，应允许提出取消这种商标的要求，允许提出禁止使用的期限可由各成员国规定。④ 对以不诚实手段取得注册或使用的商标提出取消注册或禁止使用的要求的，不应规定时间限制。

2.《保护文学艺术作品伯尔尼公约》(以下简称《伯尔尼公约》)

《伯尔尼公约》是版权领域第一个世界性多边国际条约，《伯尔尼公约》规定，"文学和艺术作品"包括文学、科学和艺术领域内的一切成果，不论其表现形式或方式如何，包括书籍和其他作品；讲课、演讲和其他同类性质作品；戏剧作品；舞蹈艺术作品和哑剧；图画、油画、建筑等作品；地理、地形等的示意图、地图、设计图、草图和立体作品等。《伯尔尼公约》规定其保护不适用于日常新闻或纯属报刊消息性质的社会新闻。

（1）国民待遇原则。《伯尔尼公约》规定，对文学艺术作品的版权保护实行"双国籍国民待遇"原则：① "作者国籍标准"，此标准又包括两种情形：其一，对于公约成员国的国民，其作品无论是否出版，在各成员国均享有国民待遇；其二，对于非成员国的国民，只要在成员国境内有惯常居所的，其作品无论是否出版，也同样在一切成员国享有国民待遇。这两种情况都是"作者国籍标准"，亦被称为"人身标准"。② "作品国籍标准"，即非公约成员国国民，只要其作品首先在某一个成员国出版，或者同时在一个成员国和非成员国出版，也应在一切成员国中享有国民待遇，这也被称为"地理标准"。

（2）自动保护原则。作者在其他缔约国享有和行使该国国民所享有的版权不需要履行任何手续,作者在作品完成时自动享有版权,不需向其他缔约国提出请求或履行任何手续。

(3)版权独立原则。作者在其他缔约国享有和行使该国国民的版权以及《伯尔尼公约》特别规定的权利,不依赖于作品起源国是否存在保护,即作品在起源国的保护和在其他缔约国的保护是相互独立的。

(4)最低标准原则。《伯尔尼公约》规定,各成员国在版权的客体范围、权利内容、权利限制、保护期限等方面给予的保护,只能高于而不得低于《伯尔尼公约》规定的标准。

(5)保护作者的经济权利和精神权利。《伯尔尼公约》规定作者享有以下经济权利:翻译权、复制权、广播权、朗诵权、改编权、录制权、电影权、公演权。除规定上述权利之外,《伯尔尼公约》还允许各国版权法作出不同程度的权利限制。但为保证《伯尔尼公约》的最低权利要求,《伯尔尼公约》又对各国的限制规定予以规范。《伯尔尼公约》还规定,成员国必须保护作者的署名权和保护作品完整权两项精神权利。在经济权利转让之后,作者仍保有要求其作品作者身份的权利(即署名权),并有反对对其作品的任何有损其声誉的歪曲、割裂或其他更改,以及其他损害行为的权利。

(6)保护期限。对作品的保护期限,《伯尔尼公约》作了如下规定:一般作品的保护期限是作者有生之年及其死后50年;电影作品的保护期限是在作者同意下自作品公之于众后50年,如自作品完成后50年内尚未公之于众,则自作品完成后50年期满;不具名作品和假名作品的保护期自其合法公之于众之日起50年,如在公之于众后50年内作者身份公开或确定,则保护期为作者有生之年及其死后50年;摄影作品和作为艺术作品保护的实用艺术作品的保护期限不应少于自该作品完成之后算起的25年。

(7)公约适用的追溯力。《伯尔尼公约》还规定,它适用于所有在该公约开始生效时尚未因保护期届满而在其来源国进入公有领域的版权作品。

3.国际许可证协议

许可证协议是指位于一国的供方将其技术使用权在一定条件下让渡给位于另一国的受让方,而由受让方支付使用费的合同。

(1)许可证协议的分类。许可证协议根据其标的可分为专利许可证协议、商标许可证协议、版权许可证协议、专有技术许可证协议、混合许可证协议。

根据许可证协议可使用地域范围以及使用权范围的大小可分为独占许可证协议、排他许可证协议、普通许可证协议、交叉许可证协议和分许可证协议等。① 独占许可证协议,指在协议规定的时间和地域范围内,受让方对受让的技术拥有独占的使用权,许可方不能将该技术使用权另行转让给第三方,同时许可方也不能在该时间和地域范围内自行使用该项出让的技术。② 排他许可证协议,指在协议规定的时间和地域范围内,受让方对受让的技术拥有使用权,许可方不能将该项技术使用权另行转让给第三方,但许可方自己仍保留在该时间和地域范围内的使用权。③ 普通许可证协议,指在协议规定的时间和地域范围内,受让方不仅可以使用某项技术,许可方也可使用或许可第三方使用某项技术。④ 交叉许可证协议,指技术许可方和受让方在协议中规定,将其各自的技术使用权相互交换,供对方使用。⑤ 分许可证协议,指协议中的受让方可以将其受让的技术使用权再行转让给第三方。

(2)国际许可证协议中的限制性商业条款。其是指在国际许可证协议中由技术许可方向被许可方施加的,法律所禁止的,造成不合理限制的合同条款。

根据《技术进出口管理条例》的规定,我国技术进出口合同不得含有下列限制性条款:

① 要求受让人接受并非技术进口必不可少的附带条件,包括购买非必需的技术、原材料、产品、设备或者服务;② 要求受让人为专利权有效期限届满或者专利权被宣告无效的技术支付使用费或者承担相关义务;③ 限制受让人改进让与人提供的技术或者限制受让人使用所改进的技术;④ 限制受让人从其他来源获得与让与人提供的技术类似的技术或者与其竞争的技术;⑤ 不合理地限制受让人购买原材料、零部件、产品或者设备的渠道或者来源;⑥ 不合理地限制受让人产品的生产数量、品种或者销售价格;⑦ 不合理地限制受让人利用进口的技术生产产品的出口渠道。

4.《与贸易有关的知识产权协定》

《与贸易有关的知识产权协定》(即 TRIPs)规定国民待遇原则和最惠国待遇原则是其首要的基本原则,并将《保护工业产权巴黎公约》《保护文学艺术作品伯尔尼公约》(第 6 条第 2 款关于精神权利的规定除外)、《保护表演者、录音制品制作者和广播组织罗马公约》和《关于集成电路的知识产权条约》的实体性规定全部纳入到 TRIPs 之中,作为世界贸易组织成员保护知识产权的最低标准。

同以前的国际知识产权保护公约相比,TRIPs 是一个更高标准、更严要求的公约,该公约具有如下显著特点:

(1) 首次将最惠国待遇原则引入知识产权的国际保护领域;

(2) 要求成员对知识产权(限于其明文规定的七种客体)提供更高水平的立法保护;

(3) 要求成员采取更严格的知识产权执法措施;

(4) 要求成员的知识产权获权和维持程序必须公平合理;

(5) 将成员之间的知识产权争端纳入 WTO 争端解决机制,加强了协议的拘束力。

《与贸易有关的知识产权协定》就版权及相关权利、商标、产地标志、工业设计、专利、集成电路的布图设计、商业秘密保护七个方面的客体的知识产权保护问题作了规定:

(1) 关于版权及相关权利保护的规定。TRIPs 将《伯尔尼公约》纳入并在保护客体和权利方面对《伯尔尼公约》作了补充。在保护客体问题上,将计算机程序和有独创性的数据汇编列为版权保护对象。在权利内容方面,增加规定计算机程序和电影作品的出租权。在邻接权方面,TRIPs 还将《保护表演者、录音制品制作者和广播组织罗马公约》纳入并在两个方面提高了保护标准,不仅延长了保护期限,还将《伯尔尼公约》关于追溯力的规定适用于表演者权及录音制品制作者权。

(2) 商标。TRIPs 第一次给商标下了一个明确的定义:任何标记或任何标记的组合,包括文字、字母、数字、图形要素、色彩的组合及上述内容的组合,能够将某一企业的商品或服务区别于其他企业的商品或服务,应能构成商标。

在驰名商标问题上,TRIPs 规定,将《巴黎公约》关于驰名商标的保护扩大适用于服务标记,而且,对驰名商标的保护的规定还应比照适用于与该商标核准使用的商品或服务不相类似的商品或服务(即把《巴黎公约》的相对保护扩大为绝对保护)。商标首次注册和每次续展注册的期限不少于 7 年,商标注册允许无限展期。各成员可决定商标许可与转让的条件,但不允许商标的强制许可。

(3) 地理标志。地理标志是标明一商品来源于一成员方国内或该国内的一地区或一个地方,而该商品的特定品质、声誉或其他特色本质上与这一地理来源有关。成员方应对地理标志提供法律保护,以防止不正当竞争以及公众对原产地的误解。

(4) 工业品外观设计。成员方应对独立创作的、具有原创性或新颖性的工业品外观设计提供保护。受保护的工业设计的所有者，有权阻止第三方为商业目的未经所有人同意而生产、销售或进口其拥有设计权的标的物。成员方对工业设计的保护期限至少为 10 年。

(5) 专利。TRIPs 规定，对于以下客体，成员方可不授予专利：对人或动物的诊断、治疗和外科手术方法，植物、动物（微生物除外）的新品种。在权利内容方面，TRIPs 在《巴黎公约》的基础上增加了专利进口权、提供销售权，并要求成员方将对方法专利的保护至少扩展于依据该专利方法所直接获得的产品。专利权的保护期限为自登记之日起不得少于 20 年。

(6) 集成电路的布图设计。TRIPs 在《关于集成电路的知识产权条约》的基础上提高了保护水平。首先，《关于集成电路的知识产权条约》只保护布图设计和含有受保护布图设计的集成电路，TRIPs 还保护"含有受保护集成电路的物品"。其次，TRIPs 将保护期限由《关于集成电路的知识产权条约》规定的 8 年延长至 10 年。最后，TRIPs 对善意侵权作了补充规定，善意侵权人在收到该布图设计属于非法复制的通知后，仍然可以就其现有的存货或订单继续实施其行为，但有义务向权利人支付报酬，其数额应相当于通常情况下基于自由谈判达成协议所应支付的许可费。

(7) 对未披露的信息的保护。根据 TRIPs，未披露的信息的要件为：① 信息是秘密的，即该信息作为一个整体或其组成部分的组合和精确排列方式，不为接触该信息的公众所知或不容易获得；② 该信息因为秘密而具有商业价值；③ 信息的拥有者在当时情况下已采取了合理的措施保证其秘密性。成员方应防止自然人和法人所控制的未披露信息在没有得到其同意的情况下，被他人以违反诚信商业做法的方式泄露、获得或使用。

此外，《与贸易有关的知识产权协定》还规定了 WTO 成员方应采取的保护知识产权的执法措施：

(1) 民事和行政措施：① 提供公平、公正的程序，原、被告享有及时获得详细通知的权利，各方有权证明其权利请求并提供相关证据。② 禁令，司法机关有权命令一方当事人停止侵权，特别是在货物结关后立即制止涉及侵权的进口产品进入国内商业渠道。③ 赔偿费，对于已知或者有理由知道自己从事侵权活动的人，司法机关有权责令侵权人向权利人支付足以补偿因侵权所受损害的赔偿，以及律师费用。④ 其他补救，在不给予任何补偿的情况下，司法机关有权责令以避免对权利人造成损害的方式，将被认定侵权的货物清除出流通渠道，或只要不违反宪法，责令销毁侵权货物。此外，成员方还应规定申请人滥用程序应赔偿，公共机构或官员非善意执法时应给予受损失当事人适当救济。

(2) 刑事措施。成员方应制定刑事程序和处罚，至少将其适用于具有商业规模的、故意假冒商标或盗版的案件。

(3) 临时措施。为制止侵权的发生，特别是阻止货物（包括结关后的进口货物）进入成员方管辖区域的商业渠道，为保存侵权指控的相关证据，司法机关有权采取迅速有效的临时措施。为在侵权发生之初制止其继续及防止销毁证据而应申请人请求采取临时措施时，有权责令申请人提供担保，在采取临时措施后的合理期限内没有发起案件审理程序（合理期限 20 个工作日或 31 个自然日），则应被申请人的请求，对临时措施予以撤销或终止。

(4) 边境措施。成员方的海关有权中止放行有证据被怀疑的侵权商品，边境措施期满而未进入案件进一步审理程序，则被申请人提交保证金可放行，但假商标或盗版除外。如果存在侵犯知识产权的初步证据，主管机关也可以主动采取措施中止货物的放行。对假冒商标的货物,不得允许该侵权货物以未作改变的状态再出口。

(5) 中国的边境措施。① 收货人或发货人可向海关申报知识产权备案,备案 10 年有效,每次届满前 6 个月内可以申请续展备案。② 权利人充分举证并提供担保,可请求海关扣留侵权嫌疑货物,也可申请诉前财产保全。

二、例题

1. 甲国人迈克在甲国出版著作《希望之路》后 25 天内,又在乙国出版了该作品,乙国是《保护文学和艺术作品伯尔尼公约》缔约国,甲国不是。依该公约,下列哪一选项是正确的？(2017 年真题,单选)

A. 因《希望之路》首先在非缔约国出版,不能在缔约国享受国民待遇
B. 迈克在甲国出版《希望之路》后 25 天内在乙国出版,仍然具有缔约国的作品国籍
C. 乙国依国民待遇为该作品提供的保护需要迈克履行相应的手续
D. 乙国对该作品的保护有赖于其在甲国是否受保护

[释疑] 根据《保护文学艺术作品伯尔尼公约》的双国籍国民待遇原则,作品在缔约国首次出版,或者在缔约国和非缔约国同时首次出版的(30 天内出版均视为同时首次出版),则作品视为获得成员国的国籍从而取得国民待遇,故 A 选项错误、B 选项正确。根据《保护文学艺术作品伯尔尼公约》的自动保护原则,作品创作完成时起即受保护,无需履行任何手续,故 C 选项错误。根据《保护文学艺术作品伯尔尼公约》的独立性原则,各国对作品的保护不受他国影响,故 D 选项错误。(答案:B)

2. 香槟是法国地名,中国某企业为了推广其葡萄酒产品,拟为该产品注册"香槟"商标。依《与贸易有关的知识产权协定》,下列哪些选项是正确的？(2015 年真题,多选)

A. 只要该企业有关"香槟"的商标注册申请在先,商标局就可以为其注册
B. 如该注册足以使公众对该产品的来源误认,则应拒绝注册
C. 如该企业是在利用香槟这一地理标志进行暗示,则应拒绝注册
D. 如允许来自法国香槟的酒产品注册"香槟"的商标,而不允许中国企业注册该商标,则违反了国民待遇原则

[释疑] 《与贸易有关的知识产权协定》禁止使用虚假地理标志和误导性的地理标志,故 A、D 选项错误,B、C 选项正确。(答案:BC)

3. 甲国人柯里在甲国出版的小说流传到乙国后出现了利用其作品的情形,柯里认为侵犯了其版权,并诉诸乙国法院。尽管甲、乙两国均为《伯尔尼公约》的缔约国,但依甲国法,此种利用作品不构成侵权,另外,甲国法要求作品要履行一定的手续才能获得保护。根据相关规则,下列哪一选项是正确的？(2014 年真题,单选)

A. 柯里须履行甲国法要求的手续才能在乙国得到版权保护
B. 乙国法院可不受理该案,因作品来源国的法律不认为该行为是侵权
C. 如该小说在甲国因宗教原因被封杀,乙国仍可予以保护
D. 依国民待遇原则,乙国只能给予该作品与甲国相同水平的版权保护

[释疑] 根据《伯尔尼公约》的版权独立性原则,成员国对版权的保护不受外国法的影响,故 A、B 选项错误,C 选项正确。依《伯尔尼公约》的国民待遇原则,成员方给予的待遇不低于给予本国作品的待遇即可,故 D 选项错误。(答案:C)

4. 2011年4月6日,张某在广交会上展示了其新发明的产品,4月15日,张某在中国就其产品申请发明专利(后获得批准)。6月8日,张某在向《巴黎公约》成员国甲国申请专利时,得知甲国公民已在6月6日向甲国就同样产品申请专利。下列哪一说法是正确的?(2013年真题,单选)

A. 如张某提出优先权申请并加以证明,其在甲国的申请日至少可以提前至2011年4月15日

B. 2011年4月6日这一时间点对张某在中国以及《巴黎公约》其他成员国申请专利没有任何影响

C. 张某在中国申请专利已获得批准,甲国也应当批准他的专利申请

D. 甲国不得要求张某必须委派甲国本地代理人代为申请专利

[释疑] 根据《巴黎公约》的规定,发明专利的优先权期限为12个月,故A选项正确。根据临时性保护原则,2011年4月6日这一时间点可以作为申请日期,故B选项错误。根据独立性原则,在一国获得专利,并不自动在其他缔约国获得专利,故C选项错误。《巴黎公约》允许各缔约国在国内法中就委派代理人作出相关规定,故D选项错误。(答案:A)

5. 李伍为惯常居所地在甲国的公民,满成为惯常居所地在乙国的公民。甲国不是《保护文学艺术作品伯尔尼公约》缔约国,乙国和中国是该公约的缔约国。关于作品在中国的国民待遇,下列哪些选项是正确的?(2012年真题,多选)

A. 李伍的文章在乙国首次发表,其作品在中国享有国民待遇

B. 李伍的文章无论发表与否,其作品在中国享有国民待遇

C. 满成的文章无论在任何国家首次发表,其作品在中国享有国民待遇

D. 满成的文章无论发表与否,其作品在中国享有国民待遇

[释疑] 根据《伯尔尼公约》的规定,非成员国国民的作品在成员国首次发表,应享有国民待遇。非成员国国民在成员国有惯常居所的,享有国民待遇。成员国的国民之作品自创作完成时起,在成员国享有国民待遇。故应选A、C、D选项。(答案:ACD)

6. 关于版权保护,下列哪一选项体现了《与贸易有关的知识产权协定》对《伯尔尼公约》的补充?(2010年真题,单选)

A. 明确了摄影作品的最低保护期限

B. 将计算机程序和有独创性的数据汇编列为版权保护的对象

C. 增加了对作者精神权利方面的保护

D. 无例外地实行国民待遇原则

[释疑] 《伯尔尼公约》明确了摄影作品的最低保护期限,规定对作者给予精神权利方面的保护,实行有例外的国民待遇原则。《与贸易有关的知识产权协定》将计算机程序和有独创性的数据汇编列为版权保护的对象,体现了《与贸易有关的知识产权协定》对《伯尔尼公约》的补充,故答案为B选项。(答案:B)

7. 根据《保护工业产权巴黎公约》,关于优先权,下列哪一选项是正确的?(2009年真题,单选)

A. 优先权的获得需要申请人于"在后申请"中提出优先权申请并提供有关证明文件

B. 所有的工业产权均享有相同期间的优先权

C. "在先申请"撤回,"在后申请"的优先权地位随之丧失

D. "在先申请"被驳回,"在后申请"的优先权地位随之丧失

[释疑] 优先权的获得并不是自动的,需要申请人于在后申请中提出优先权申请并提供有关证明文件,A 选项正确。发明专利和实用新型专利为 12 个月,外观设计和商标为 6 个月,B 选项错误。《保护工业产权巴黎公约》第 4 条规定,在本联盟同一国家内以第一次申请同样的主题所提出的后一申请,如果在提出该申请时前一申请已被撤回、放弃或驳回,没有提供公众阅览,也没有遗留任何权利,而且如果前一申请还没有成为要求优先权的根据,应认为是第一次申请,其申请日应为优先权期间的起算日。在这以后,前一申请不得作为要求优先权的根据。因此,C、D 选项错误。(答案:A)

三、提示与预测

《保护工业产权巴黎公约》亦为常考考点,应注意其保护的范围为包括发明专利、实用新型、外观设计和商品商标在内的工业产权,但不包括版权。此外,还应掌握该公约的几个基本原则的具体含义。《保护文学艺术作品伯尔尼公约》在知识产权考点中出现频率最高,亦应注意掌握其保护范围、基本原则等内容。

《与贸易有关的知识产权协定》在近几年的司法考试中大概是每年出一道题,考生应掌握该协议保护的知识产权客体范围及特点。客体范围已如上述,特点可以归纳如下:

(1) 基本原则包括国民待遇和最惠国待遇(首次在知识产权领域规定最惠国待遇原则)。

(2) 版权保护的特殊性——保护客体包括计算机程序、有独创性的数据汇编;保护权利内容包括计算机程序和电影作品的出租权,并规定对表演者及录音制品制作者权的保护有追溯力。

(3) 对驰名商标予以绝对保护且将此种保护扩大适用于服务标记。

(4) 关于专利,对于疾病的诊断治疗方法、外科手术方法、动植物的新品种可以不授予专利。

(5) 关于集成电路布图设计,保护的对象包括布图设计,含有受保护的布图设计的集成电路,含有受保护的布图设计的集成电路的物品。

国际知识产权法部分包括 3 个公约:《巴黎公约》《伯尔尼公约》和《世界版权公约》以及《与贸易有关的知识产权协定》和国际许可证协议,考查方式既有单考某个公约的内容,也有同时考查多个公约之间的对比。因此,对本部分内容应注意类比记忆。

考点 2 国际投资法

一、精讲

国际投资法是指调整跨国私人直接投资关系的有关国内法规范和国际法规范的总称。

1. 海外投资保证制度

海外投资保证,是指资本输出国政府对本国的海外投资者在国外可能遇到的政治风险,提供保证或保险。投资者从本国投资保险机构取得保险后,如因东道国发生政治风险,导致投资者遭受损失,国内保险机构负责承担补偿。海外投资保证是一种特殊的保险,它不是一种民间保险或私人保险,而是一种政府保证或是国家保证,其保险人即海外投资保证机构不仅具有国家特设机构的性质,而且其保证往往与政府间投资保证协定有密切联系。它不以营利为目的,而是以保护海外投资、促进本国经济发展为目的,这是海外投资保证制度与普通商业保险最大

的区别。

海外投资保证制度的主要特征如下：

（1）投保主体的特殊性。即能够得到承保的"合格的投资者"通常只限于保险机构所在地的本国国民或与本国有十分密切的联系。

（2）保险对象的特殊性。该制度的实施只限于私人海外直接投资，即投资者直接参与经营管理并具有控制权的海外企业的投资，不包括间接投资。海外投资保证制度一般要求"合格的投资"应为东道国已经明确表示同意接纳的"新"项目的股权投资。

（3）"合格的东道国"要求。即要求海外投资输入的国家必须符合一定的条件，保险机构才同意承保。

（4）承保风险范围的特殊性。海外投资保证制度的风险不是一般的商业风险，也不是自然风险，而是特殊的政治风险，如战争和内战、征用与国有化、禁止限制汇兑等。各国通常对外汇险、征用险和战争险等予以承保，有些国家还承保政府违约险。

（5）保险期限的特殊性。保险期限较长，各国大多规定保险期限最长为15年，可延长到20年。另外，海外投资保证制度通常不进行全额保险，一般以投资总额的90%作为最大保险金额。

（6）海外投资保证制度着眼点在于尽可能防止风险的发生，或者说尽可能保证海外投资者的财产、利益不受损失，重点在于保护，而不在于事后补偿。

2.《建立多边投资担保机构公约》

《建立多边投资担保机构公约》又被称为《汉城公约》，根据该公约建立了多边投资担保机构（MIGA）。其宗旨是通过针对非商业风险的担保和非担保业务的活动，促进以生产为目的的资金和技术流入发展中国家。MIGA的主要作用是补充国家、区域性和私人投资保险活动的不足，并以此补充世界银行集团其他机构的活动，促进国际投资的发展。

《建立多边投资担保机构公约》的主要内容如下：

（1）多边投资担保机构承保的险别。依照《建立多边投资担保机构公约》的规定，多边投资担保机构承保下列四种风险：① 货币汇兑险，即东道国政府采取任何措施，限制投资人将其货币兑换成可自由使用货币或被保险人可接受的另一种货币。② 征收和类似措施险包括：东道国政府采取立法或行政措施，或懈怠行为，实际上剥夺了被保险人对其投资和收益的所有权或控制权。但政府为管理其境内的经济活动而通常采取的普遍适用的非歧视性措施不在此列。③ 政府违约险，是指东道国政府不履行或违反与被保险人签订的合同，如果投资人又不能求助于司法或仲裁程序时，机构对因此而造成的投资人的损害予以补偿。④ 战争和内乱险。

此外，机构在一定条件下，还承保其他非商业风险。

（2）合格的投资。《建立多边投资担保机构公约》对承保的对象——外国投资在条件、内容、形式、时间上作了种种限制，只有满足这些要求的投资，才具有合格性，才可在机构进行投保。

（3）合格的投资者。《建立多边投资担保机构公约》第13条从投资者的国籍、类型及经营性质等方面规定了合格投资者应满足的条件。① 自然人：不具有东道国国籍的任何一个会员国的国民，均可成为合格的投资者。② 法人：在东道国以外的会员国登记并在该国设有主要营业点的公司；在东道国注册登记，但多数资本为东道国以外的一个或几个会员国所有或其国民所有的法人。

（4）合格的东道国。依照《建立多边投资担保机构公约》的规定，合格东道国必须符合如下条件：① 是一个发展中国家；② 是一个同意多边机构担保特定风险的国家；③ 是一个经机构查明，投资可以得到公正平等待遇和法律保护的国家。判断标准是东道国的法律和东道国与投资者本国之间的双边投资协定。

（5）代位求偿权。风险发生后，投资者即可根据与机构订立的担保合同向机构求偿。多边投资担保机构一经向投保人支付或同意支付赔偿，即代位取得投保人对东道国或其他债务人所拥有的有关承保投资的各种权利或索赔权。机构作为投资者的代位权人所取得的财产的待遇，应等同于这些财产在投资者手中的待遇，因而不能享受机构的特权与豁免，但在税收和关税方面可例外。

3.《解决国家与他国国民之间投资争端公约》

《解决国家与他国国民之间投资争端公约》又称为《华盛顿公约》，据此成立的解决投资争端国际中心(ICSID)，是世界银行集团的成员。"解决投资争端国际中心"(ICSID)为各缔约国与其他缔约国国民之间的投资争端提供调解或仲裁。

（1）中心的管辖权。符合以下条件的投资争端可以提交给中心管辖：① 主体方面，中心只管辖缔约国政府和另一缔约国国民之间的投资争端，在争端双方都同意的情况下，也管辖东道国和受外国投资者控制的东道国法人之间的争端。② 主观条件方面，必须是争端双方之间存在将该争端提交中心管辖的书面文件。③ 争端性质方面，必须是因直接投资而产生的法律争端。④ 东道国可以要求用尽当地各种行政或司法补救办法，作为其同意根据公约交付仲裁的一个条件。当然，东道国也可以不提出此项要求。

（2）中心仲裁时应适用的法律。仲裁庭应适用争端双方协议选择的法律规则。如无此种协议，仲裁庭应适用争端一方的缔约国的法律（包括其关于冲突法的规则）以及可能适用的国际法规则。

（3）提交中心仲裁的后果。① 除非另有声明，提交中心仲裁视为双方同意排除任何其他救济办法。② 每一缔约国应承认依照《解决国家与他国国民之间投资争端公约》作出的裁决具有约束力，并在其领土内履行该裁决所加的义务。③ 缔约国对于它本国的一个国民和另一缔约国根据《解决国家与他国国民之间投资争端公约》已同意交付或已交付中心仲裁的争端，不得给予外交保护或提出国际要求，除非该另一缔约国未能遵守和履行对此项争端所作出的裁决。

二、例题

1. 甲国惊奇公司的创新科技产品经常参加各类国际展览会，该公司向乙国的投资包含了专利转让，甲、乙两国均为《巴黎公约》和《华盛顿公约》(公约设立的解决国际投资争端中心的英文简称为 ICSID)的成员。依相关规定，下列哪些选项是正确的？(2017 年真题，多选)

A. 惊奇公司的新产品参加在乙国举办的国际展览会，产品中可取得专利的发明应获得临时保护

B. 如惊奇公司与乙国书面协议将其争端提交给 ICSID 解决，ICSID 即对该争端有管辖权

C. 提交 ICSID 解决的争端可以是任何与投资有关的争端

D. 乙国如对 ICSID 裁决不服的，可寻求向乙国的最高法院上诉

[释疑]　根据《巴黎公约》的临时性保护原则，对于在缔约国境内举办的展览会上展出的产品，应给予临时性保护，故 A 选项正确。根据《华盛顿公约》，双方将争端提交仲裁的必要条件

之一是签订书面仲裁协议,故 B 选项正确。解决投资争端国际中心(ICSID)只解决直接因投资引起的法律争端,不解决政治争端等其他争端,因此 C 选项错误。解决投资争端国际中心(ICSID)的仲裁为终局性的,具有法律拘束力,当事方并无权利上诉,故 D 选项错误。(答案:AB)

2. 甲国 T 公司与乙国政府签约在乙国建设自来水厂,并向多边投资担保机构投保。依相关规则,下列哪一选项是正确的?(2016年真题,单选)

A. 乙国货币大幅贬值造成 T 公司损失,属货币汇兑险的范畴
B. 工人罢工影响了自来水厂的正常营运,属战争内乱险的范畴
C. 乙国新所得税法致 T 公司所得税增加,属征收和类似措施险的范畴
D. 乙国政府不履行与 T 公司签订的合同,乙国法院又拒绝受理相关诉讼,属政府违约险的范畴

[释疑] 本题考点为《建立多边投资担保机构公约》,根据该公约,多边投资担保机构主要承保政府违约险、战争和内乱险、货币汇兑险、征收征用险。货币汇兑险主要是指东道国政府拒绝或拖延汇兑,货币贬值则属于商业风险,故不属于货币汇兑险的范畴,故 A 选项错误。战争和内乱险适用于东道国境内的军事行动或内乱,此外,主要发生于东道国境外的军事行为或内乱如果损害位于该东道国境内的投资项目的有形资产或妨害该投资项目的业务,也属于该险的范畴,但很显然战争、内乱不包括工人罢工,故 B 选项错误。征收和类似措施险是指东道国政府采取的有关措施实际上剥夺了被保险人对其投资和收益的所有权和控制权,但政府为管理其境内的经济活动而通常采取的普遍适用的非歧视性措施不在此列,乙国征税的行为恰恰属于普遍适用的非歧视性措施,故 C 选项错误。政府违约险是指东道国政府不履行或违反与被保险人签订的合同,故 D 选项正确。(答案:D)

3. 甲国公司在乙国投资建成地热公司,并向多边投资担保机构投了保。1993 年,乙国因外汇大量外流采取了一系列的措施,使地热公司虽取得了收入汇出批准书,但仍无法进行货币汇兑并汇出,甲公司认为已发生了禁兑风险,并向投资担保机构要求赔偿。根据相关规则,下列选项正确的是:(2014年真题,不定选)

A. 乙国中央银行已批准了货币汇兑,不能认为发生了禁兑风险
B. 消极限制货币汇兑也属于货币汇兑险的范畴
C. 乙国应为发展中国家
D. 担保机构一经向甲公司赔付,即代位取得向东道国的索赔权

[释疑] 根据《建立多边投资担保机构公约》的规定,东道国拖延汇兑的情形也属于货币汇兑险的承保范围,故 A 选项错误、B 选项正确。多边投资担保机构只承保向发展中缔约国的投资,故 C 选项正确。公约规定,在对被保险人支付或同意支付赔偿后,多边投资担保机构应代位取得被保险人对东道国和其他债务人所拥有的有关承保投资的权利或索赔权,故 D 选项正确。(答案:BCD)

4. 根据《建立多边投资担保机构公约》,关于多边投资担保机构(MIGA)的下列哪一说法是正确的?(2011年真题,多选)

A. MIGA 承保的险别包括征收和类似措施险、战争和内乱险、货币汇兑险和投资方违约险
B. 作为 MIGA 合格投资者(投保人)的法人,只能是具有东道国以外任何一个缔约国国籍的法人

C. 不管是发展中国家的投资者,还是发达国家的投资者,都可向 MIGA 申请投保

D. MIGA 承保的前提条件是投资者母国和东道国之间有双边投资保护协定

[释疑] 多边投资担保机构主要承保的险别包括政府违约险、战争和内乱险、货币汇兑险、征收征用险,没有投资方违约险,A 选项错误。对于前来投保的跨国投资者,多边投资担保机构要求必须是具备东道国以外会员国国籍的自然人,或在东道国以外会员国注册登记并设有主要营业点的法人,或其多数股本为东道国以外一个或几个会员国所有或其国民所有的法人。但只要东道国同意,且用于投资的资本来自东道国境外,根据投资者和东道国的联合申请,经多边投资担保机构董事会特别多数票通过,还可将合格投资者扩大到东道国的自然人、在东道国注册的法人以及其多数资本为东道国国民所有的法人,B 选项错误。多边投资担保机构的目的为促进向发展中国家投资,投资者来自发展中国家还是发达国家在所不问,C 选项正确。多边投资担保机构承保前提包括合格的投资、合格的投资者、合格的东道国,投资者母国与东道国之间是否存在双边投资保护协定不影响承保,D 选项错误。(答案:C)

5. 关于《解决国家与他国国民之间投资争端公约》和依其设立的解决国际投资争端中心,下列哪些说法是正确的?(2011 年真题,多选)

A. 中心管辖直接因投资引起的法律争端

B. 中心管辖的争端必须是关于法律权利或义务的存在或其范围,或是关于因违反法律义务而实行赔偿的性质或限度的

C. 批准或加入公约本身并不等于缔约国承担了将某一特定投资争端提交中心调解或仲裁的义务

D. 中心的裁决对争端各方均具有约束力

[释疑] 根据《解决国家与他国国民之间投资争端公约》第 25 条第 1 款的规定,中心的管辖适用于缔约国(或缔约国指派到中心的该国的任何组成部分或机构)和另一缔约国国民之间直接因投资而产生的任何法律争端,而该项争端经双方书面同意提交给中心。当双方表示同意后,不得单方面撤销其同意。B 选项也是强调中心只解决法律争端。选项 A、B 正确。《解决国家与他国国民之间投资争端公约》第 25 条第 4 款规定,任何缔约国可以在批准、接受或认可本公约时,或在此后任何时候,把它将考虑或不考虑提交给中心管辖的一类或几类争端通知中心。此外,《解决国家与他国国民之间投资争端公约》还规定,需东道国政府和投资者达成书面协议,中心才对具体争议享有仲裁的管辖权,C 选项正确。《解决国家与他国国民之间投资争端公约》第 53 条第 1 款规定,裁决对双方有约束力。不得进行任何上诉或采取任何其他除本公约规定外的补救办法。除依照本公约有关规定予以停止执行的情况外,每一方应遵守和履行裁决的规定,D 选项正确。(答案:ABCD)

6. 根据《解决国家与他国国民之间投资争端公约》,甲缔约国与乙缔约国的桑德公司通过书面约定一致同意:双方之间因直接投资而产生的争端,应直接提交解决投资争端国际中心仲裁。据此事实,下列哪一选项是正确的?(2007 年真题,单选)

A. 任何一方可单方面撤销对提交该中心仲裁的同意

B. 在中心仲裁期间,乙国无权对桑德公司行使外交保护

C. 在该案中,任何一方均有权要求用尽当地救济解决争端

D. 对该中心裁决不服的一方有权向有管辖权的法院提起撤销裁决的诉讼

[释疑] 《解决国家与他国国民之间投资争端公约》规定,如果双方通过书面约定一致同

意,因直接投资而产生的争端应直接提交解决投资争端国际中心仲裁,则任何一方不可单方面撤销对提交该中心仲裁的同意,故 A 选项错误。缔约国对于它本国的一个国民和另一缔约国根据《解决国家与他国国民之间投资争端公约》已同意交付或已交付中心仲裁的争端,不得给予外交保护或提出国际要求,除非该另一缔约国未能遵守和履行对此项争端所作出的裁决,故 B 选项正确。东道国可以要求用尽当地补救,作为其同意根据《解决国家与他国国民之间投资争端公约》交付仲裁的一个条件,东道国也可以不提出此项要求,但不是任何一方均有权要求用尽当地救济解决争端。中心裁决为终局裁决,不能再向任何法院提起撤销裁决之诉,故 C、D 选项均错误。(答案:B)

三、提示与预测

国际投资法部分的重点极其突出,主要体现为两个知识点,即资本输出国的投资保护措施——海外投资保险制度和解决投资争端国际中心的管辖权。考生应掌握《建立多边投资担保机构公约》《解决国家与他国国民之间投资争端公约》这两个公约的主要内容,具体包括《建立多边投资担保机构公约》中的投保主体、保险对象、承保风险、代位求偿的内容;《解决国家与他国国民之间投资争端公约》中关于中心管辖权的规定。

考点 3 国际融资法

一、精讲

(一) 国际融资法概述

国际融资法是调整国际资金融通关系的各种法律规范的总和。国际资金融通关系是指跨越国境的资金融通关系。资金融通关系不同于国际直接投资关系,它是指借贷资本的跨国流动关系,包括国际贷款融资、国际证券融资、国际融资租赁、国际融资担保等。这种投资的特点是,投资者并不直接参与所投资的项目和所投资的企业的经营管理。调整国际资金融通关系的法律规范包括有关国际金融的国内法,也包括有关国际金融的国际惯例和有关国际金融的国际公约。

(二) 国际资金融通的方式

国际资金融通的方式主要包括国际贷款、国际证券融资、国际融资租赁。

(三) 国际贷款的种类

国际贷款一般可分为政府贷款、国际金融机构贷款、国际商业银行贷款、国际银团贷款、国际项目融资等。

1. 政府贷款,是指一国政府利用其财政资金,向另一国政府及其机构和公司企业提供优惠贷款所签订的协议。

2. 国际金融组织贷款,是指世界性和区域性的国际金融组织向一国政府或公私企业提供贷款所签订的协议。国际货币基金组织是目前世界上最大的政府间国际金融组织,其主要宗旨是通过发放贷款调整成员国国际收支的暂时失衡。

3. 国际商业银行贷款,是指一国商业银行作为贷款人以贷款协议的方式向其他国家借款人提供的商业贷款。

4. 国际银团贷款,是指由数家国际性银行组成一个银行集团,按一定贷款条件向同一借款人提供贷款所签订的协议。该贷款一般具有金额大、期限长、风险分担、实行特殊的浮动利率等特点。

5. 国际项目融资，又称国际项目贷款，是指专为建设特定的项目工程而发放的贷款，以项目完成后所产生的收益作为偿还资金来源。

国际项目贷款有如下特点：① 贷款人把资金贷给专门为完成该项目而成立的公司(项目公司)，而不是直接把资金贷给项目的主办人。② 项目贷款以项目完成后的收益作为主要的还款来源，项目主办人一般仅以其投入该项目公司中的资产承担偿还责任。③ 传统的贷款方式中，以银行或政府提供的信用担保居多，但是项目贷款中一般以项目本身的资产和收益为贷款人设定担保。④ 项目融资一般期限长、成本高，风险由多方分担。⑤ 项目融资中贷款人的追索权往往受到贷款协议的限制。

项目贷款可以分为无追索权的项目贷款和有限追索权的项目贷款。后者是指除以项目完成后的收益作为偿还贷款的来源外，还要求与该项目有利害关系的第三人提供担保，但项目主办人和担保人仅以贷款合同和担保合同所约定的金额为限承担责任，而非无限责任。

（四）国际贷款协议的共同性标准条款

国际贷款协议所具有的共同性标准条款一般包括：

1. 陈述和保证条款，即陈述借款人及与贷款协议有关的事项，并保证其真实性和完整性。
2. 先决条件条款，即贷款人发放贷款前借款人必须满足的前提条件。
3. 约定事项条款，即为保证借款人如期还款，要求借款人承诺在融资期间的作为和不作为的义务。
4. 违约事件条款，即约定一些可能出现的情形，如果出现此类情形就视为借款人违约。

（五）国际融资担保

国际融资担保是指借款人或第三人以自己的信用和资产向外国贷款人所作的还款担保。国际融资担保主要包括物权担保和信用担保。

国际物权担保是指借款人或第三方以其拥有的资产(包括物和权利)向外国贷款人所作的偿还贷款的担保。根据担保物的性质，物权担保可分为不动产物权担保和动产物权担保及浮动担保。浮动担保(Floating Charges)又称浮动抵押(Floating Mortgage)，是指借款人以其全部财产或某类财产向贷款人提供保证，于约定事件发生时，担保标的物的价值才能确定的法律形式。浮动担保中用于担保的财产的价值是变化的。

国际信用担保是指借款人或第三方以自己的信用向外国贷款人所作的偿还贷款的担保。主要包括保证、备用信用证和意愿书等。

1. 保证，是指由借款人以外的第三人以自己的信用作为借款人的还款保证，当借款人不履行债务偿还责任时，由保证人承担还款责任。

保证是信用担保中最为普遍的担保方式，在保证之中又以见索即付保证(又称独立保证)最为常用。见索即付保函(Demand Guarantees)，是指任何保证、担保或其他付款条款，这些保证、担保或其他付款承诺是由银行、保险公司或其他组织或个人出具的，以书面形式表示在交来符合保函条款的索赔书或保函中规定的其他文件时，承担付款责任的承诺文件。据此，见索即付保函的担保人承担的是第一性的、直接的付款责任，故这种保函又称为无条件保函。

与传统的保证相比，见索即付保证有以下特点：① 持续性，并非要求保证人承担无期限的保证责任，而是指保证人要对贷款协议项下借款人的所有借款负责，确保在透支账户下，不因借款人的分期还款而减少保证人的担保责任,使借款人再提取的贷款能够继续得到担保保护。② 不可撤销性,指保证人无权以根据基础合同所产生的抗辩权对抗贷款人而撤销其保证义务。③ 无条件性,是指保证人对贷款人承担的是第一位的、独立的还款义务,即如果借款人违约,则贷款人可立即直接要求保证人承担还款责任。

2. 备用信用证。备用信用证是保证人(开证行)应借款人(开证申请人)要求向贷款人开出的以贷款人为受益人的付款凭证。当受益人出示信用证所规定的违约证明时,保证人即向受益人付款。

备用信用证主要有如下特点:① 保证人为银行。② 贷款人只要出具借款人违约证明,保证人就应当付款,而不必对违约事实进行审查。③ 开证行作为保证人承担第一位的付款责任,无权主张贷款人先向借款人追索未果后再付款。④ 备用信用证独立于该国际借贷合同这一基础交易,即便该国际借贷合同被认定无效,作为保证人的开证行仍须承担保证责任。

3. 意愿书。意愿书是指政府或母公司为其下属机构或子公司的借款向贷款人出具的愿意为其还款的书面文件。该书面文件一般不具有法律效力,因而在法律上难以执行。

4. 最高人民法院《关于审理独立保函纠纷案件若干问题的规定》

最高人民法院2016年发布的《关于审理独立保函纠纷案件若干问题的规定》主要内容如下:

(1) 独立保函的界定、特点

根据《关于审理独立保函纠纷案件若干问题的规定》第1条的规定,独立保函,是指银行或非银行金融机构作为开立人,以书面形式向受益人出具的,同意在受益人请求付款并提交符合保函要求的单据时,向其支付特定款项或在保函最高金额内付款的承诺。

单据,是指独立保函载明的受益人应提交的付款请求书、违约声明、汇票、发票、判决、仲裁裁决等表明发生付款到期事件的书面文件。

独立保函可以依保函申请人的申请而开立,也可以依另一金融机构的指示而开立。开立人依指示开立独立保函的,可以要求指示人向其开立用以保障追偿权的独立保函(反担保函)。

第3条规定:"保函具有下列情形之一,当事人主张保函性质为独立保函的,人民法院应予支持,但保函未载明据以付款的单据和最高金额的除外:(一) 保函载明见索即付;(二) 保函载明适用国际商会《见索即付保函统一规则》等独立保函交易示范规则;(三) 根据保函文本内容,开立人的付款义务独立于基础交易关系及保函申请法律关系,其仅承担相符交单的付款责任。当事人以独立保函记载了对应的基础交易为由,主张该保函性质为一般保证或连带保证的,人民法院不予支持。当事人主张独立保函适用担保法关于一般保证或连带保证规定的,人民法院不予支持。"

第4条规定:"独立保函的开立时间为开立人发出独立保函的时间。独立保函一经开立即生效,但独立保函载明生效日期或事件的除外。独立保函未载明可撤销,当事人主张独立保函开立后不可撤销的,人民法院应予支持。"

(2) 独立保函的审单标准、不符点

《关于审理独立保函纠纷案件若干问题的规定》第6、7条的规定:"受益人提交的单据与独立保函条款之间、单据与单据之间表面相符,受益人请求开立人依据独立保函承担付款责任的,人民法院应予支持。开立人以基础交易关系或独立保函申请关系对付款义务提出抗辩的,人民法院不予支持,但有本规定第十二条情形的除外。""人民法院在认定是否构成表面相符时,应当根据独立保函载明的审单标准进行审查;独立保函未载明的,可以参照适用国际商会确定的相关审单标准。单据与独立保函条款之间、单据与单据之间表面上不完全一致,但并不导致相互之间产生歧义的,人民法院应当认定构成表面相符。"

第8条规定:"开立人有独立审查单据的权利与义务,有权自行决定单据与独立保函条款之间、单据与单据之间是否表面相符,并自行决定接受或拒绝接受不符点。开立人已向受益人明确表示接受不符点,受益人请求开立人承担付款责任的,人民法院应予支持。开立人拒绝接受不符点,受益人以保函申请人已接受不符点为由请求开立人承担付款责任的,人民法院不予支持。"

第9条规定:"开立人依据独立保函付款后向保函申请人追偿的,人民法院应予支持,但受益人提交的单据存在不符点的除外。"

(3) 独立保函的欺诈

《关于审理独立保函纠纷案件若干问题的规定》第12条规定:"具有下列情形之一的,人民法院应当认定构成独立保函欺诈:"(一) 受益人与保函申请人或其他人串通,虚构基础交易的;(二) 受益人提交的第三方单据系伪造或内容虚假的;(三) 法院判决或仲裁裁决认定基础交易债务人没有付款或赔偿责任的;(四) 受益人确认基础交易债务已得到完全履行或者确认独立保函载明的付款到期事件并未发生的;(五) 受益人明知其没有付款请求权仍滥用该权利的其他情形。"

第14条规定:"人民法院裁定中止支付独立保函项下的款项,必须同时具备下列条件:"(一) 止付申请人提交的证据材料证明本规定第十二条情形的存在具有高度可能性;(二) 情况紧急,不立即采取止付措施,将给止付申请人的合法权益造成难以弥补的损害;(三) 止付申请人提供了足以弥补被申请人因止付可能遭受损失的担保。止付申请人以受益人在基础交易中违约为由请求止付的,人民法院不予支持。开立人在依指示开立的独立保函项下已经善意付款的,对保障该开立人追偿权的独立保函,人民法院不得裁定止付。"

第15、16条规定:"因止付申请错误造成损失,当事人请求止付申请人赔偿的,人民法院应予支持。""人民法院受理止付申请后,应当在四十八小时内作出书面裁定。裁定应当列明申请人、被申请人和第三人,并包括初步查明的事实和是否准许止付申请的理由。裁定中止支付的,应当立即执行。止付申请人在止付裁定作出后三十日内未依法提起独立保函欺诈纠纷诉讼或申请仲裁的,人民法院应当解除止付裁定。"

第18条规定:"人民法院审理独立保函欺诈纠纷案件或处理止付申请,可以就当事人主张的本规定第十二条的具体情形,审查认定基础交易的相关事实。"

第20条规定:"人民法院经审理独立保函欺诈纠纷案件,能够排除合理怀疑地认定构成独立保函欺诈,并且不存在本规定第十四条第三款情形的,应当判决开立人终止支付独立保函项下被请求的款项。"

(4) 依法确认开立保证金的金钱质权性质,规范针对开立保证金的强制措施

《关于审理独立保函纠纷案件若干问题的规定》第24条规定:"对于按照特户管理并移交开立人占有的独立保函开立保证金,人民法院可以采取冻结措施,但不得扣划。保证金账户内的款项丧失开立保证金的功能时,人民法院可以依法采取扣划措施。开立人已履行对外支付义务,根据该开立人的申请,人民法院应当解除开立保证金相应部分的冻结措施。"

（5）独立保函应适用的规则

《关于审理独立保函纠纷案件若干问题的规定》第5条规定："独立保函载明适用《见索即付保函统一规则》等独立保函交易示范规则，或开立人和受益人在一审法庭辩论终结前一致援引的，人民法院应当认定交易示范规则的内容构成独立保函条款的组成部分。不具有前款情形，当事人主张独立保函适用相关交易示范规则的，人民法院不予支持。"

第23条规定："当事人约定在国内交易中适用独立保函，一方当事人以独立保函不具有涉外因素为由，主张保函独立性的约定无效的，人民法院不予支持。"

二、例题

1. 中国甲公司在承担中东某建筑工程时涉及一系列分包合同和买卖合同，并使用了载明适用《见索即付保函统一规则》的保函。后涉及保函的争议诉至中国某法院。依相关司法解释，下列哪些选项是正确的？（2017年真题，多选）

A. 保函内容中与《见索即付保函统一规则》不符的部分无效

B. 因该保函记载了某些对应的基础交易，故该保函争议应适用我国《担保法》有关保证的规定

C. 只要受益人提交的单据与独立保函条款、单据与单据之间表面相符，开立人就须独立承担付款义务

D. 单据与独立保函条款之间表面上不完全一致，但并不导致相互之间产生歧义的，仍应认定构成表面相符

[释疑] 当事人在保函中的明示约定，应视为其效力高于国际惯例，例如最高人民法院《关于审理独立保函纠纷案件若干问题的规定》第7条第1款规定："人民法院在认定是否构成表面相符时，应当根据独立保函载明的审单标准进行审查；独立保函未载明的，可以参照适用国际商会确定的相关审单标准。"故A选项错误。第3条第2、3款规定："当事人以独立保函记载了对应的基础交易为由，主张该保函性质为一般保证或连带保证的，人民法院不予支持。当事人主张独立保函适用担保法关于一般保证或连带保证规定的，人民法院不予支持。"故B选项错误。第6条规定："受益人提交的单据与独立保函条款之间、单据与单据之间表面相符，受益人请求开立人依据独立保函承担付款责任的，人民法院应予支持。"故C选项正确。第7条第2款规定："单据与独立保函条款之间、单据与单据之间表面上不完全一致，但并不导致相互之间产生歧义的，人民法院应当认定构成表面相符。"故D选项正确。（答案：CD）

2. 在一国际贷款中，甲银行向贷款银行乙出具了备用信用证，后借款人丙公司称贷款协议无效，拒绝履约。乙银行向甲银行出示了丙公司的违约证明，要求甲银行付款。依相关规则，下列哪些选项是正确的？（2016年真题，多选）

A. 甲银行必须对违约的事实进行审查后才能向乙银行付款

B. 备用信用证与商业跟单信用证适用相同的国际惯例

C. 备用信用证独立于乙银行与丙公司的国际贷款协议

D. 即使该国际贷款协议无效，甲银行仍须承担保证责任

[释疑] 本题考点为备用信用证。在信用证支付的情况下，银行只对单据作形式审查，并无义务或权利对违约事实进行审查，备用信用证本身也独立于作为基础合同的贷款合同，基

础合同是否有效,并不影响备用信用证开证行的付款责任,故 A 选项错误,C、D 选项正确。普通信用证主要适用的国际惯例为《跟单信用证统一惯例》(UCP600),备用信用证适用的国际惯例主要是《国际备用信用证惯例》(ISP98),故 B 选项错误。(答案:CD)

3. 甲国公司承担乙国某工程,与其签订工程建设合同。丙银行为该工程出具见索即付的保函。后乙国发生内战,工程无法如期完工。对此,下列哪些选项是正确的?(2011 年真题,多选)

A. 丙银行对该合同因战乱而违约的事实进行实质审查后,方履行保函义务
B. 因该合同违约原因是乙国内战,丙银行可以此为由不履行保函义务
C. 丙银行出具的见索即付保函独立于该合同,只要违约事实出现即须履行保函义务
D. 保函被担保人无须对甲国公司采取各种救济方法,便可直接要求丙银行履行保函义务

[释疑] 见索即付保函是指由银行、保险公司或其他组织或个人出具的,以书面形式表示在交来符合保函条款的索赔书或保函中规定的其他文件时,承担付款责任的承诺文件。见索即付保函的担保人承担的是第一性的、不可撤销的、直接的付款责任,故这种保函又称为无条件保函。担保人对索赔文件的审核责任仅限于表面审查,A 选项错误。虽然见索即付保函是产生于委托人与受益人之间的基础合同,但保函却独立于该基础合同。只要贷款人提交了保函中规定的索赔文件,则保证人即应当承担还款责任,而无须对违约的原因和事实进行调查,即使是战争导致违约,担保人也应承担偿付责任,B 选项错误,C 选项正确。担保人承担的是第一位的付款责任,担保权人无须对甲国公司采取各种救济方法,便可直接要求丙银行履行保函义务,D 选项正确。(答案:CD)

4. 实践中,国际融资担保存在多种不同的形式,如银行保函、备用信用证、浮动担保等,中国法律对其中一些担保形式没有相应的规定。根据国际惯例,关于各类融资担保,下列哪些选项是正确的?(2008 年真题,多选)

A. 备用信用证项下的付款义务只有在开证行对借款人的违约事实进行实质审查后才产生
B. 大公司出具的担保意愿书具有很强的法律效力
C. 见索即付保函独立于基础合同
D. 浮动担保中用于担保的财产的价值是变化的

[释疑] 本题考查几种国际融资担保的方式如备用信用证、意愿书、见索即付保函及浮动担保的主要特点。备用信用证项下,开证行只对受益人出示信用证所规定的违约证明作形式审查,对借款人的违约事实并不进行实质审查,故 A 选项错误。意愿书是指政府或母公司为其下属机构或子公司的借款向贷款人出具的愿意为其还款的书面文件。意愿书通常内容措辞模糊,缺乏法律规范和交易惯例可资援引,因此该种书面文件一般不具有法律效力,故 B 选项错误。见索即付保函的担保人承担的是第一性的、直接的付款责任,即使基础借贷合同被宣告无效,保证人仍应承担保证责任,因此 C 选项正确。浮动担保是在借款人全部财产上设立抵押,从设立抵押到约定事件发生时,这些财产的价值会随着借款人经营状况的变化而相应变化,故 D 选项正确。(答案:CD)

三、提示与预测

国际融资法较少考查,唯独在 2008 年的考题中出现过一道考查几种国际融资担保方式特

点的题目。故国际融资法部分主要掌握几种融资方式和融资担保方式的特点即可。

考点 4 国际税法

一、精讲

1. 国家税收管辖权及认定标准

国家税收管辖权是一国政府对一定的人或对象征税的权力,是国家主权在税收关系中的体现。国家管辖权的原则主要表现为属地管辖权和属人管辖权,主权国家一般都是根据属地原则和属人原则行使其税收管辖权的。目前世界上绝大多数国家按照属地原则和属人原则实行的税收管辖权,大致可以分为居民税收管辖权、收入来源地税收管辖权两个类别。

（1）居民税收管辖权。居民的认定标准,对于自然人,一般采取住所标准、居所标准或居住时间标准等确定。

对于法人,则分别有登记注册地标准、实际控制与管理中心所在地标准、总机构所在地标准等做法。

一国对被认定为本国居民的对象的全球所得,都可以主张征税。

（2）来源地管辖权（仅对非居民纳税人来自境内的所得征税）

征税对象 { 营业所得:通过常设机构进行工商业经营
　　　　　　劳务所得:纳税人(个人)提供劳动服务的所得
　　　　　　投资所得:股息、利息、特许权使用费、租金收益
　　　　　　财产所得:转让财产所有权收益

各项所得来源地的确认：

营业所得来源地的确认	国际上一般采用常设机构原则,即征税国只能对非居民设在本国境内的常设机构来源于本国的营业所得征税。
劳务所得来源地的确认	纳税人如为企业,其所取得的劳务所得在各国税法上通常认定为营业所得。个人所获得的劳务报酬可以分为独立劳务所得和非独立劳务所得两类。各国确认独立劳务所得的来源地有以下标准： ① 固定基地标准、停留期间标准、收入支付地标准； ② 各国确认非独立劳务所得来源地的标准包括停留时间标准和收入支付地标准等。
投资所得来源地的确认	各国主要采用以下两种原则确认投资所得的来源地： ① 投资权利发生地原则,即以这类权利的提供人的居住地为所得的来源地； ② 投资权利使用地原则,即以权利或资产的使用或实际负担投资所得的债务人居住地为所得来源地。
财产所得来源地的确认	对转让不动产所得的来源地认定,各国税法一般都以不动产所在地为所得来源地。但在转让不动产以外的其他财产所得的来源地认定上,各国主张的标准不一。

为统一来源国的征税标准,经合组织范本和联合国范本确立了常设机构原则,即来源国对

非居民来自本国境内的经营所得征税,必须以非居民在来源国境内设有常设机构为前提条件。常设机构是指一个企业在一国境内进行全部或部分生产经营活动的固定营业场所。常设机构一般是指管理场所、分支机构、办事处、工厂、作业场所、矿场、油井或气井、采石场或者其他开采自然资源的场所、农场或种植园等。在各国的税收实践中,有的国家采用实际联系原则,即对非居民纳税人来自与常设机构有实际联系的各种所得予以征税,与常设机构无实际联系的所得不征税。也有的国家采用引力原则,来源国并不考虑非居民纳税人来自本国境内的所得是否与常设机构有实际联系,只要属于来源于本国境内的所得,都可以合并入常设机构,作为常设机构的所得征税。

2. 国际双重征税

国际双重征税是指两个或两个以上国家各自依据其税收管辖权,对同一纳税主体或同一纳税客体在同一征税期间征收同样或类似的税收。国际双重征税分为国际重复征税和国际重叠征税。

国际重复征税是指两个或两个以上国家对同一跨国纳税人就同一征税对象在同一时期同时课税。国际重复征税也被称为法律意义的国际双重征税。国际税法上通常所说的国际双重征税就是指国际重复征税。国际重叠征税则是指两个或两个以上国家就同一征税对象对同一经济来源的不同纳税人分别课税。国际重叠征税也被称为经济意义的国际双重征税。

居住国基于一定条件承认来源地税收管辖权的优先地位时,可在国内法上采取以下办法解决国际重复征税问题:

(1)免税法,是指居住国对本国居民来源于国外的所得和位于国外的财产免予征税。免税法的实质是居住国对居民的境外所得放弃行使居民税收管辖权,等于承认来源国税收管辖权独占,使居住国财政收入减少。因此,虽然免税法对纳税人有利但实践中很少有国家采用。

(2)抵免法,是指居住国允许居民纳税人在本国税法规定的限额内,用已向来源国缴纳的税款抵免就其世界范围内的跨国所得向居住国缴纳税额的一部分。抵免法包括全额抵免和限额抵免两种具体形式。全额抵免是指居住国允许居民纳税人已经向来源国缴纳的税款从居住国应纳税额(跨国所得)中全部抵免。在全额抵免中,并不考虑纳税人已经向来源国缴纳的税款是否超过了按居住国税率计算的数额。限额抵免是指居住国对居民纳税人在所得来源国已缴纳的税款所允许抵免的数额,仅限于取自来源国的所得按居住国的税法规定的税率计算的应纳税额。即如果来源国税率高于居住国税率,税收抵免额不得超过国外所得额按居住国税率计算的应纳税额。如果来源国税率低于居住国,则只能按纳税人实际已向来源国缴纳的税款抵免。

此外,还有税收饶让抵免,又称税收饶让,是指居住国对其居民因享受来源国税收减免等优惠待遇而未实际缴纳的税额视同已纳税额给予抵免的制度。一般要通过双方国家签订税收协定加以明确规定。发达国家为了鼓励本国资本到国外投资,大多同意实行税收饶让。

当前大多数国家采用限额抵免法,我国《个人所得税法》规定了采用限额抵免法。

(3)扣除制,是指本国居民的应税总所得包括其境内和境外的全部所得,从其应纳总所得中扣除国外已纳税款,其余额适用居住国所得税税率。采用扣除制并不能真正彻底避免国际重复征税,因此实行这种制度的国家不多。

(4)减税制,是指居住国对本国居民来源于国外的收入,按照本国税率计算征税,但按照一定的标准予以减征。

3. 国际逃税与避税

(1) 国际逃税,是指跨国纳税人故意违反居住国税法和国际税收协定的规定,采取各种隐蔽的非法手段,以减少本应承担的国际纳税义务的行为。表现为不向税务机关报送纳税资料;谎报所得数额;虚构成本、多摊成本、费用、折旧等扣除项目等。

(2) 国际避税,是指跨国纳税人利用各国税法上的差别或漏洞,采取变更经营地点或经营方式等各种公开的合法手段,以减轻或不承担国际纳税义务的行为。从性质上讲,国际逃税行为是非法行为,而国际避税则表现为一种不道德行为,表面上并不违反东道国的法律。

纳税人进行避税的主要方式包括:① 纳税主体的跨国转移,这是自然人最常用的一种国际避税方式,作为纳税人的自然人往往通过移居来控制在某国的居住时间,使得自己不符合该国的纳税居民的条件(一般以特定的居留时间为确定纳税人的条件),从而避税。② 征税对象的跨国转移,主要包括两种方法:一种是跨国公司通过跨国联属企业的转移定价,即不是基于市场价格标准,而是人为操纵价格,以达到使利润从税率高的国家向税率低的国家转移的目的。另一种是通过在避税港(税率极低的国家或地区)设立基地公司,将在其他各地的所得和财产汇集于该基地公司的名下,以便达到避税的目的。

对于转移定价的做法,各国主要通过正常交易原则和总利润原则防治。正常交易原则是对关联企业相互间的交易活动,不按实际成交价格,而是均按照正常情况下的市场交易价格来计算应纳税额。总利润原则是不审核联属企业相互间的转让价格,而是直接按照一定的标准,将跨国公司的总利润分配给各联属企业并相应征税。

对于避税港避税的做法,各国防治的主要方法有:立法禁止纳税人在避税港设立基地公司;禁止非正常的利润转移;取消境内股东在基地公司未分配股息所得的延期纳税待遇,使得纳税人丧失在基地公司积累利润的积极性。

二、例题

1. 为了完成会计师事务所交办的涉及中国某项目的财务会计报告,永居甲国的甲国人里德来到中国工作半年多,圆满完成报告并获得了相应的报酬。依相关法律规则,下列哪些选项是正确的?(2015年真题,多选)

A. 里德是甲国人,中国不能对其征税
B. 因里德在中国停留超过了183天,中国对其可从源征税
C. 如中国已对里德征税,则甲国在任何情况下均不得对里德征税
D. 如里德被甲国认定为纳税居民,则应对甲国承担无限纳税义务

[释疑]《个人所得税法》第1条规定:"在中国境内有住所,或者无住所而在境内居住满一年的个人,从中国境内和境外取得的所得,依照本法规定缴纳个人所得税。在中国境内无住所又不居住或者无住所而在境内居住不满一年的个人,从中国境内取得的所得,依照本法规定缴纳个人所得税。"因此里德尽管不是我国的纳税居民,但对于其在我国的收入,我国可以行使来源地税收管辖权,故A选项错误、B选项正确。甲国如果依其国内法认定里德为其纳税居民,则纳税居民对居民国承担无限纳税义务,即便中国已经对里德征税,理论上甲国仍有权向其征税,故C选项错误、D选项正确。(答案:BD)

2. 甲国人李某长期居住在乙国,并在乙国经营一家公司,在甲国则只有房屋出租。在确

定纳税居民的身份上,甲国以国籍为标准,乙国以住所和居留时间为标准。根据相关规则,下列哪一选项是正确的?(2014年真题,单选)

A. 甲国只能对李某在甲国的房租收入行使征税权,而不能对其在乙国的收入行使征税权
B. 甲、乙两国可通过双边税收协定协调居民税收管辖权的冲突
C. 如甲国和乙国对李某在乙国的收入同时征税,属于国际重叠征税
D. 甲国对李某在乙国经营公司的收入行使的是所得来源地税收管辖权

[释疑]　甲、乙两国由于采用不同的居民身份认定标准,因此,双方均可对甲国人李某在本案中的收入行使居民税收管辖权,甲、乙两国可通过双边税收协定协调居民税收管辖权的冲突,故B选项正确。(答案:B)

3. 目前各国对非居民营业所得的纳税普遍采用常设机构原则。关于该原则,下列哪些表述是正确的?(2010年真题,多选)

A. 仅对非居民纳税人通过在境内的常设机构获得的工商营业利润实行征税
B. 常设机构原则同样适用于有关居民的税收
C. 管理场所、分支机构、办事处、工厂、油井、采石场等属于常设机构
D. 常设机构必须满足公司实体的要求

[释疑]　根据非居民营业所得的常设机构原则,该原则只针对非居民,仅对非居民纳税人通过在境内的常设机构获得的工商营业利润实行征税,管理场所、分支机构、办事处、工厂、油井、采石场等属于常设机构,而不是必须满足公司实体的要求,故A、C选项正确。(答案:AC)

三、提示与预测

国际税法问题在司考中只偶有涉及,相对而言其较为重要的几个问题是国际双重征税的解决办法(如免税法、抵免法等)、国际逃税和避税的主要手段及其主要防治手段等。